TOP 10 FLORENZ & TOSKANA

REID BRAMBLETT

DORLING KINDERSLEY

Links **Ponte Vecchio, Florenz** Rechts **San Gimignano**

EIN DORLING KINDERSLEY BUCH

www.dk.com

Texte *Reid Bramblett*
Fotografien *Linda Whitwam*
Illustrationen *Richard Draper, Chris Orr & Associates*
Kartografie *Encompass Graphics*
Redaktion und Gestaltung *Blue Island Publishing, London*

Aktualisierte Neuauflage 2011 / 2012

Programmleitung *Dr. Jörg Theilacker, Dorling Kindersley Verlag*
Projektleitung *Birgit Walter, Augsburg*
Übersetzung *Linde Wiesner, München*
Redaktion *Bernhard Lück, Augsburg*
Satz und Produktion *Dorling Kindersley Verlag*
Lithografie *Colourscan, Singapur*
Druck *Leo Paper Products, Hongkong, China*

ISBN 978-3-8310-1667-9
3 4 5 6 13 12 11 10

Die Top-10-Listen in diesem Buch sind nicht nach Rängen oder Qualität geordnet. Alle zehn Einträge sind in den Augen des Herausgebers von gleicher Bedeutung.

Inhalt

Top 10 Florenz & Toskana

Highlights 6
Uffizien, Florenz 8
Duomo-Gruppe, Florenz 12
Palazzo Pitti, Florenz 14
San Gimignano 18
Campo dei Miracoli, Pisa 22
Duomo, Siena 26
Campo & Palazzo Pubblico, Siena 30
Chianti 34
Cortona 38
Lucca 42
Kirchen in Florenz 44
Kirchen außerhalb von Florenz 46
Museen 48
Toskanische Künstler 50
Toskanische Meisterwerke 52

Die Informationen in diesem Top-10-Reiseführer werden regelmäßig überprüft.

Wir haben uns intensiv bemüht, die Informationen in diesem Buch zum Zeitpunkt der Drucklegung auf den neuesten Stand zu bringen. Angaben wie Telefonnummern, Öffnungszeiten, Preise, Ausstellungen und Fahrpläne unterliegen jedoch Veränderungen. Der Herausgeber kann für eventuell hieraus entstehende Schäden nicht haftbar gemacht werden. Für Hinweise, Verbesserungsvorschläge und Korrekturen ist der Verlag dankbar. Bitte richten Sie Ihr Schreiben an:

Dorling Kindersley Verlag GmbH
Redaktion Reiseführer
Arnulfstraße 124
80636 München
travel@dk-germany.de

Links **Portoferraio, Elba** Mitte **Toskanischer Ladeninhaber** Rechts **Piazza, Greve in Chianti**

Medici-Herrscher 54
Bergstädte 56
Villen & Gärten 60
Weingüter 62
Spezialitäten 64
Feste & Festivals 66
Bäder & Strände 68
Attraktionen für Kinder 70
Restaurants 72

Regionen der Toskana

Florenz 76
Siena 86
Umgebung von Florenz 92
Nordöstliche Toskana 100
Nordwestliche Toskana 106
Westliche Toskana: Bergstädte 112
Südliche Toskana 118
Südküste & Maremma 124

Reise-Infos

Praktische Hinweise 132
Anreise 133
In der Toskana unterwegs 134
Themenferien 135
Shopping-Tipps 136
Die Toskana für wenig Geld 137
Restaurant-Tipps 138
Hotel-Tipps 139
Geld & Kommunikation 140
Sicherheit & Gesundheit 141
Hotels 142
Textregister 150
Sprachführer 159

Links **Michelangelos *David*** Rechts **Chianti-Dorf Montefioralle**

Florenz & Toskana im Internet
www.firenzeturismo.it & www.turismo.intoscana.it

TOP 10 FLORENZ & TOSKANA

Highlights
6–7

Uffizien, Florenz
8–11

Duomo-Gruppe, Florenz
12–13

Palazzo Pitti, Florenz
14–17

San Gimignano
18–21

Campo dei Miracoli, Pisa
22–25

Duomo, Siena
26–29

Campo & Palazzo Pubblico, Siena
30–33

Chianti
34–37

Cortona
38–41

Lucca
42–43

Top 10 in der Region
44–73

TOP 10 FLORENZ & TOSKANA

TOP 10 Highlights

Aus einer so reichen und vielfältigen Region wie der Toskana zehn Hauptsehenswürdigkeiten auszuwählen, ist nicht leicht. Die bezaubernde Landschaft ist Heimat mittelalterlicher Bergstädte, fabelhafter Weine und einer unvergleichlichen Ansammlung künstlerischer Meisterwerke aus der Renaissance.

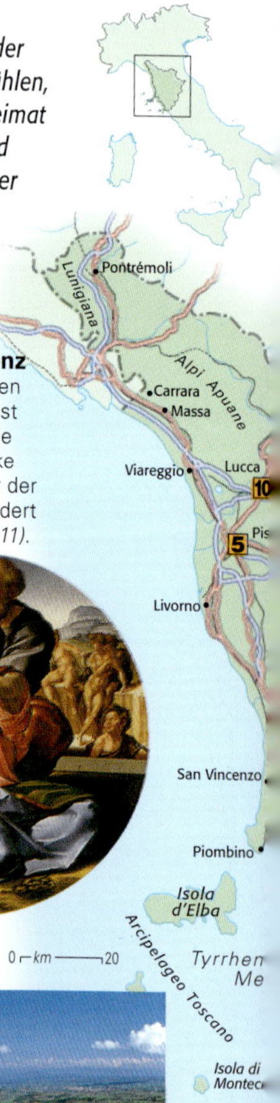

2 Duomo-Gruppe, Florenz
Der Bau aus weißem, grünem und rotem Marmor ist wegen Brunelleschis Kuppel, Giottos Glockenturm, Ghibertis Portalen, Michelangelos *Pietà* und den beiden Panorama-Terrassen berühmt *(siehe S. 12f)*.

1 Uffizien, Florenz
In den ehemaligen Büros *(uffizi)* der einst herrschenden Familie Medici können Werke der größten Meister der Renaissance bewundert werden *(siehe S. 8–11)*.

3 Palazzo Pitti, Florenz
Der Medici-Palast grenzt an einen Park. Er beherbergt eine Kunstsammlung sowie Museen für Porzellan, Kutschen und moderne Kunst *(siehe S. 14–17)*.

4 San Gimignano
Die märchenhafte mittelalterliche Stadt mit Kirchen voller gotischer Fresken ist von Feldern und Weinbergen umgeben *(siehe S. 18–21)*.

Vorhergehende Doppelseite **Bauernhof bei Pienza**

5 Campo dei Miracoli, Pisa

Der »Platz der Wunder« befindet sich mitten in Pisa. Den Campo zieren Meisterwerke der romanischen Architektur: ein Baptisterium, eine Kathedrale mit gotischen Kanzeln von Nicola Pisano und natürlich der berühmte Schiefe Turm von Pisa *(siehe S. 22–25)*.

6 Duomo, Siena

Im Dom von Siena sind Fresken aus der Renaissance, Skulpturen von Michelangelo und die Kapelle von Bernini zu sehen *(siehe S. 26–29)*.

Campo & Palazzo Pubblico, Siena 7

Der muschelförmige Campo ist das »Wohnzimmer« der Stadt. Der Palazzo Pubblico präsentiert Meisterwerke der Gotik *(siehe S. 30–33)*.

8 Chianti

Von Burgen überragte Hügel voller Rebstöcke bilden eine vollendete toskanische Idylle. Zahlreiche ländliche *trattorie* servieren den berühmtesten Wein Italiens *(siehe S. 34–37)*.

9 Cortona

Die »Mini-Toskana« mit mittelalterlicher Atmosphäre bietet Kunst, Töpferhandwerk und Weine vom Feinsten *(siehe S. 38–41)*.

Lucca 10

In der eleganten Opernstadt mit den romanischen Fassaden wurden die mittelalterlichen Türme sowie die Wälle aus dem 16. Jahrhundert in öffentliche Grünanlagen integriert *(siehe S. 42f)*.

Deutschsprachige Informationen über die Toskana
www.toskana-online.de

TOP 10 Uffizien, Florenz

Die ehemaligen Büros (uffizi) *der herrschenden Familie Medici bieten dem Besucher die Gelegenheit, einige der größten Kunstwerke der Renaissance von Künstlern wie Giotto, Botticelli, Leonardo da Vinci, Michelangelo, Raffael, Tizian und Caravaggio zu besichtigen. Der Baumeister Giorgio Vasari, der auch den ersten kunstgeschichtlichen Text der Welt verfasste, schuf den Gebäudekomplex. Die Ausstellung umfasst etwa 1700 Werke, weitere 1400 befinden sich im Lager. Die Galerien sind zwar klein, dennoch sollte man für den Besuch drei bis vier Stunden einplanen.*

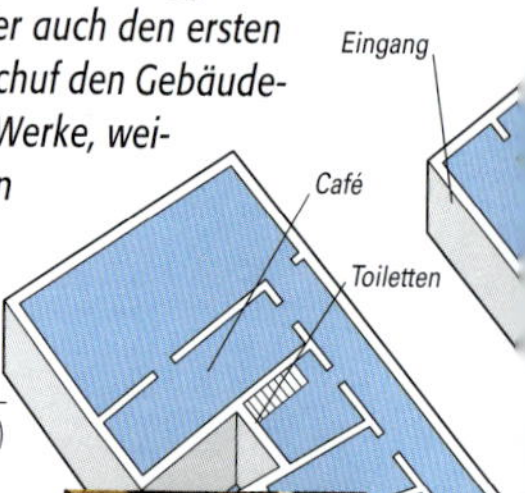

Uffizien-Fassade am Arno

Das Freiluft-Café befindet sich am Ende der Galerien im Westflügel über der Loggia dei Lanzi.

Lange Wartezeiten am Eingang können Sie vermeiden, wenn Sie gegen eine kleine Gebühr im Voraus buchen.

Die Uffizien werden bis 2010 umgestaltet. Aktuelle Informationen bieten Museumsführer vor Ort.

- *Piazzale degli Uffizi 6 (bei Piazza della Signoria)*
- *Karte M4–N4*
- *Ticketreservierung: 055 294 883*
- *www.uffizi.firenze.it*
- *Di–So 8.15–18.50 Uhr (letzter Einlass 45 Minuten vor Schließung); 1. Jan, 1. Mai & 25. Dez geschl.*
- *Eintritt*

Top 10 Gemälde

1. *Geburt der Venus* (Botticelli)
2. *Verkündigung* (Leonardo da Vinci)
3. *Heilige Familie* (Michelangelo)
4. *Maestà* (Giotto)
5. *Bacchus* (Caravaggio)
6. *Primavera* (Botticelli)
7. *Federico da Montefeltro mit seiner Gattin Battista Sforza* (Piero della Francesca)
8. *Venus von Urbino* (Tizian)
9. *Madonna mit dem langen Hals* (Parmigianino)
10. *Schlacht von San Romano* (Uccello)

1 Geburt der Venus

Botticellis Gemälde (1486) zeigt die Liebesgöttin auf einer Muschel. Für das Gesicht soll Simonetta Vespucci Modell gestanden haben. Sie war mit einem Cousin Amerigo Vespuccis verheiratet und später die Geliebte von Giuliano de' Medici.

2 Verkündigung

Eines der frühesten Werke des vielseitigen Künstlers Leonardo da Vinci stammt aus dem Jahr 1475. Im Faltenwurf und in der Blumenwiese ist die Detailgenauigkeit des Malers erkennbar. Leonardos *Sfumato*-Landschaft erzeugt durch die dunstige Atmosphäre die Illusion großer Entfernung.

3 Heilige Familie

Eines der seltenen Tafelbilder Michelangelos (1504) erinnert an Werke von Signorelli. Die gekrümmten Figuren, satten Farben und sich räkelnden Nackten inspirierten die späteren Manieristen.

Weitere Museen in der Toskana **siehe S. 48f**

4 Maestà

Giottos *Maestà* von 1310 ist, verglichen mit ähnlichen Szenen in Werken seiner älteren Zeitgenossen Duccio und Cimabue, revolutionär. Unter dem Kleid zeichnet sich der Körper der Madonna ab. Tiefe wird durch die Platzierung der anderen Figuren auf festem Boden erreicht.

6 Primavera

Botticellis *Primavera* (1478, *oben*) hängt neben seiner *Geburt der Venus*. Das Bild zeigt Göttinnen und über 500 Pflanzenarten. Es wird u. a. als neuplatonische Frühlingsallegorie gedeutet, die auf einem Gedicht von Poliziano basiert.

7 Federico da Montefeltro mit seiner Gattin Battista Sforza

Piero della Francesca porträtierte seinen herzoglichen Gönner weitgehend naturgetreu mit Hakennase und Warzen.

9 Madonna mit dem langen Hals

In dem Gemälde von 1534, einem wundervollen Beispiel für den Manierismus, stellt Parmigianino seine Madonna mit verzerrter Anatomie und einem übergroßen Jesuskind dar. Obwohl das Werk unvollendet ist, wurde es ein Prüfstein der Manierismusbewegung und Parmigianinos Meisterwerk.

10 Schlacht von San Romano

Uccello, ein Meister der Perspektive, experimentierte hier deutlich zu viel: Die gebrochenen Lanzen in diesem Drittel seines Meisterwerks (1456; die anderen hängen in Paris und London) wurden übertrieben dargestellt, Vorder- und Hintergrund zudem aus verschiedenen Blickwinkeln gemalt.

5 Bacchus

In einem seiner frühesten Werke (1594) zeigt Caravaggio bereits seine Liebe zum Detail (sichtbar an dem Obststillleben im flämischen Stil). Der knabenhafte Gott trägt naturalistische Züge. Zu sehen ist auch Caravaggios Faszination am Spiel mit grellem Licht und Schatten.

8 Venus von Urbino

Tizians *Venus von Urbino* (1538, *oben*) beeinflusste die Aktmalerei bis hin zu Manet. Das Gemälde wurde im 18. und 19. Jahrhundert oft kopiert. Der venezianische Meister spielte mit Licht und Schatten und setzte seine leuchtende Venus vor einen dunklen Hintergrund.

Kurzführer

An der Westseite (links) der u-förmigen Loggia zur Piazza della Signoria befinden sich ein herkömmlicher Eingang und ein Eingang für Besucher mit reservierten Tickets. Die Galerien säumen den Korridor in der obersten Etage (Ostflügel: Säle 2–24, Westflügel: Säle 25–45. Die Nummerierung ist nicht perfekt (die Wände zwischen den Sälen 10–14 wurden vor langer Zeit entfernt). Die 1993 durch eine Bombe beschädigten Säle 36–40 sind geschlossen.

Mehr über die Sammlungen der Uffizien **siehe S. 10f**

Links ***Verkündigung*, Detail** Mitte **Uffizien-Fassade** Rechts ***Madonna mit dem Stieglitz*, Raffael**

TOP 10 Sammlungen der Uffizien

1 Botticelli (Säle 10–14) Neben den berühmten Meisterwerken *Geburt der Venus* und *Primavera (siehe S. 8f)* sind auch andere Gemälde Botticellis wie *Pallas und der Kentaur* sowie *Anbetung der Könige* mit einem Selbstporträt (rechts, in Gelb gekleidet) absolut sehenswert. Sie können diese *Anbetung* mit jenen des Botticelli-Schülers Filippino Lippi und des Botticelli-Zeitgenossen Ghirlandaio (Michelangelos Lehrer) vergleichen.

2 Frührenaissance (Säle 7–9) Gemälde von Piero della Francesca und Paolo Uccello können hier mit dem plastisch-realistischen Stil von Masaccio und den lieblichen Werken von Fra Angelico verglichen werden. Die anatomisch genauen Darstellungen der Brüder Pollaiuolo und die feine Linienführung von Masaccios Schüler Filippo Lippi (vgl. dessen Bild *Madonna und Kind mit Engeln, unten*) beeinflussten die Renaissance nachhaltig und prägten auch den eleganten Stil von Lippis Schützling Botticelli.

3 Vorrenaissance (Säle 2–6) Die drei *Maestàs* im ersten Saal – eine byzantinische Version von Cimabue, ein Gemälde nach Sieneser Schule von Duccio und das Werk von Giotto *(siehe S. 9)* – schlagen eine Brücke zwischen Mittelalter und Vorrenaissance. Ein weiteres Beispiel der Schule von Siena des 14. Jahrhunderts ist die *Verkündigung* von Simone Martini. Gentile da Fabriano und Lorenzo Monaco schufen mit ihren Werken im Weichen Stil des frühen 15. Jahrhunderts einen Nachruf auf das Mittelalter.

4 Leonardo da Vinci (Saal 15) Saal 15 widmet sich Verrocchios Starschülern, u. a. Lorenzo di Credi, Botticini, Perugino (Raffaels Lehrer) und natürlich Leonardo da Vinci, der in Verrocchios *Taufe Christi* den linken Engel malte. Leonardos *Verkündigung (siehe S. 8)*, dessen unvollendete, chaotische *Anbetung der Könige* und Signorellis *Kreuzigung* runden den Saal ab.

5 Hochrenaissance & Manierismus (Säle 19, 25–32) Nach Gemälden von Perugino und Signorelli erwarten den Be-

Mehr über Künstler in der Toskana **siehe S. 50f**

Anbetung der Könige, **Botticelli-Sammlung**

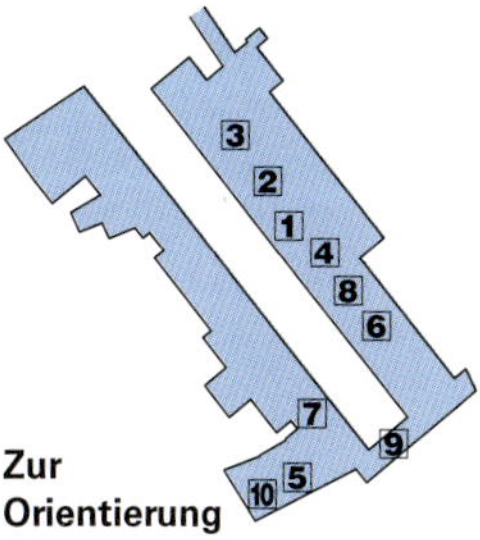

Zur Orientierung

sucher in Saal 25 die Werke der beiden wohl bedeutendsten Künstler der Hochrenaissance: Michelangelo und Raffael. Andrea del Sarto erweiterte mit seinen Schülern Michelangelos Umgang mit Farben und Asymmetrie zum Manierismus. Die Venezianer der Hochrenaissance, Tizian, Veronese und Tintoretto, beschritten beim Einsatz von Farben und Licht neue Wege.

6 Norditalienische & europäische Meister

(Säle 20–23)

Die Werke hier sind schön, aber nicht außergewöhnlich. Neben den norditalienischen Meistern wie Bellini, Giorgione, Mantegna und Correggio sind hier auch Maler wie Cranach, Holbein und Dürer vertreten. Dürer malte sein Erstlingswerk *Porträt des Vaters des Künstlers* mit 19 Jahren.

7 Barock (Säle 33–44)

Die Barock-Sammlung der Uffizien ist nicht besonders beeindruckend. Ausnahmen sind Caravaggios Werke *Bacchus (siehe S. 9), Die Opferung Isaaks* und *Medusa*, die Selbstporträts von Rembrandt und Rubens sowie das Bild *Judith enthauptet Holofernes* der Malerin Artemisia Gentileschi.

8 Tribuna (Saal 18)

Der ursprüngliche Ausstellungsraum der Uffizien war eine Kammer mit Perlmuttkuppel. Boden und Tisch sind mit *Pietra-dura*-Steinmosaiken geschmückt. Francesco I. ließ die Tribuna für klassische Statuen wie die *Mediceische Venus* errichten. Porträts von Bronzino und Pontormo, Rosso Fiorentinos *Musizierender Engel* und Raffaels *Hl. Johannes in der Wüste* zieren die Wände.

9 U-förmiger Korridor

Der Hauptkorridor, der die Galerien verbindet, ist von klassischen Statuen – meist römischen Kopien griechischer Originale *(links)* – gesäumt. Im Gewölbe sind Fresken (1581) mit Grotesken über florentinische Geschichte, Dichter, Denker und Künstler zu sehen.

10 Vasari-Korridor

Der einen Kilometer lange Korridor zwischen den Uffizien und dem Palazzo Pitti wurde 1993 durch eine Bombe beschädigt. Die Werke, u.a. Selbstporträts, entstanden in der Zeit vom 17. bis zum 20. Jahrhundert. Der Korridor ist gelegentlich für Führungen geöffnet. Tickets muss man buchen.

Weitere toskanische Meisterwerke **siehe S. 52f**

TOP 10 Duomo-Gruppe, Florenz

Die prachtvolle Kathedrale von Florenz bietet zwei Panorama-Aussichtsplätze: einen auf Giottos wunderschönem Glockenturm, einen in Brunelleschis meisterhafter Kuppel. Das Interessanteste im Dom sind weniger die diversen Fresken von Uccello, sondern der Aufstieg in die Kuppel. Das Baptisterium mit den prächtigen byzantinischen Mosaiken und den Paradiestüren ist ebenfalls einen Besuch wert. Im Museum stehen Statuen von Michelangelo, Donatello, Ghirlandaio und Andrea Pisano.

Kuppel des Duomo, Florenz

Bei I Fratellini, Via dei Cimatori 38r, können Sie auf ein Sandwich und ein Glas Wein im Stehen vorbeischauen (südlich die Via dei Calzaiuoli hinunter).

Das Baptisterium öffnet mittags – besuchen Sie die Duomo-Gruppe nachmittags.

Die Kuppel können Sie bis 40 Minuten vor Schließung besichtigen. Im Sommer sollten Sie dies möglichst früh einplanen.

- *Piazza del Duomo*
- *Karte M3–N3*
- *Duomo: Mo–Fr 10–17 Uhr (Do bis 15.30 Uhr), Sa 10–16.45 Uhr, So 13.30–16.45 Uhr*
- *Baptisterium: Mo–Sa 12.15–19 Uhr, So 8.30–14 Uhr; Eintritt 4 €*
- *Museum: tägl. 9–19.30 Uhr (So bis 13.45 Uhr); Eintritt 6 €*
- *Kuppel: tägl. 8.30–19 Uhr (Sa bis 17.40 Uhr); Eintritt 8 €*
- *Campanile: tägl. 8.30–19.30 Uhr; Eintritt 6 €*
- *kein Kombiticket*

Top 10 Details

1. Duomo: Kuppel
2. Baptisterium: Paradiestüren
3. Baptisterium: Mosaiken
4. Museo dell'Opera del Duomo: Michelangelos *Pietà*
5. Duomo: Campanile
6. Duomo: *Fresko von Giovanni Acuto*
7. Museo dell'Opera del Duomo: *Habakuk*
8. Duomo: Neue Sakristei
9. Museo dell'Opera del Duomo: Altarfront
10. Baptisterium: Nordtüren

1 Duomo: Kuppel

Die riesige Kuppel ließ sich erst 1420 mit Brunelleschis selbsttragender, aus zwei Schalen bestehender Konstruktion verwirklichen. Die Fresken im Dom sind einen Blick wert, spannender ist jedoch der Aufstieg zwischen den beiden Schalen.

2 Baptisterium: Paradiestüren

Lorenzo Ghibertis vergoldete Bronzetafeln (1425–53) zeigen die meisterliche Technik des Künstlers, in flachen Reliefs große Tiefen zu erzeugen *(rechts)*. Michelangelo war angeblich derart bewegt, dass er sagte, die Türen könnten auch »die Pforten zum Paradies« bilden.

3 Baptisterium: Mosaiken

Die Mosaiktafeln (13. Jh.) erzählen Geschichten aus der Genesis und den Leben von Jesus, Josef und Johannes dem Täufer.

Der offizielle Name des Duomo lautet Cattedrale di Santa Maria del Fiore **www.operaduomo.firenze.it**

4 Museo dell'Opera del Duomo: Michelangelos Pietà

Michelangelo schuf drei *Pietàs*. Die mittlere (1548–55, *rechts*) beschädigte er selbst im Zorn.

5 Duomo: Campanile

Giotto entwarf die unterste Ebene der »Lilie von Florenz«. Sie wurde von Andrea Pisano fortgeführt und von Francesco Talenti fertiggestellt. Der Glockenturm ist 85 Meter hoch. 414 Stufen führen nach oben.

6 Duomo: Fresko von Giovanni Acuto

Paolo Uccello, Meister der Perspektive, malte das Trompe-l'œil-Fresko (1436) einer Reiterstatue als Denkmal für John Hawkwood, einen englischen *condottiere* (Söldnerführer) im Dienst von Florenz.

7 Museo dell'Opera del Duomo: Habakuk

Mehrere Statuen, die Donatello für den Campanile schuf, zeigen Figuren aus dem Alten Testament, darunter den Propheten Habakuk. Die Florentiner nennen die Statue *Lo Zuccone* – »Kürbiskopf«.

8 Duomo: Neue Sakristei

Die Bronzetüren und die polierte Terrakotta-Lünette sind Werke von Luca della Robbia (15. Jh.). Im Innenraum mit Holzeinlegearbeiten fand Lorenzo de' Medici 1478 nach einem Mordversuch Zuflucht.

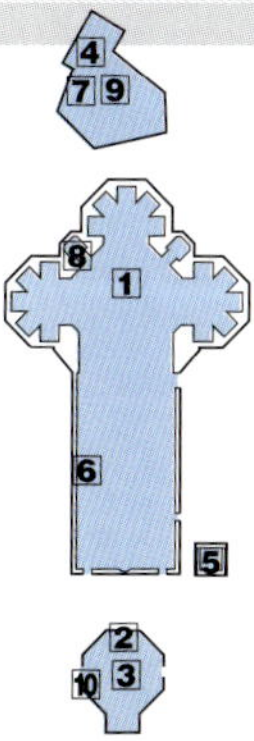

Zur Orientierung

9 Museo dell'Opera del Duomo: Altarfront

Das Kunstwerk aus Gold und Silber schufen Verrocchio, Antonio Pollaiuolo, Michelozzo und andere Bildhauer von 1366 bis 1480.

Lorenzo Ghiberti

10 Baptisterium: Nordtüren

Lorenzo Ghiberti wurde 1401 beauftragt, 28 Bronzetafeln zu gestalten. In 21 Jahren schuf er das, was Historiker als erstes echtes Renaissance-Werk betrachten.

Dom-Geschichte

Die Anfänge des Baptisteriums reichen in das 6. Jahrhundert zurück, der größte Teil des Baus entstand jedoch vom 11. bis zum 14. Jahrhundert. 1294 begann Arnolfo di Cambio die Kathedrale um die ursprüngliche Kirche Santa Reparata herumzubauen. Der Duomo war 1417 größtenteils fertig. 1420–36 fügte Brunelleschi die Kuppel hinzu, die in den 1460er Jahren von Verrocchios Bronzekugel gekrönt wurde. Die überarbeitete Fassade ist neugotisch (19. Jh.).

Weitere Kirchen in Florenz **siehe S. 44f**

Palazzo Pitti, Florenz

Die einstige Residenz der Medici bietet prächtige königliche Gemächer und Galerien mit moderner Kunst, höfischer Mode, Tafelsilber und Porzellan. Höhepunkt ist die Galleria Palatina, deren Ausstellung – u. a. eine der besten Sammlungen mit Werken von Raffael und Tizian – nur von derjenigen in den Uffizien übertroffen wird. Die Fresken schuf Pietro da Cortona. Die Gemälde hängen noch so, wie die Herzöge des 19. Jahrhunderts es wünschten – rein nach dekorativer Wirkung, ohne Rücksicht auf Themen oder Chronologie.

Fassade des Palazzo Pitti

In der Weinbar Pitti Gola e Cantina (Piazza dei Pitti 16) kann man auch eine Kleinigkeit essen.

Picknicks sind im Giardino di Boboli offiziell verboten.

Bei Pitti Mosaici an der Piazza dei Pitti können Sie eine moderne Version des *Pietra-dura*-Tisches *(siehe S. 17)* kaufen.

• Piazza dei Pitti • Karte L5 • Galleria Palatina & Appartamenti Reali: 055 238 8614, Di–So 8.15–18.50 Uhr • Galleria del Costume, tägl. 8.15–18.50 Uhr, 2. & 4. So sowie 1., 3. & 5. Mo im Monat geschl. • Museo della Porcellana, Museo degli Argenti & Boboli-Gärten: Nov–Feb: tägl. 8.15–16.30 Uhr; März: tägl. 8.15–17.30 Uhr; Apr–Mai & Sep–Okt: tägl. 8.15–18.30 Uhr; Juni–Aug: tägl. 8.15–19.30 Uhr; 1. & letzter Mo im Monat geschl. • Eintritt; Kombitickets erhältlich

Top 10 Palastzauber

1. *La Velata* (Raffael)
2. *Folgen des Krieges* (Rubens)
3. *Maria Magdalena* (Tizian)
4. Giardino di Boboli
5. *Madonna mit Kind* (Lippi)
6. *Die drei Lebensalter des Mannes* (Giorgione)
7. Grüner Saal, königliche Gemächer
8. Ammannatis Hof
9. *Toskanische Maremma* (Fattori)
10. Grotta Grande

1 La Velata

Raffael schuf viele Porträts, einige der besten befinden sich in dieser Sammlung. *La Velata* (1516) ist sein Meisterwerk in dieser Gattung und zeigt seinen brillanten Umgang mit Farbe, Licht und Formen. Die Sitzende ist wahrscheinlich La Fornarina, Raffaels römische Geliebte.

2 Folgen des Krieges

Venus versucht, die in Schwarz gekleidete Europa vor dem zürnenden Mars zu schützen (1638, *rechts*). Hiermit protestierte der alternde Rubens gegen den Eintritt seiner Heimat in den Dreißigjährigen Krieg (1618–48).

3 Maria Magdalena

Die erste (1535) von vielen Maria Magdalenas des venezianischen Meisters Tizian.

4 Giardino di Boboli

In den Renaissance-Gärten mit Elementen des Barock und Rokoko stehen Zypressen, Statuen und Springbrunnen.

Palazzo Pitti im Internet

www.polomuseale.firenze.it/musei/palazzopitti

5 Madonna mit Kind

Filippo Lippi hat das Kinn der Madonna meisterhaft im geometrischen Zentrum des Bildes (1450) platziert. Hiermit gelang es ihm, die komplexe Komposition aus Hauptszene und Hintergrundbildern aus dem Leben der Jungfrau zu verbinden.

6 Die drei Lebensalter des Mannes

)as allegorische Werk 1500) stammt vermutlich on Giorgione. Das schöe Gemälde zeigt ein gu:s Gespür für Farbe und omposition. Sie können s mit dem barocken resko *Vier Lebensalter es Mannes* (1637) von ietro da Cortona an der ecke der Sala della tufa vergleichen.

Zur Orientierung

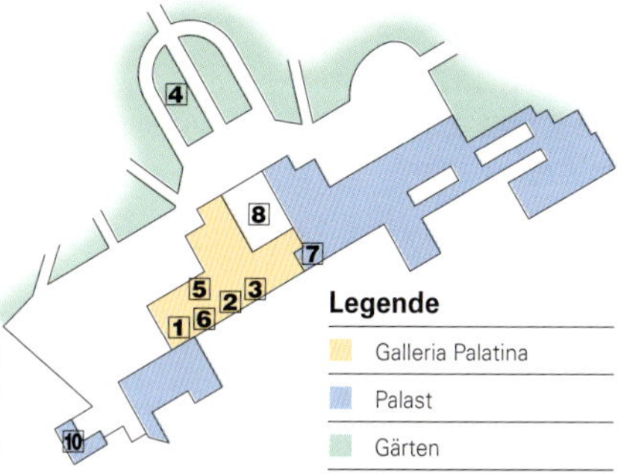

7 Grüner Saal, königliche Gemächer

In dem am besten erhaltenen Saal der königlichen Gemächer (Appartamenti Reali) stehen luxuriöse Möbelstücke wie eine Ebenholzvitrine mit Einlegearbeiten aus Halbedelsteinen und Bronze. Die Decke des Grünen Saals zieren Trompe-l'œil-Stuck und ein Gemälde von Luca Giordano.

8 Ammannatis Hof

Die manieristische Architektur war eine robuste, überdimensionierte Wiederaufnahme der Renaissance. Bartolomeo Ammannati interpretierte dies mit einer beeindruckenden klassischen Anordnung (1560–70).

9 Toskanische Maremma

In der zweiten Etage, der Galleria d'Arte Moderna, hängt das Meisterwerk (1850) Giovanni Fattoris. Der Maler war Mitglied der Macchaioli, einer toskanischen Schule mit Parallelen zum Impressionismus.

10 Grotta Grande

Die manieristische Höhle birgt stilisierte Stalaktiten, Giambologna-Statuen und Michelangelos *Sklaven* aus Gips.

Kurzführer

Der Eingang befindet sich an Ammannatis Hof (der Kartenschalter ist rechts neben dem Palast). In der ersten Etage sind die Galleria Palatina, die sich zuerst ansehen sollten, und die Appartamenti Reali untergebracht. Der Eingang zu den Boboli-Gärten befindet sich in der rechten hinteren Ecke. Weitere Sammlungen sind: Galleria d'Arte Moderna (zweite Etage), Kostümgalerie (Sommerpalast Meridiana, Eingang über die Boboli-Gärten), Silbermuseum (Erdgeschoss), Kutschenmuseum (linker Flügel – derzeit geschlossen) und Porzellanmuseum (Boboli-Gärten).

Mehr über die Familie Medici **siehe S. 54f**

Links **Galleria Palatina** Mitte **Ammannatis Hof** Rechts **Fassade des Palazzo Pitti**

TOP 10 Palazzo Pitti: Galleria Palatina

1 Sala di Giove

In diesem Saal befinden sich zwei der Highlights des Palazzo Pitti: Raffaels *La Velata* und Giorgiones *Die Drei Lebensalter des Mannes*. Meisterwerke der Frührenaissance sind z. B. Peruginos *Madonna del Sacco*, eine subtile Studie räumlicher Verhältnisse, sowie *Der heilige Hieronymus* von Verrocchio oder Piero di Pollaiuolo. Andrea del Sarto malte *Johannes der Täufer* (1523) in klassischem Stil, seine *Verkündigung* (1512) ist protomanieristisch. Fra Bartolomeos *Wehklage über den toten Christus* (1512) und Bronzinos *Guidobaldo Della Rovere* (1532) sind Werke der Hochrenaissance auf dem Weg zum Barock.

2 Sala di Saturno

In der Sala di Saturno kann man Raffaels Werdegang begutachten, von der »leonardischen« *Madonna del Granduca* (1506) bis zur *Vision des Ezechiel* (1518). Bei *Maddalena Doni* (1506) – das Gemälde beeinflusste die Porträtkunst der Renaissance – ließ sich der Maler von der *Mona Lisa* inspirieren. Raffaels umbrischer Lehrer Perugino malte die streng komponierte *Wehklage über den toten Christus* (1495). Weitere Gemälde sind u. a. Fra Bartolomeos *Stupor Mundi* (1516) und del Sartos *Verkündigung und Disput der Dreifaltigkeit* (1517).

3 Sala di Apollo

Hier hängen zwei Gemälde Tizians nebeneinander: *Maria Magdalena (unten)* und *Porträt eines Engländers* (1540). Zu den vielen einflussreichen Werken in diesem Saal zählen *Pietà* (1522) und *Heilige Familie* (1523) von Andrea del Sarto. Mit diesen Bildern läutete der Künstler den Manierismus ein. Die *Heilige Konversation* (1522) von del Sartos Schüler Rosso Fiorentino verlor an Ausdruckskraft, als man das Gemälde für einen großen Barockrahmen künstlich vergrößerte. Der klassische Stil der Bologneser Künstler Guido Reni *(Kleopatra)* und Guercino *(Auferstehung der Tabitha)* beeinflusste die aufstrebende Barockmalerei.

4 Sala di Venere

Prunkstück des Saals ist die von Canova gemeißelte *Venus*. Sie sollte das antike Original

Weitere Gemälde in der Galleria Palatina
www.museumsinflorence.com/musei/palatine_gallery.html

ersetzen, das Napoléon nach Paris verschiffen ließ (heute in den Uffizien). Zu den Highlights unter den Gemälden zählen die Tizian-Werke *Konzert* (1510), das von Raffael kopierte *Porträt von Julius II* (1545) und das berühmte *Porträt von Pietro Aretino* (1545). Rubens' bukolische *Rückkehr von der Heuernte* wird oft übersehen.

5 Sala di Marte

Dominant sind die Rubens-Werke *Folgen des Krieges* (1638) und *Vier Philosophen* (1612), in dem Rubens sich selbst (links außen) und seinen Bruder abbildete. Die Porträtsammlung enthält das eindringliche *Porträt eines Mannes* (1550), das Veronese zugeschrieben wird, *Luigi Conaro* (1560), das man Tintoretto zuordnet, *Ippolito de' Medici* (1532) von Tizian und *Kardinal Bentivoglio* von van Dyck.

6 Spätere Werke

In den Sälen nach Napoléons Badezimmer sind unter den Gemälden von Tintoretto, Rubens, Botticelli und Pontormo nur wenige Meisterwerke zu finden. Ausnahmen sind *Madonna dell'Impannata* (1514) von Raffael und *Madonna mit Kind* (1450) von Filippo Lippi, das älteste Gemälde des Museums. Signorellis *Sacra Famiglia*, die eine von Michelangelo in den Uffizien beeinflusste, lässt sich gut mit der manieristischen Version von Beccafumi vergleichen.

7 Sala dell'Illiade

La Gravida (1506), Raffaels unübliches, im Stil fast flämisches Porträt einer Schwangeren, ist die Hauptattraktion des Saals. Andrea del Sarto ist mit zwei *Himmelfahrten Mariens* (1523 und 1526) repräsentiert. Auch Artemisia Gentileschi ist vertreten: Die einzige bekannte Barockkünstlerin porträtierte oft weibliche Bibelfiguren, z. B. *Maria Magdalena* und *Judith*.

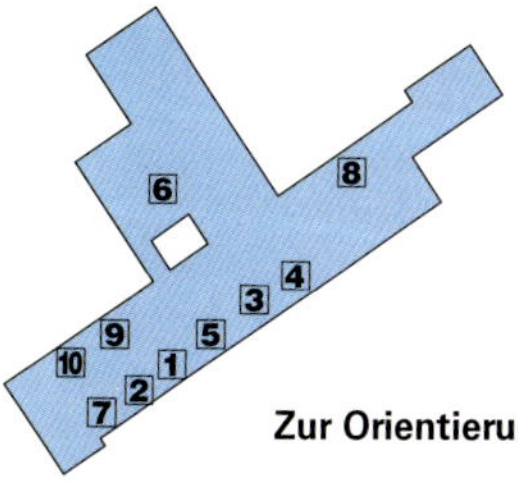

Zur Orientierung

***Venus*, Sala di Venere**

8 Galleria delle Statue

In der langen Eingangshalle werden Wechselausstellungen gezeigt. Einige Gemälde hängen hier seit Jahren, darunter Caravaggios Genreszene *Der Zahnzieher* (offiziell ein Uffizien-Gemälde) und Rubens' *Auferstandener Christus*. Versäumen Sie nicht den prächtigen, nach florentiner Mosaikkunst gefertigten *Pietra-dura*-Tisch (19. Jh.).

9 Sala dell'Educazione di Giove

Caravaggios *Schlafender Cupido* (1608) ist eine Realismus- und Chiaroscuro-Studie. Bei Christofano Alloris *Judith mit dem Haupt des Holofernes* ist jedes Gesicht ein Porträt: Judith ist die Freundin des Künstlers, die alte Frau ihre Mutter, Holofernes' Kopf ist ein Selbstporträt.

10 Sala della Stufa & Napoléons Badezimmer

In der Sala della Stufa sind Fresken von Pietro da Cortona und ein Majolikaboden von 1640 zu sehen. Das Badezimmer Napoléons im Empire-Stil ist eine der wenigen Erinnerungen an dessen kurze Regierungszeit in Italien.

Mehr über Florenz **siehe S. 76–85**

TOP 10 San Gimignano

Die autofreie Bergstadt gehört zu den besterhaltenen mittelalterlichen Städten der Toskana. Ihr voller Name lautet San Gimignano delle Belle Torri (San Gimignano mit den schönen Türmen). Von den einst 70 Türmen sind noch 14 erhalten. Sie gaben der Stadt den Beinamen »Manhattan des Mittelalters«. San Gimignano bietet für seine Größe eine beeindruckende Fülle an Kunst des 14. und 15. Jahrhunderts. Daneben gibt es auch moderne Kunst, hervorragenden Weißwein und viele Souvenirläden.

Piazza della Cisterna

Decke der Collegiata

Das beste *gelato* der Stadt gibt es bei I Combattenti (Via San Giovanni 124).

Die Ausflugsbusse fahren gegen 17 Uhr wieder ab. Wer hier übernachtet, kann das abendliche Flair der Stadt genießen.

- *Karte D3*
- *Informationsbüro auf der Piazza del Duomo 1*
- *0577 94 00 08* • *www.sangimignano.com*
- *Collegiata: tägl.; 27. Jan–28. Feb geschl.; Eintritt 3,50 €*
- *Museo Civico: tägl.; Eintritt 5 €*
- *Museo della Tortura: tägl.; Eintritt 8 €*
- *Museo Archeologico: März–Okt: tägl.; Eintritt 3,50 €*
- *Museo d'Arte Sacra: März–Dez: tägl.; Eintritt 3 €*
- *Kombitickets im Informationsbüro erhältlich*

Top 10 Stadtansichten

1. Collegiata
2. Torre Grossa
3. Museo Civico
4. Piazza della Cisterna
5. Sant'Agostino
6. Museo della Tortura
7. Museo Archeologico
8. Museo d'Arte Sacra
9. Rocca
10. Fassade von San Francesco

1 Collegiata

Die Fassade steht in krassem Gegensatz zum prächtigen Inneren. Lippo Memmi schuf die Fresken an der rechten Wand (1333–41), Bartolo di Fredi die an der linken (1367), Taddeo di Bartolo das *Jüngste Gericht* im Schiff (1410) und Benozzo Gozzoli den *Hl. Sebastian* (1464) am Eingang. Der Stolz der Stadt sind die Fresken (1475) von Domenico Ghirlandaio in der Kapelle Santa Fina.

2 Torre Grossa

Der mühsame Aufstieg auf den höchsten Turm der Stadt (54 m) wird mit einer atemberaubenden Aussicht über die Türme, die Terrakottadächer und die Hügel dahinter belohnt.

3 Museo Civico

San Gimignanos bestes Museum befindet sich in der ersten Etage des Palazzo del Popolo, unterhalb der erhabenen Torre Grossa. In der Sammlung befinden sich Werke von Pinturicchio *(Madonna mit den Heiligen Gregor und Benedikt*, 1511, *links)*, Filippino Lippi und Benozzo Gozzoli sowie eine *Maestà* von Lippo Memmi. Die von Memmo di Filippuccio gestalteten Fresken einer Hochzeitsnacht sind für das 14. Jahrhundert ungewöhnlich erotisch.

Weitere toskanische Bergstädte **siehe S. 56f & S. 112–117**

4 Piazza della Cisterna

Der dreieckige Platz *(links)* mit dem Brunnen von 1237 in der Mitte wird von Türmen des 13. und 14. Jahrhunderts gesäumt. Er diente in Spielfilmen wie *Engel und Narren* und *Tee mit Mussolini* als Kulisse.

7 Museo Archeologico

Zu der kleinen etruskischen Sammlung gehört eine ungewöhnliche Begräbnisurne. Sie zeigt das Bild des Verstorbenen, der als Eintrittsgeld für das Leben nach dem Tode eine Münze bei sich trägt.

9 Rocca

Die Festung (14. Jh.) verfiel zu einer romantischen, mit Oliven- und Feigenbäumen bewachsenen Ruine. Auf den Wällen hat man einen herrlichen Blick auf die Türme der Stadt.

10 Fassade von San Francesco

Die romanische Fassade einer längst verschwundenen Kirche ist zwischen mittelalterlichen Gebäuden eingekeilt. Die *cantina* dahinter bietet Weinproben und eine schattige Terrasse, auf der man das Panorama der Umgebung genießen kann.

5 Sant'Agostino

Die meisten Urlauber lassen die kleine Kirche mit Piero di Pollaiuolos Altarbild (1483) und Benozzo Gozzolis Apsisfresken über das Leben des hl. Augustinus (1465) links liegen. Benedetto da Maiano gestaltete das Grab San Bartolos (1488) an der Westwand.

8 Museo d'Arte Sacra

Das kleine Museum für religiöse Kunst *(unten)* steht an einer hübschen Piazza bei der Collegiata. Besonders sehenswert sind Bartolo di Fredis *Madonna mit Kind* und illustrierte Gesangbücher des 14. Jahrhunderts.

6 Museo della Tortura

In der Torre della Diavola (Turm der Teufelin) können Folterinstrumente besichtigt werden. Auf Plakaten wird der Besucher darüber informiert, in welchen Teilen der Welt diese Geräte heute noch zum Einsatz kommen.

Geschichte San Gimignanos

Die etruskische und später römische Siedlung blühte im Mittelalter als Rastpunkt der Francigena-Pilgerroute auf. Wetteifernde Familien errichteten die Türme – teils zur Schau, teils zur Verteidigung bei ihren Straßenkämpfen. Nach der Pest von 1348 kam die Stadt unter Florentiner Kontrolle und die Francigena-Route wurde weiter nach Osten verlegt. San Gimignano stieg zum unbedeutenden Dorf ab. Das mittelalterliche Flair blieb erhalten.

Folgende Doppelseite **Blick über San Gimignano**

TOP 10 Campo dei Miracoli, Pisa

Pisas »Feld der Wunder« gehört zu Italiens prächtigsten Plätzen. Auf den Grünflächen stehen die pisanisch-romanischen Juwele Dom, Baptisterium, Camposanto und Campanile – Letzterer ist besser bekannt als Schiefer Turm. Am östlichen Ende des Platzes, im alten Bischofspalast, ist heute das Dommuseum untergebracht. Eine Passage zwischen zwei der vielen Souvenirstände an der Südseite des Campo führt zum Museo delle Sinopie. Hier werden die auf Gips erhaltenen Rötelstift-Skizzen (Sinopien) zu den 1944 bei Bombenangriffen schwer beschädigten Camposanto-Fresken ausgestellt.

Schiefer Turm & Umland

Il Canguro (Via Santa Maria 151) verkauft *panini* & Getränke – z. B. für ein Picknick.

Erkundigen Sie sich im Informationsbüro nach den genauen Öffnungszeiten.

Der Dom ist sonntags nur für Gottesdienste zugänglich.

• Karte C3
• Informationsbüro: Via C. Cammeo 2
• 050 560 464 • Campo dei Miracoli: 050 387 2210; www.opapisa.it
• Duomo: Mo–Sa; Eintritt 2 € (Nov–Feb: frei)
• Baptisterium: tägl.; Eintritt 5 € • Camposanto: tägl.; Eintritt 5 €
• Museo dell'Opera del Duomo: tägl.; Eintritt 5 €
• Museo delle Sinopie: tägl.; Eintritt 5 €
• Turm: Eintritt 15 €
• Eintritt für weitere Sehenswürdigkeiten: 5 € (eine), 6 € (zwei), 10 € (fünf); Stadtmauer: 2 €

Top 10 Sehenswert

1. Schiefer Turm
2. Baptisterium
3. Kanzel im Baptisterium
4. Domfassade
5. Portale di San Ranieri, Duomo
6. Domkanzel
7. Camposanto
8. Fresko *Triumph des Todes*, Camposanto
9. Museo dell'Opera del Duomo
10. Museo delle Sinopie

1 Schiefer Turm

Der 1173 begonnene Glockenturm wich bereits von der Senkrechten ab, bevor die dritte Etage vollendet war. 1990 betrug die Abweichung 4,5 Meter. Der Turm wurde geschlossen und bis zur Wiedereröffnung 2001 um rund 40 Zentimeter aufgerichtet. Alle 30 Minuten dürfen 30 Besucher an einer Führung teilnehmen.

2 Baptisterium

Italiens größtes Baptisterium *(rechts)* begann man als romanischen Bau (1153), die Kuppel ist jedoch gotisch. Im akustisch perfekten Inneren befindet sich eine großartige gotische Kanzel.

3 Kanzel im Baptisterium

Niccola Pisanos gotisches Meisterwerk (1255–60, *oben*) zeigt religiöse Szenen, basierend auf heidnischen Reliefs an Camposanto-Sarkophagen.

4 Domfassade

Das pisanisch-romanische Werk *(oben)* besteht aus offenen und Blendarkaden sowie Intarsien aus farbigem Marmor. Der manieristische Künstler Giambologna goss die Bronzetüren. Sie ersetzten die beim Brand 1595 zerstörten Portale.

Fremdenverkehrsamt der Stadt Pisa **www.pisaturismo.it**

5 Portale di San Ranieri, Duomo

Im Jahr 1180 fertigte der Baumeister Buscheto die einzigen verbliebenen romanischen Bronzetüren der Kathedrale von Pisa. Er versah Sie mit Abbildungen von biblischen Szenen und sich wiegenden Palmen.

Zur Orientierung

6 Domkanzel

Niccola Pisanos Sohn Giovanni meißelte die Kanzel zwischen 1302 und 1311. Der gotische Naturalismus seiner stürmischen Szenen aus dem Neuen Testament reflektiert den Einfluss Giottos, eines paduanischen Zeitgenossen des Künstlers.

7 Camposanto

Einst konnte man auf dem Friedhof neben römischen Sarkophagen auch Fresken, die jenen in der Sixtinischen Kapelle gleichkamen, bewundern. Sie wurden im Zweiten Weltkrieg größtenteils zerstört. Reste befinden sich in einem Seitenraum.

9 Museo dell'Opera del Duomo

Zur Sammlung gehört ein islamischer Hippogryph (halb Pferd, halb Adler) aus Bronze (11. Jh., *oben*). Die Kreuzzugsbeute trohnte einst auf der Domkuppel. Vom Museum hat man einen schönen Blick auf den Schiefen Turm.

10 Museo delle Sinopie

Beim Versuch, die Camposanto-Fresken freizulegen, fand man die Skizzen hierzu. Sie bieten einen einzigartigen Einblick in das kreative Schaffen der mittelalterlichen Künstler.

8 Fresko Triumph des Todes, Camposanto

Buffalmaccos Fresko *(links)* überstand die Bombenangriffe des Zweiten Weltkriegs am besten. Die Szene, in der der Tod durch eine apokalyptische Landschaft reitet, inspirierte Liszt zu seinem *Totentanz*.

Kurzführer

Den Campo erreicht man von Pisas Hauptbahnhof aus mit den Buslinien 1, 3 und 11 oder vom Bahnhof San Rossore aus zu Fuß. Eintrittskarten gibt es in vielen Variationen: jeweils für den Duomo und den Turm, für eine, zwei oder fünf beliebige Sehenswürdigkeiten (außer Duomo und Turm) und für alle Sehenswürdigkeiten (außer Duomo und Turm).

Weitere Sehenswürdigkeiten in Pisa **siehe S. 24f**

Links **Santa Caterina** Mitte **Piazza dei Cavalieri** & **Vettovaglie-Markt** Rechts **Museo San Matteo**

TOP 10 Weitere Attraktionen in Pisa

1 Museo San Matteo

Die Sammlung umfasst Kreuzigungsbilder (13. Jh.), Simone Martinis *Jungfrau mit Kind und Heiligen* (1321; *oben*), Nino Pisanos *Madonna del Latte*, Donatellos Büste von San Rossore sowie Werke von Masaccio, Fra Angelico, Gozzoli, Lorenzo di Credi und Ghirlandaio.

2 Santa Maria della Spina

Das Gotikjuwel *(rechts)* entstand von 1230 bis 1323 als Aufbewahrungsort für einen Dorn *(spina)* aus der Christuskrone. Beim Bau waren auch Nino und Giovanni Pisano beteiligt.

3 Markt an der Piazza Vettovaglie

Die schöne, mit Arkaden versehene Piazza bildet den Mittelpunkt eines farbenfrohen Lebensmittelmarkts.

4 Piazza dei Cavalieri

Der Platz, an dem vermutlich das antike Forum lag, wird von Giorgio Vasaris *Sgrafitto*-Fassade des Palazzo dei Cavalieri (1562) und der barocken Kirche Santo Stefano gesäumt. Hier steht auch der Palazzo dell'Orologio, in dem Graf Ugolino – von Dante und Shelley unsterblich gemacht – 1288 wegen Verrats mit seinen Söhnen und Enkeln eingekerkert und dem Hungertod überlassen wurde.

5 Le Navi Antiche di Pisa

Im Jahr 1998 fand man bei Restaurationsarbeiten am Bahnhof San Rossore – hier befand sich der Hafen, bevor der Arno verschlammte – zehn römische Schiffe aus den Jahren 100 v. Chr. bis 400 n. Chr., die in Sturmfluten oder Stürmen gesunken waren. Die Ladungen und Ausrüstungen dieser Schiffe werden im Medici Arsenale gezeigt. Künftig sollen auch die Schiffe selbst hier ausgestellt werden.

Restaurants in Pisa **www.pisaonline.it/pisa/rest.htm**

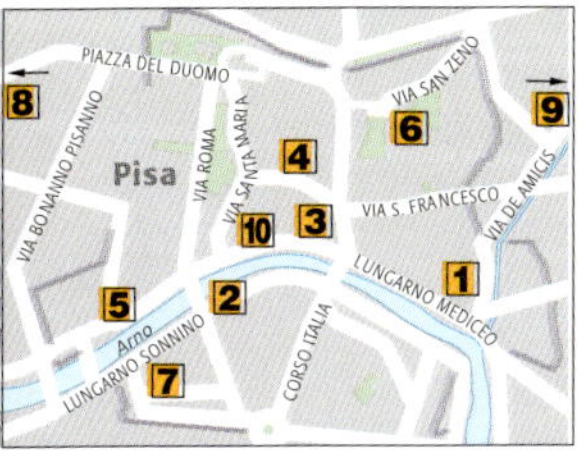

6 Santa Caterina

Hinter der gotischen Fassade (1330) können Nino Pisanos *Verkündigung*, dessen Grabmal für Simone Saltarelli (1342) und Francesco Trianis *Verherrlichung des hl. Thomas von Aquin* (1350) besichtigt werden.

7 San Paolo a Ripa d'Arno

Die Fassade *(links)* der Kirche (9. Jh.) stammt aus dem 13. Jahrhundert. Im Park dahinter steht die romanische Kapelle Sant'Agata.

8 Tenuta di San Rossore

In dem Naturschutzgebiet an der Küste leben Wildschweine, Rotwild und Wasservögel. Am Ufer fand man 1822 die Leiche des Dichters Percy B. Shelley.

9 Certosa di Calci

Das Kartäuserkloster (1366) östlich von Pisa besitzt sehenswerte Barockkapellen und Kreuzgänge mit Fresken.

10 San Nicola

Die Treppe im Glockenturm der 1000 Jahre alten Kirche *(rechts)* inspirierte Donato Bramante zu seiner Treppe im Vatikan.

Der Schiefe Turm von Pisa

Glockenstuhl

Eines der berühmtesten Bauwerke Italiens weicht über vier Meter von der Senkrechten ab. Das Problem: 55 Meter Marmor stehen auf einem Boden aus Schwemmsand. Schlagseite bekam der Turm bald nach Baubeginn 1173. Die Arbeiten wurden bis 1275 unterbrochen, als man entschied, den Turm in die Gegenrichtung zu krümmen (aus einem bestimmten Winkel sieht er wie eine Banane aus). 1990 drohte der Turm einzustürzen – eine Folge der jährlichen Besucherzahlen von über einer Million Menschen. Man schloss ihn, legte Bleigewichte an eine Seite und hob die Basis aus, um die Neigung zu korrigieren. Der Turm wurde 2001 wieder eröffnet und kann im Rahmen von Führungen besichtigt werden.

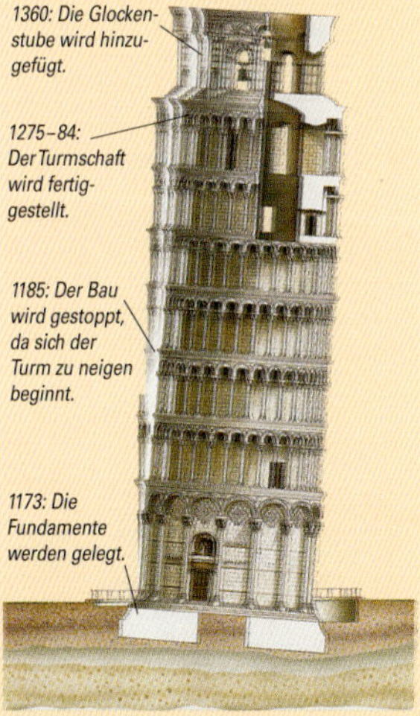

Turmfundamente

1836 wollte man die Fundamente (Steinsockel) freilegen. Dabei verstärkte sich die Neigung. Ein neuer Betonguss und die Absenkung des Grundwasserspiegels halfen.

An der Piazza XX Settembre startet jeden Freitag um 10.15 Uhr eine deutschsprachige Führung durch das Stadtzentrum von Pisa.

Duomo, Siena

Sienas riesige gotische Kathedrale ist ein Schmuckstück mit spätgotischer Bildhauerkunst und Gemälden der Frührenaissance. Die Baumeister versahen das Gebäude mit auffälligen romanischen Streifen, die Form ist allerdings streng gotisch – eines der besten Beispiele dieses Stils in Italien. Faszinierend sind auch die Nebengebäude: Baptisterium, Museo Metropolitana und das Hospital Santa Maria della Scala, in dem Fresken aus den 1440er Jahren mittelalterliche Krankenhausszenen zeigen.

Domfassade

Die Bäckerei Bini (Via dei Fusari 9–13) steht seit 1943 für himmlische Sieneser Kekse und Süßigkeiten.

Im Dom werden die Bodenintarsien von Beccafumi in der Regel mit einer Abdeckung geschützt, doch die detaillierten Entwurfskizzen sind in der Pinacoteca zu sehen ***(siehe S. 87).***

Das Kombiticket für Bibliothek, Museo Metropolitana & Baptisterium ist im Vergleich zu Einzeltickets preisgünstiger.

- *Duomo & Bibliothek: Mo–Sa 10.30–19.30 Uhr, So 13.30–17.30 Uhr (Juni–Aug: bis 20 Uhr); Eintritt für Bibliothek 3 €*
- *Museo Metropolitana: tägl. 9.30–19 Uhr (Juni–Aug: bis 20 Uhr)*
- *Baptisterium: tägl. 9.30–19 Uhr (Juni–Aug: bis 20 Uhr)*
- *Santa Maria della Scala: tägl. 10.30–18.30 Uhr*

Top 10 Details

1. Pisano-Kanzel
2. Piccolomini-Bibliothek
3. Bodenintarsien
4. Fassade
5. Piccolomini-Altar
6. Chigi-Kapelle
7. San-Giovanni-Kapelle
8. Buntglasfenster von Duccio
9. Chor
10. Glockentum

1 Pisano-Kanzel

Nicola Pisanos Sohn Giovanni und sein Schüler Arnolfo di Cambio wirkten an dem gotischen Relief mit. Es zeigt, wie bei den Kanzeln in Pistoia und Pisa, Szenen aus dem Leben Christi.

Bodenintarsien

2 Piccolomini-Bibliothek

Die Bibliothek wurde als Archiv für die Manuskripte des Humanisten Papst Pius II., Mitglied der Sieneser Familie Piccolomini, gebaut. Sein Leben ist Thema der Fresken (1507, *links*) von Pinturicchio.

Der offizielle Name des Duomo lautet Cattedrale di Santa Maria Assunta **www.operaduomo.siena.it**

3 Bodenintarsien
Im Frühherbst (meist im September) kann man alle 59 Bodentafeln besichtigen – einige sogar das ganze Jahr über. Sie entstanden von 1372 bis 1547, u. a. durch Pinturicchio und Matteo di Giovanni, dessen *Bethlehemitischer Kindermord (unten)* meisterhaft ist.

4 Fassade
Giovanni Pisano entwarf die Fassade *(rechts)* 1285. Die verwitterten Originalstatuen, die man durch Kopien ersetzte, stehen im Museo Metropolitana. Im 19. Jahrhundert schufen Handwerker aus Venedig die Mosaiken in der oberen Hälfte.

5 Piccolomini-Altar
Andrea Bregnos Marmoraltar (1480) zeigt u. a. eine *Madonna mit Kind* (1397–1400) von Jacopo della Quercia und vier kleine Heiligenstatuen (1501–04) des jungen Michelangelo.

6 Chigi-Kapelle
Der Barockmeister Gian Lorenzo Bernini entwarf die Kapelle 1659. Die *Madonna del Volto* (13. Jh.) am Altar ist die Schutzheilige von Siena: In Krisenzeiten, etwa im Zweiten Weltkrieg, legten die Stadtoberen die Schlüssel zur Stadt vor das Bild – stets wurde Siena vom Leid befreit.

7 San-Giovanni-Kapelle
Giovanni di Stefanos Renaissance-Taufkapelle (1492) ist mit Fresken von Pinturicchio und einem bronzenen *Johannes der Täufer* (1457) von Donatello dem Älteren geschmückt.

8 Buntglasfenster von Duccio
1288 entwarf Sienas großer frühgotischer Meister Duccio di Buoninsegna für die Apsis das erste Buntglasfenster Italiens. Das Original wurde in den 1990er Jahren sorgfältig gereinigt und befindet sich heute im Museo Metropolitana.

Zur Orientierung

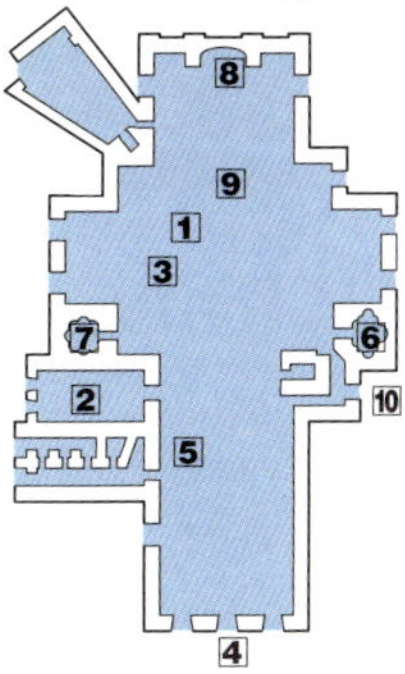

9 Chor
Das mit Holzintarsien versehene Chorgestühl (1362–1570) stammt von verschiedenen Meistern, der Marmoraltar (1532) von Baldassare Peruzzi, die Kandelaber und die *Himmelfahrt* (1548–51) in der Apsis von Beccafumi.

10 Glockenturm
Der Campanile aus dem Jahr 1313 wurde in Anlehnung an die Romanik mit schwarz-weißen Streifen versehen.

Dom-Geschichte
Der Duomo wurde größtenteils zwischen 1215 und 1263 gebaut, u. a. von Nicola Pisano. Dessen Sohn Giovanni entwarf die Fassade. Im Jahr 1339 begann man, den Duomo zu vergrößern. Ziel war es, die größte Kathedrale der Christenheit zu errichten, die den heutigen Dom als Querschiff genutzt hätte. Die Pest von 1348 durchkreuzte den Plan. Im niemals vollendeten Kirchenschiff ist heute das Museo Metropolitana untergebracht. Oben an der Fassade befindet sich eine Panoramaterrasse.

Mehr über Siena **siehe S. 86–91**

Links **Pinturicchio-Fresko, Dom** Mitte **Domstatue über der Piazza** Rechts **Domfassade**

TOP 10 Piazza del Duomo

1 Museo Metropolitana: Duccios Maestà

Das prächtige Meisterwerk stammt von Duccio, einem Vertreter der Sieneser Schule. Als es 1311 vollendet war, trug man es in einer Parade durch die Straßen zum Domaltar.

2 Baptisterium: Taufstein

Die Bronzetafeln zum *Leben des Täufers* (1417–30) entstanden eine Generation bevor Maler die Perspektive entdeckten.

3 Museo Metropolitana: »Fassaden«-Panorama

Von der Spitze der Seitenschiff-Fassade des unvollendeten Neuen Doms *(siehe S. 27)* hat man eine grandiose Aussicht auf die Stadt. Im Museum führt eine schmale Wendeltreppe hinauf.

4 Museo Metropolitana: Madonna mit Kind

Donatello schuf das Meisterwerk in seiner *Schiacciato*-Technik: Er kombinierte einen radierten Hintergrund mit einem (bei naher Betrachtung) stark verzerrtem Relief. So entstand in einer fast ebenen Oberfläche die Illusion großer Tiefe.

Santa Maria della Scala

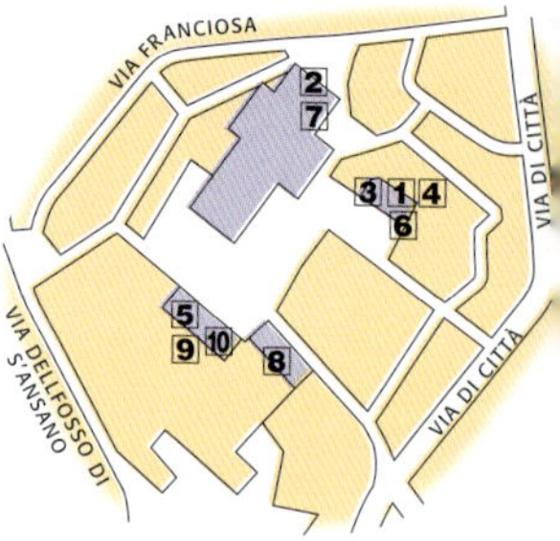

Zur Orientierung

5 Santa Maria della Scala: Sala del Pellegrino

In dem einstigen Krankenhaus zeigen Domenico di Bartolos Fresken der 1440er Jahre u. a. Mönche bei der Krankenpflege. Vecchietta schuf die sinnbildlichen Waisen auf einer Himmelsleiter *(scala)*.

6 Museo Metropolitana: Geburt der Maria

Pietro Lorenzetti verwendete für sein detailliertes gotisches Werk satte Farben und echte Bogen, um beim Trompe-l'œil-Deckengewölbe mehr Tiefe zu erzeugen.

7 Baptisterium: Deckenfresken

Vecchietta malte die bewundernwerten Deckenfresken im Bap-

Toskanische Künstler **siehe S. 50f**

tisterium in den 1440er Jahren. Es sind viele interessante und skurrile Details, z. B. ein monströses Krokodil, zu entdecken.

8 Museo Archeologico Die kleine, aber sehenswerte Sammlung umfasst griechische Vasen aus Süditalien, etruskische Bronzen und Alabasterurnen sowie römische Münzen.

9 Santa Maria della Scala: Treffen an der Porta Andrea Farb- und Lichtkomposition in diesem Gemälde (1512) sind typische Kennzeichen des manieristischen Malers Beccafumi.

Sonnensymbol, Piazza del Duomo

10 Santa Maria della Scala: Oratorio di Santa Caterina della Notte In der kleinen Kellerkapelle hängt ein prächtiges gotisches Altarbild (1400) von Taddeo di Bartolo.

Top 10 Reliquien in der Toskana

1. Mariengürtel (Prato, Duomo, *siehe S. 47*)
2. Volto Santo (Lucca, Duomo)
3. Dorn von Christi Krone (Pisa, Santa Maria della Spina)
4. *Madonna del Voto* (Siena, Duomo)
5. Kopf der hl. Cäcilie (Siena, San Domenico)
6. Kruzifix (Florenz, Santa Trinità)
7. Teil des Kreuzes Christi (Impruneta, Collegiata)
8. Schwert im Stein (San Galgano, *siehe S. 114*)
9. Drachenrippe (Tirli)
10. Galileos Finger (Florenz, Wissenschaftsmuseum)

Wunder & Reliquien

Kirchenschiff Santa Trinità

Wunder durchziehen die Geschichte des tief katholischen Landes. Als im Jahr 1028 das Kruzifix in der Florentiner Santa Trinità dem Adligen Giovanni Gualberto zunickte, gründete er den Vallombrosane-Orden. Die Wunderkräfte der Madonnafresken in einem florentinischen Kornspeicher und einem Gefängnis in Prato führten zur Umgestaltung der Bauten zu den Kirchen Orsanmichele und Santa Maria delle Carceri. Als der Kreuzfahrer, der den Mariengürtel nach Prato brachte, ihn unter seiner Matratze versteckte, ließen Engel sein Bett schweben und brachten die Reliquie zum Bischof. San Galgano besitzt ein Schwert im Stein, das ein Soldat hineinstieß, nachdem ihm der heilige Michael erschienen war und ihn beauftragt hatte, die Militärlaufbahn zu beenden und Einsiedler zu werden.

Mariengürtel
Im Ursprungsland des römischen Katholizismus findet man viele Artefakte, die Wunderkräfte besitzen sollen. Ein Gürtel, den angeblich die Jungfrau Maria getragen hatte, kam 1141 per Boot nach Italien.

TOP 10 Campo & Palazzo Pubblico, Siena

Die Piazza del Campo – meist »Il Campo« genannt – ist einer der hübschesten Plätze Europas. Er wurde 1100 über dem römischen Forum der Stadt angelegt. Seitdem bildet der Platz den Mittelpunkt des öffentlichen Lebens in Siena. Im Jahr 1297 entstand am Campo der Palazzo Pubblico (Rathaus) mit dem eleganten Turm, in den folgenden Jahren wurden die Backsteingebäude gegenüber errichtet. Im Palazzo befindet sich das Museo Civico (siehe S. 32f). *Zweimal jährlich findet auf dem Campo das Pferderennen Palio* (siehe S. 66) *statt.*

Sienas Campo ist in neun Sektoren eingeteilt

Die Cafés und Restaurants rund um den Campo sind teuer. Es lohnt sich dennoch, an einem der Tische im Freien einen Cappuccino zu trinken. Nannini, das beste Café der Stadt, befindet sich nördlich des Platzes (Via Banchi di Sopra 22–24).

In einem kleinen Lebensmittelladen in der Via di Salicotto können Sie sich für ein Picknick auf dem Campo eindecken.

- *Informationsbüro: Piazza del Campo 56; 0577 280 551; www.comune.siena.it*
- *Palazzo Pubblico (hier ist das Museo Civico untergebracht): tägl. 10–19 Uhr (Winter: bis 18 Uhr); Eintritt 7,50 €*
- *Torre del Mangia: tägl. 10–16 Uhr (Mitte März–Okt: bis 19 Uhr); Eintritt 7 €*
- *Palazzo Piccolomini: Mo–Sa 9–13 Uhr*

Top 10 Sehenswert

1. Palazzo Pubblico: Freskenzyklus
2. Palazzo Pubblico: *Guidoriccio da Foligno* (Simone Martini)
3. Piazza del Campo
4. Torre del Mangia
5. Cappella della Piazza
6. Fonte Gaia
7. Palazzo Pubblico
8. Loggia della Mercanzia
9. Palazzo Piccolomini
10. Palazzo Sansedoni

1 Palazzo Pubblico: Freskenzyklus

Ambrogio Lorenzettis *Allegorie des guten und schlechten Regiments* (1338), der großartigste weltliche mittelalterliche Freskenzyklus Europas, ziert die alte Ratskammer.

2 Palazzo Pubblico: Guidoriccio da Foligno

Es ist umstritten, ob das Meisterwerk *(unten)* von 1330 von Simone Martini gemalt wurde. Die strenge Maremma-Landschaft, durch die Guidoriccio reitet, wirkt wie verzaubert.

3 Piazza del Campo

Die neun Sektoren des Platzes ehren den mittelalterlichen »Rat der Neun«. Brunnen und Neigung sind nicht nur dekorativ, sondern gehören zu Sienas Wassersystem.

4 Torre del Mangia

Einer der höchsten mittelalterlichen Türme Italiens ist 102 Meter hoch. 503 Stufen führen nach oben zur Aussichtsplattform.

Sienas Museo Civico **siehe S. 32f**

5 Cappella della Piazza

Als die Pest von 1348 endete, bauten die 30 Prozent der Sieneser, die überlebt hatten, diese Marmorloggia. Sie wollten damit Gott danken und darum bitten, dass sich die Pest nicht wiederholen möge. Die Abbildung *(oben)* zeigt ein Detail der hübschen Steinmetzarbeiten.

Zur Orientierung

6 Fonte Gaia

Der treffend benannte »Brunnen der Freude« ist schön, aber nur eine mittelmäßige Kopie (19. Jh.) des Originals, dessen verwitterte Marmordekorationen von Jacopo della Quercia im Museo Civico *(siehe S. 32)* aufbewahrt werden.

7 Palazzo Pubblico

Das Rathaus (1297–1310, *rechts*) mit den anmutigen Steinarbeiten, den dreiteiligen Gotikfenstern und den mittelalterlichen Zinnen hatte maßgeblichen Einfluss auf die Sieneser Architektur. In den prunkvoll ausgestatteten Räumen ist das Museo Civico untergebracht.

8 Loggia della Mercanzia

Unter der mit Statuen von Vecchietta und Federighi verzierten Loggia *(oben)* von 1417 hielt einst ein Handelstribunal Hof. Die urteilenden Richter waren so berühmt für ihre Unparteilichkeit, dass Regierungen aus ganz Europa ihre Finanzstreitigkeiten hier vor Gericht brachten.

9 Palazzo Piccolomini

In Sienas einzigem florentinischen Renaissance-Palazzo befinden sich die Tavolette di Biccherna (13. Jh.). Die Einbände dieser Stadtbücher stammen u. a. von Ambrogio Lorenzetti, Sano di Pietro und Domenico Beccafumi.

10 Palazzo Sansedoni

Die gebogene Fassade (13. Jh.) des ältesten Gebäudes am Campo diente allen weiteren Bauten um den Platz als Vorbild.

Sienas Contrade

Il Campo ist der Mittelpunkt der 17 *contrade* (Bezirke) Sienas. Sieneser fühlen sich weniger als Bürger von Siena oder gar Italien, sie sind zunächst einmal Bürger ihres Stadtteils. Sie werden in der *Contrada*-Kirche getauft und sollten innerhalb ihrer *contrada* heiraten. Die *contrada* hilft bei Geschäften und betrauert Verstorbene wie eine Familie. Da die *contrada* keine Verbrechen duldet, besitzt Siena die niedrigste Kriminalitätsrate in Europa. Rivalitäten zwischen den *contrade* werden beim Palio ausgetragen.

Weitere architektonische Meisterwerke **siehe S. 53**

Detail der Fresken, Sala del Mappamondo

Museo Civico, Siena

1 Sala della Pace
Das größte weltliche Fresko des mittelalterlichen Europa zeigt Alltagsszenen *(siehe S. 30)*.

2 Sala del Mappamondo
Gegenüber dem Bild *Guidoriccio da Foligno (siehe S. 30)* ist Simone Martinis beeindruckende *Maestà* (1315) zu sehen. Eines der Fresken zeigt eine monochrome Schlachtszene (15. Jh.).

3 Anticappella & Cappella
Die Fresken beider Räume schuf Taddeo di Bartolo. Das Altarbild hinter einem Lettner in der Kapelle stammt von Sodoma.

4 Sala di Balia
Spinello Aretino und sein Sohn illustrierten das Leben von Papst Alexander III. (1407–08) anhand einer Seeschlacht.

Palazzo Pubblico, Heimat des Museo Civico

Zur Orientierung

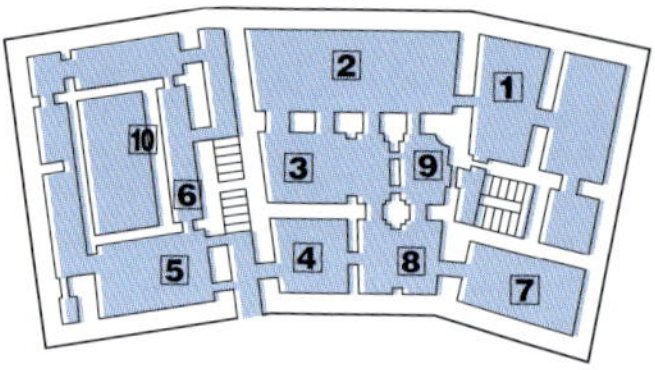

5 Sala del Risorgimento
Der Saal zeigt Skulpturen (19. Jh.) und Wandgemälde mit Szenen aus dem Leben von Vittorio Emanuele II., der als König Italien einte.

6 Loggia
Hier befinden sich die verwitterten Reste von Jacopo della Quercias Originalstatuen (1409–19) der Fonte Gaia *(siehe S. 31)*.

7 Sala del Concistoro
Die Deckenfresken in diesem als Sitzungssaal genutzten Raum stammen von Beccafumi.

8 Anticamera del Concistoro
Das Fresko von Ambrogio Lorenzetti ist äußerst sehenswert.

9 Vestibül
Die Vorhalle bietet eine vergoldete Wölfin (1429) zu Ehren der römischen Wurzeln Sienas und ein Fresko von Lorenzetti.

10 Gemälde aus dem 16. bis 18. Jahrhundert
Die Gemälde in den ersten beiden Sälen, die man beim Besuch des Museums betritt, sind von geringem Interesse.

Weitere Museen in Siena
www.aboutsiena.com/uber-siena/sienas-museen

Sieneser Kunst

Kurze Zeit war Siena wie Florenz ein Zentrum für neue künstlerische Ausprägungen. Leider war es der Stadt nicht bestimmt, in der Renaissance eine große Rolle zu spielen. Im späten 13. Jahrhundert blühte die Sieneser Kunst auf, als Maler Duccio und Bildhauer Jacopo della Quercia anfingen, den statischen byzantinischen Stil mit fließenden gotischen Linien und expressiven Elementen zu verändern. Zu Beginn des 14. Jahrhunderts zeigten Simone Martini und die Brüder Lorenzetti ihre Vorliebe für Farben und komplizierte Muster. Doch während die Renaissance-Künstler von Florenz die Malerei ganz Italiens revolutionierten, lähmte die Pest von 1348 den künstlerischen Aufschwung Sienas. Zwei Drittel der Bevölkerung starben, u. a. die Lorenzettis. Siena musste seine Wirtschaft wiederbeleben und Florenz' Expansion abwehren – so blieben wenig Zeit und Geld für Kunst. Als die Stadt wieder erstarkte, entstanden Kunstwerke in verschiedenen Stilen von Gotik bis Manierismus.

Top 10 Sieneser Künstler

1. Simone Martini (1284–1344)
2. Duccio di Buoninsegna (1260–1319)
3. Ambrogio Lorenzetti (tätig 1319–48)
4. Pietro Lorenzetti (tätig 1306–48)
5. Domenico Beccafumi (1484–1551)
6. Sodoma (Giovanni Antonio Bazzi; 1477–1549)
7. Jacopo della Quercia (1371–1438)
8. Sassetta (1390–1450)
9. Francesco di Giorgio Martini (1439–1502)
10. Giovanni Duprè (1817–1882)

Fließende Linien

Die Renaissance-Künstler Sienas schufen anmutigere Werke als ihre Zeitgenossen in Florenz, die sich der Geometrie und dem Naturalismus verschrieben. Das Grabmal der Ilaria *(siehe auch S. 42f)* zeigt Jacopo della Quercias Talent im Behauen von Marmor.

Grabmal der Ilaria (1405/06), Jacopo della Quercia

***Maestà* (1315), Simone Martini**

Mehr über Siena **siehe S. 86–91**

TOP 10 Chianti

Der 50 Kilometer lange Abschnitt zwischen Florenz und Siena gleicht einer Landschaft aus einem Renaissance-Gemälde: sanfte Hügel mit Weinbergen, Olivenhainen und Burgen wechseln sich mit lebendigen Marktstädten ab. Schon die Etrusker wurden von der verführerischen Schönheit dieses Teils der Toskana angezogen. Die kleinen Weinorte entlang der Strecke bieten zahlreiche Gelegenheiten für eine Weinprobe.

Hauptplatz in Greve

Einige Weingüter *(siehe S. 36f)* bieten zu ihren Weinproben einen Imbiss an.

In vielen Läden, z. B. in den Metzgereien Falorni in Greve und Prociatti in Radda, bekommen Sie alles für ein köstliches Picknick.

Vor dem Besuch eines Weinguts sollten Sie sich telefonisch nach Öffnungszeiten, Führungen, Eintrittspreisen und einer eventuellen Reservierungspflicht erkundigen.

- *Karte E3*
- *Informationsbüro: Viale G. da Verrazzano 59, Greve in Chianti*
- *055 854 62 87*

Top 10 Weinregion

1. Greve in Chianti
2. Castello di Brolio
3. Radda in Chianti
4. Badia a Passignano
5. Montefioralle
6. Pieve di San Leolino
7. Castellina in Chianti
8. Ipogeo di Montacalvario
9. Badia a Coltibuono
10. Panzano in Chianti

1 Greve in Chianti

Die inoffizielle Hauptstadt des Chianti-Gebiets bietet viele Weinläden. Der beliebteste Ort ist jedoch die Macelleria Falorni, eine der großartigen Metzgereien des Landes. Hier kann man *prosciutto* und Käse oft gratis probieren.

2 Castello di Brolio

Brolio ist seit 1007 ein Weingut. Im 19. Jahrhundert ermittelte der »Eiserne Baron« Bettino Ricasoli, Italiens zweiter Ministerpräsident, hier das optimale Chianti-Mischungsverhältnis.

3 Radda in Chianti

Vom höchsten Punkt des hügeligen Weinorts hat man eine schöne Aussicht. Der Palazzo del Podestà (15. Jh.) zeigt Steinwappen früherer Bürgermeister. Eine der besten Metzgereien in Radda ist die von Luciano Prociatti.

Montefioralle

4 Badia a Passignano

Die Weinberge um das Kloster (11. Jh.) gehören der Weinbaudynastie Antinori. Sonntagsführungen (15 Uhr) umfassen auch Domenico und Davide Ghirlandaios Fresko *Das letzte Abendmahl* sowie die Barock-Gemälde von Ridolfo di Ghirlandaio und dem einheimischen Il Passignano in der Kapelle San Michele.

Die besten Chianti-Weingüter **siehe S. 36f**

5 Montefioralle

Das Dorf (14. Jh.) direkt oberhalb von Greve besteht aus einer Ringstraße und zwei Kirchen. Es bietet eine herrliche Aussicht über das Tal und auf die Kirche Pieve di San Cresci (10. Jh.) am Fuß der Mauern.

8 Ipogeo di Montecalvario

In dem gut erhaltenen Grabmal (6. Jh. v. Chr.) führen vier Tunnelwege in die Grabkammern. Neben dem Tor befindet sich ein Lichtschalter.

6 Pieve di San Leolino

Die kleine romanische Kirche mit Sieneser Gemälden aus dem 13. bis 15. Jahrhundert und dem hübschen kleinen Backsteinkreuzgang befindet sich südlich von Panzano.

9 Badia a Coltibuono

Zur Abtei von 770 gehören eine Kirche aus dem 11. Jahrhundert, die Kochschule von Lorenza de' Medici und das von deren Sohn Paolo betriebene Nobelrestaurant.

10 Panzano in Chianti

Die oft übersehene Stadt bietet eine wunderbare Aussicht *(oben)*. Hier betreibt Dario Cecchini die vielleicht beste Metzgerei Italiens. Die guten *enoteche* in Panzano servieren zum Chianti kleine Snacks.

7 Castellina in Chianti

In dem mittelalterlichen Ort steht eine Festung. Die Via della Volte ist eine tunnelähnliche Straße, durch deren »Fenster« der Blick auf die Landschaft fällt. Sie war ein Soldatenpfad, als sich hier Florenz' letzter Außenposten vor Siena befand.

Kurzführer

Die klassische Chianti-Route ist die S222 von Florenz nach Castellina. Von dort können Sie direkt nach Siena weiterfahren. Die empfehlenswertere Route führt jedoch auf der S429 nach Osten durch Radda und Gaiole und anschließend auf der S408 gen Süden nach Siena. Den besten Eindruck vom Chianti-Gebiet erhalten Sie auf den Nebenstraßen nach Passignano, Coltibuono und anderen Ortschaften. Zwischen den großen Städten gibt es einen unregelmäßigen Busverkehr.

Mehr über Weingüter & toskanische Weine **siehe S. 62f**

Links **Weinprobe** Mitte links **Räucherschinken** Mitte rechts **Fassreifung** Rechts **Wein in Flaschen**

TOP 10 Chianti-Weingüter

1 Castello di Brolio
Das Anwesen der Familie Ricasoli entwickelte den modernen Chianti Classico. Buchen Sie Führungen vorab. *Karte E4 • 0577 7301*

2 Monsanto
Der Chianti besteht hier nur aus Sangiovese-Trauben. Vereinbaren Sie eine Tour durch die Weinkeller. *Karte E3 • 055 805 9000 • www.castellodimonsanto.it*

3 Fonterutoli
Seit 1435 gehört das Gut der Familie des Marquis Mazzei. In der Bar können Chianti Classico, Badiola Sangioveto und Belguardo (ein Morellino) verkostet werden. *Karte E3 • 0577 73 571*

4 Castello di Ama
Das Weingut kann nicht besichtigt werden. Chianti, Merlot und Pinot Grigio werden in Rinaldi Palmiras *enoteca* in Lecchi verkostet und verkauft. *Karte E3*

5 Castello di Volpaia
In dem Dorf (13. Jh.) mit dem eindrucksvollen Turm kann man Wein, Olivenöl und Essig probieren. Touren muss man eine Woche im Voraus buchen. *Karte E3 • 0577 738 066 • www.volpaia.it*

6 Castello di Verrazzano
Die Familie stellt seit 1100 Wein her. Weinproben finden unter der Woche statt. *Karte E3 • 055 854 243 • www.verrazzano.com*

7 Vicchiomaggio
Das schön gelegene Gut mit Trattoria bietet Proben, Kellerführungen (einen Tag vorher anrufen) und Kochkurse an. *Karte E3 • 055 854 079 • www.vicchiomaggio.it*

8 Villa Vignamaggio
Die Weine der historischen Villa *(siehe S. 61 & S. 146)* waren die ersten mit der Bezeichnung Chianti. Buchen Sie Führungen vorab. *Karte E3 • 055 854 661 • www.vignamaggio.com*

9 Vistarenni
Das schön gelegene Weingut mit modernen Kellern bietet Verkostungen für kleine Gruppen an (einen Tag vorher buchen). *Karte E3 • 0577 738 186*

10 Rocca delle Macie
Das Gut mit Gebäuden aus dem 14. Jahrhundert bietet ein Restaurant, Fremdenzimmer und ein Sommer-Opernfest. *Karte E3 • 0577 7321 • www.roccadellemacie.com*

Weinkeller der Villa Vignamaggio

Weitere Sehenswürdigkeiten in der Umgebung von Florenz **siehe S. 92–99**

Geschichte des Chianti Classico

Wein der Classico-Hügel trinkt man schon mindestens seit römischen Zeiten (die Etrusker kultivierten die Rebsorte Canaiolo). Seit 1404, als ein Fass nach Prato geliefert wurde, heißt er Chianti. Im 13. Jahrhundert wurde ein politischer »Chianti-Städtebund« gegründet, doch erst ein großherzoglicher Erlass von 1716 machte diesen zur ersten offiziellen Wein produzierenden Region. 1960 erhielt Chianti Italiens höchstes Qualitätssiegel »DOCG«. Auf etwa 7000 Hektar wachsen die Reben für den Chianti Classico – zwei rote (Sangiovese und Canaiolo) und zwei weiße Sorten (Malvasia und Trebbiano). Es gibt zwar sieben Chianti produzierende Regionen, doch nur die Weine der Classico-Hügel dürfen sich Classico nennen und das Siegel mit dem schwarzen Hahn tragen.

Top 10 Neuere Jahrgänge

1. 1997
2. 1995
3. 1988
4. 1994
5. 1993
6. 1991
7. 1990
8. 1986
9. 1985
10. 1983

Weinproben

Die meisten Güter bieten Weinproben an. Wein vom Winzer ist ein schönes Souvenir – schmeckt aber auch beim Picknick. Trinken Sie bei der Verkostung nicht zu viel, wenn Sie mit dem Auto unterwegs sind.

Gallo-Nero-Siegel

Zur Orientierung

Weingut der Villa Vignamaggio

Ausflüge in der Chianti-Region
www.chiantiturismo.it/tedesco/itinerari

TOP 10 Cortona

Die schöne toskanische Bergstadt bietet Etruskergräber, mittelalterliche Gassen, Renaissance-Kunst, schöne Panoramen und das Flair einer Kleinstadt. Wie die Gräber im Tal belegen, war Cortona ein bedeutender etruskischer Ort. Das Gebiet wurde aber wohl schon vor den Etruskern besiedelt. In Fra Angelicos Heimatstadt kamen das Renaissance-Genie Luca Signorelli, der Barock-Meister Pietro da Cortona und der Futurist Gino Severini zur Welt.

Piazza Signorelli im Zentrum von Cortona

Enoteria (Via Nazionale 18) serviert bei Weinproben *salumi* (Räucherwürste) aus der Region.

Cortona ist den mittelalterlichen Stadtmauern entwachsen. Folgen Sie der Via S. Margherita, die steil zur Fortezza Medicea hinaufführt. Dort erwartet Sie ein herrlicher Blick auf den Lago Trasimeno.

- *Karte F4*
- *Informationsbüro: Via Nazionale 42*
- *0575 630 352*
- *www.cortonaweb.net*
- *Museo dell'Accademia Etrusca: Nov–März: Mo geschl.; Eintritt*
- *Museo Diocesano: Mo geschl.; Eintritt 5 €*
- *Melone II del Sodo: keine festen Öffnungszeiten; Besichtigungen können unter 0575 612 565 vereinbart werden*

Top 10 Etruskerstadt

1. Museo dell'Accademia Etrusca
2. Museo Diocesano
3. Melone II del Sodo
4. Duomo
5. Rugapiana (Via Nazionale)
6. Santa Maria delle Grazie al Calcinaio
7. Melone I del Sodo
8. San Niccolò
9. San Domenico
10. Tomba di Pitagora

1 Museo dell' Accademia Etrusca

Prunkstück ist ein Bronzeleuchter mit Öllampen (5. Jh. v. Chr.), auf dem Figuren um die Medusa tanzen. Neben antiken Bronzeobjekten zeigt das Museum auch Elfenbeinschnitzereien (15. Jh.), Gemälde von Signorelli, Pinturicchio, Pietro da Cortona und Empoli sowie Ausstellungen über Ägypten, den Futuristen Gino Severini und die Ausgrabungen der etruskischen Stätte Melone II.

Rugapiana (Via Nazionale)

2 Museo Diocesano

Herausragende Werke des kleinen Museums sind der römische Sarkophag, den Donatello studierte, sowie Gemälde von Pietro Lorenzetti, Fra Angelico, Luca Signorelli und dem Atelier von Signorelli und seinem talentierten Neffen Francesco.

Fra Angelicos *Verkündigung*, Museo Diocesano

3 Melone II del Sodo

Den Altar auf dem etruskischen Grabhügel (6. Jh. v. Chr.) entdeckte man in den 1990er Jahren. Eine von Sphingen gesäumte Treppe führt auf eine Plattform, der Altar ist gen Cortona ausgerichtet. Man vermutet, dass die Anlage ein fürstliches Grab war.

Etrusker-Stätten um Cortona **siehe S. 40f**

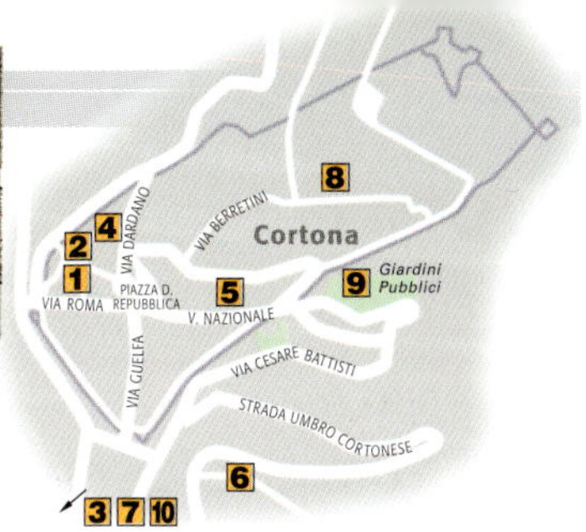

4 Duomo

Die Gemälde (16./17. Jh.) in Cortonas Renaissance-Kathedrale mit Tonnengewölbe schufen Luca Signorelli und andere Künstler.

5 Rugapiana (Via Nazionale)

Dies ist die einzige ebene Straße (*rugapiana* im hiesigen Dialekt) in Cortona. Von der autofreien Hauptstraße gehen steile Gassen ab.

8 San Niccolò

Die kleine Kirche (15. Jh.) steht in einem Hof mit Zypressen. Klingeln Sie und bitten Sie den Verwalter, das zweiseitige Altarbild von Signorelli für Sie zu wenden.

9 San Domenico

Über dem Eingang der Kirche hängt ein verblichenes Werk von Fra Angelico. Innen gibt es eine Signorelli-*Madonna* und ein großes Altarbild aus dem 15. Jahrhundert, das völlig intakt ist (eine Seltenheit), zu sehen.

10 Tomba di Pitagora

Der Erdhügel über dem Grab (3. Jh.) wurde vor langer Zeit abgetragen. Die steinerne Grabkammer wurde einst irrigerweise »Grab des Pythagoras« genannt, da jemand die Heimatstadt des Mathematikers, Crotone in Kalabrien, mit Cortona verwechselte.

6 Santa Maria delle Grazie al Calcinaio

Die Hochrenaissance-Kirche (1485–1513) ist das Meisterwerk von Francesco di Giorgio Martini. Sie steht unterhalb der Stadtmauern inmitten von Olivenhainen.

7 Melone I del Sodo

Im 19. Jahrhundert wurden die Gänge des etruskischen Grabes (6. Jh. v. Chr.) gestützt. Die Grabkammern und eine etruskische Schrift können nach Voranmeldung besichtigt werden.

Kurzführer

Die Straße hinauf nach Cortona beginnt im Tal in der Nähe der Melone-Gräber. Sie windet sich durch Olivenhaine, vorbei an Tomba di Pitagora und Santa Maria del Calcinaio, ehe sie an der Bushaltestelle an der Piazza Garibaldi endet. Von hier führt die Via Nazionale in das Stadtzentrum, zur Piazza Repubblica und der Piazza Signorelli. Die anderen Sehenswürdigkeiten sind in der Nähe.

Weitere Bergstädte **siehe S.56f**

Links **Ausgrabungen, Roselle** Mitte **Fries, Chiusi** Rechts **Grab, Populonia**

TOP 10 Etrusker-Stätten um Cortona

1 Volterra: Museo Etrusco Guarnacci
Etrusker machten die Stadt (9. Jh. v. Chr.) zu einem Teil des Dodekapolis-Städtebundes. Das Museum zeigt über 600 Begräbnisurnen sowie den *Abendschatten (links)*: Die Bronzefigur erinnert an den Schatten, den ein Mensch in der Abendsonne wirft *(siehe S. 48)*.

2 Populonia
Der Ort – in der Antike ein Zentrum für Eisenverarbeitung – besitzt ein kleines Museum und mittelalterliche Mauern. In der nahen Nekropole sind verschiedene Grabstile – einfache Gänge, Kuppelhügel und *edicole* (Schreine) – zu sehen *(siehe S. 126)*.

3 Sovana: Gräber & Vie Cave
Die Etrusker-Siedlung ist von sechs meist überwucherten Nekropolen umgeben. *Vie Cave* sind enge, bis zu 20 Meter tief eingeschnittene Wege mit unbekanntem Zweck *(siehe S. 126)*.

4 Florenz: Museo Archeologico
Neben antiken Schätzen aus Rom und Antiochia zeigt das Museum eines der größten Kunstwerke Etruriens: Die Schimäre aus Bronze (4. Jh. v. Chr.) stammt aus Chiusi oder Orvieto *(siehe S. 80)*.

5 Cortona: Museo dell'Accademia Etrusca
Cortonas bestes Museum präsentiert hervorragende etruskische Objekte *(siehe S. 38)*.

6 Cortona: Gräber
Zu den etruskischen Gräbern im Tal unterhalb von Cortona gehören Melone I und II sowie die Tomba di Pitagora *(siehe S. 38f)*.

7 Chiusi: Museo
507 v. Chr. griff die einst mächtige Stadt Chiusi Rom an. Das Museum zeigt schöne Krüge und Begräbnisurnen, einige mit wunderbar erhaltenen mehrfarbigen Bemalungen *(siehe S. 120)*.

8 Chiusi: Gräber
Ein Museumswärter begleitet Sie, um zwei der Gräber im Chiusi-Tal aufzusperren. Eines ist die Tomba della Pellegrina, in der die Urnen und Sarkophage noch an ihren alten Plätzen stehen.

9 Grosseto: Museo
Viele Objekte, die man in der Maremma (Sovana, Roselle, Vetulonia) fand, sind hier ausgestellt, u. a. Terrakotta-Reliefs und bemalte Vasen *(siehe S. 126)*.

10 Roselle
Die einzige völlig freigelegte Etrusker-Stadt der Toskana gehörte einst zum Dodekapolis-Städtebund und wurde früh (294 v. Chr.) erobert. Die etruskischen Mauer- und Häuserreste liegen neben einem römischen Amphitheater.

Etruskische Ausgrabungsstätten in der Toskana
www.parchivaldicornia.it

Top 10 Städtegründungen der Etrusker

1. Volterra (Karte D4)
2. Arezzo (Karte F3)
3. Chiusi (Karte F5)
4. Cortona (Karte F4)
5. Fiesole (Karte E2)
6. Pitigliano (Karte F6)
7. Sovana (Karte F6)
8. Populonia (Karte C5)
9. Saturnia (Karte E6)
10. Roselle (Karte E5)

Felsengrab, Sovana

Die Etrusker

Begräbnisurne

Die Toskana ist nach den Etruskern benannt, die um das 8. Jahrhundert v. Chr. Mittelitalien von Nord-Latium bis zu den umbrischen Apenninen besiedelten. Außer wenigen römischen Berichten (die frühen römischen Tarquinier-Könige waren Etrusker) weiß man wenig über sie. Die meisten Dinge, die die Zeit überdauerten, sind Begräbnisobjekte. Die Etrusker kamen aus Kleinasien und brachten die für die Landschaft so typischen Zypressen in die Toskana. Sie hatten eine fortschrittliche Kultur, gleichgestellte Geschlechter und gute Techniker. Den Römern brachten sie die Kunst der Bodenentwässerung bei, und sie trieben Handel mit den Griechen, die sich in Süditalien niedergelassen hatten. Ihre bemalten Töpferwaren sind griechisch oder attisch beeinflusst. Die Etrusker nahmen schnell die griechische Schrift an. Die zwölf größten Stadtstaaten bildeten den losen, blühenden Bund Dodekapolis. Die Römer begannen im 3. Jahrhundert v. Chr., Etrurien zu erobern und statt der Bergstädte Befestigungsanlagen in den Tälern zu bauen.

Etruskische Totenurne

TOP 10 Lucca

Die elegante Stadt ist bekannt für Oper, Olivenöl, romanische Kirchen und versteckte Palastgärten. Das historische Zentrum ist von massiven Ziegelbauten aus dem 16. Jahrhundert geprägt. Der römische Straßenverlauf hat sich kaum verändert. Im Mittelalter nutzte man das antike Amphitheater als Fundament für Häuser. Die hier geborenen Komponisten Boccherini (1743–1805) und Puccini (1858–1924) werden mit Konzerten im Teatro del Giglio (19. Jh.) und in Villen im Norden der Stadt geehrt.

Gemeißelte weiche Kissen am Grabmal der Ilaria

Piazza Anfiteatro

Das elegante Antico Caffè di Simo (Via Fillungo 58) existiert seit 1846. Zu den Gästen gehörten auch Puccini und Mascagni.

Die Luccheser fahren gerne Rad. An der Piazza Santa Maria kann man Fahrräder leihen.

- *Informationsbüro: Piazza Santa Maria 35, 0583 91 991, www.luccaturismo.it*
- *Duomo: tägl.; Eintritt für Grabmal der Ilaria*
- *San Frediano: tägl.*
- *Torre Guinigi: tägl.; Eintritt*
- *Museo Nazionale di Palazzo Mansi: Mo geschl.; Eintritt*
- *Museo Nazionale di Villa Guinigi: Mo geschl.; Eintritt; Kombiticket für beide Museen erhältlich*

Top 10 Sehenswert

1. Duomo
2. San Michele in Foro
3. Stadtmauer
4. Grabmal der Ilaria
5. Piazza Anfiteatro
6. Museo della San Frediano
7. Torre Guinigi
8. Museo Nazionale di Palazzo Mansi
9. Museo Nazionale di Villa Guinigi
10. Santa Maria Forisportam

1 Duomo

Die Fassade (13. Jh.) besitzt pisanisch-romanische Arkaden über einem Portikus mit romanischen Reliefs. Innen sind Skulpturen von Matteo Civitale (15. Jh.), das Grabmal der Ilaria *(ganz oben)*, Tintorettos *Letztes Abendmahl* (1591) und das Kultbild *Volto Santo* des heiligen Nikodemus zu sehen.

2 San Michele in Foro

Die über dem römischen Forum errichteten pisanisch-romanischen Arkaden sind höher als die des Doms. Innen befinden sich eine *Madonna mit Kind* von Civitale, eine weitere von Andrea della Robbia und *Heilige* von Filippo Lippi. Der Komponist Puccini leitete hier den Chor.

3 Stadtmauer

Kastanien und Schirmpinien überspannen den Kiesweg auf Luccas Stadtwällen (1544–1650). Spaziergänger und Radfahrer bevölkern den Rundweg. Von hier blickt man auf die Palastgärten und bis zu den Apuanischen Alpen.

Offiziell heißt der Duomo in Lucca Cattedrale di San Martino.

4 Grabmal der Ilaria

Jacopo della Quercias Meisterwerk (1405–07) in der Domsakristei vereint die mittelalterliche liegende Pose der Ehefrau des Stadtoberhauptes Paolo Guinigi (sie starb mit 26 Jahren) mit klassischen Kränzen und Cherubim. Jacopos Meißel verwandelte harten Marmor in weiche Kissen *(links)* und fing Ilarias himmlische Schönheit ein.

7 Torre Guinigi

Zum Palast (14. Jh.) der Herrscherfamilie von Lucca gehört der 44 Meter hohe Turm mit schönem Panoramablick.

9 Museo Nazionale di Villa Guinigi

Die Villa (15. Jh.) besitzt eine schöne Archäologie-Abteilung mit eisenzeitlichen, ligurischen und etruskischen Funden sowie Renaissance-Gemälde und Holzintarsien (15. Jh.).

10 Santa Maria Forisportam

Die pisanische Fassade stammt aus dem 12., das Innere, u. a. zwei Altarbilder von Guercino und ein *Pietra-dura*-Ziborium (Gefäß mit Mosaiken), meist aus dem 17. Jahrhundert.

5 Piazza Anfiteatro

Luccas römisches Amphitheater wurde vor langer Zeit als Steinbruch genutzt, sein Oval diente als Basis für mittelalterliche Häuser. Nun ist es ein ruhiger Platz mit antiken Bogen in Hauswänden.

8 Museo Nazionale di Palazzo Mansi

Das Barockinterieur bildet den Hintergrund für die Renaissance- und Manierismusgemälde von Pontormo, Bronzino, Beccafumi, Correggio, Sodoma und Luca Giordano.

6 Museo della San Frediano

Die Museumsfassade zieren byzantinische Mosaiken *(rechts)*. Zu den Schätzen gehören ein romanisches Taufbecken und Amico Aspertinis Freskenzyklus *Wunder von San Frediano* (1508/09).

Geschichte Luccas

Die Region Lucca ist seit der Steinzeit besiedelt, aber die Stadt wurde erst in römischer Zeit gegründet. Julius Cäsar, Pompejus und Crassus bildeten hier ihr erstes Triumvirat. Der Legende nach brachte Paulinus, ein Schüler von Petrus, das Christentum nach Lucca. Die Stadt wurde Haltepunkt an der Francigena-Pilgerroute. Marquesa Mathilda regierte in der lombardischen Periode. Lucca blieb fast ununterbrochen unter einheimischen Herren und unabhängig von den florentinischen Großherzögen. Im Jahr 1805 schenkte Napoléon die Stadt seiner Schwester Elisa.

Jeden Oktober findet in Lucca ein Filmfestival statt
www.vistanova.it

Links **Duomo** Mitte **San Miniato al Monte** Rechts **Santissima Annunziata**

TOP 10 Kirchen in Florenz

Fassade von Santa Croce

1 Duomo

Siehe S. 12f.

2 Santa Croce

Die gotische Kirche birgt die Grabmäler berühmter Florentiner wie Michelangelo, Machiavelli, Rossini und Galilei (1737 hierher umgebettet). Giotto gestaltete die Fresken der beiden Kapellen rechts vom Altar. *Piazza S Croce • Karte P4–P5 • Mo–Sa 9.30–17.30 Uhr, So 13–17.30 Uhr • Eintritt (Museumsticket inklusive)*

3 Santa Maria Novella

Hier können Meisterwerke wie Masaccios *Trinità* (1428; erste perspektivische Darstellung in der Malerei), Giottos *Kruzifix*, Filippino Lippis Fresken *Cappella Strozzi* (1486) und im Altarraum Ghirlandaios Fresken (1485) besichtigt werden. Die perspektivischen, grünstichigen Noah-Fresken (1446) im Kreuzgang stammen von Paolo Uccello. *Piazza S Maria Novella • Karte L2 • Mo–Do & Sa 9–17 Uhr, So 9–14 Uhr • Fr geschl. • Eintritt*

Santa Maria Novella, Innenraum

4 San Lorenzo & Medici-Kapellen

Die Hauskirche der Medici wurde von Brunelleschi (Innenraum, Alte Sakristei) und Michelangelo (Laurentinische Bibliothek, Neue Sakristei) gestaltet. Donatello, Bronzino, Rosso Fiorentino und Filippo Lippi verzierten die Familiengräber. Michelangelos Skulpturen in der Neuen Sakristei stellen Tag, Nacht, Morgenröte und Abenddämmerung dar. *Piazza di S Lorenzo • Karte M2 • Basilika: Mo–Sa 10–17 Uhr; Medici-Kapelle: tägl. 8.15–17 Uhr (So bis 13.50 Uhr, 1. & 3. Mo im Monat geschl.) • Eintritt*

5 Santo Spirito

Brunelleschi betonte die Proportionen des meisterhaften Renaissance-Baus durch klare Linien aus *Pietraserena*-Stein auf weißem Putz. Im Inneren der Kirche sind Altarbilder von Filippino Lippi (*Madonna und Kind mit Heiligen*, 1466) und Verrocchio (eine kleine *Hl. Monika und Augustinernonnen*) zu sehen. *Piazza S Spirito • Karte L5 • Mo–Sa 8.30–12 Uhr, So 16–18.30 Uhr • frei*

Kirchen außerhalb von Florenz **siehe S. 46f**

6 Santa Maria del Carmine

Masolino begann 1424 in der Brancacci-Kapelle mit der Arbeit an den Fresken zum Leben des hl. Petrus. Ein weiteres Werk von ihm, *Adam und Eva*, ist im Vergleich zur *Vertreibung aus dem Paradies* seines Nachfolgers Masaccio eher lieblich. Filippino Lippi vollendete den Zyklus 1485.
Piazza del Carmine • Karte K4 • Mo–Sa 10–17 Uhr, So 13–17 Uhr • Eintritt für Brancacci-Kapelle

7 San Miniato al Monte

Dies ist die einzige romanische Kirche der Stadt. Ihre grünweiße Fassade thront hoch über Florenz. Die Türen von Michelozzos Tabernakel wurden von Agnolo Gaddi bemalt (1394–96).
Via Monte alle Croci • Karte E3 • Mo–Sa 8–12.30 Uhr, 14.30–19.30 Uhr, So 15–18 Uhr (Sommer: tägl. 8–19.30 Uhr) • frei

8 Orsanmichele

Die Kirche, einst ein Kornspeicher, besitzt Statuen von Donatello, Ghiberti und Verrocchio. Hierbei handelt es sich um Kopien – die Originale stehen im Museum im Obergeschoss. Orcagna entwarf den Tabernakel in Form einer Kathedrale mit einer *Madonna mit Kind* (1348) von Bernardo Daddi.
Via dell'Arte della Lana • Karte M4 • tägl. 9–12 Uhr, 16–18 Uhr • 1. & letzter Mo im Monat geschl. • Eintritt für Museum

9 Santa Trinità

Buontalenti schuf die Fassade, Ghirlandaio die Fresken der Cappella Sassetti. Sie

Seitenschiff mit Säulen, Santo Spirito

erzählen vom *Leben des hl. Franziskus* im Florenz des 15. Jahrhunderts. *Piazza S Trinità • Karte L4 • Mo–Sa 8–12 Uhr, 14–18 Uhr, So 16–18 Uhr • frei*

10 Santissima Annunziata

Die Manieristen Andrea del Sarto, Rosso und Pontormo malten die Fresken in Michelozzos Kreuzgang. Die achteckige Barocktribüne zieren Peruginos *Madonna und Heilige* und Bronzinos *Auferstehung*. Giambologna selbst schuf die Skulpturen für sein Grab in der hinteren Kapelle.
Piazza SS Annunziata • Karte P1 • tägl. 7.30–12.30 Uhr, 16–18.30 Uhr • frei

Michelangelos Grabskulpturen, Medici-Kapelle

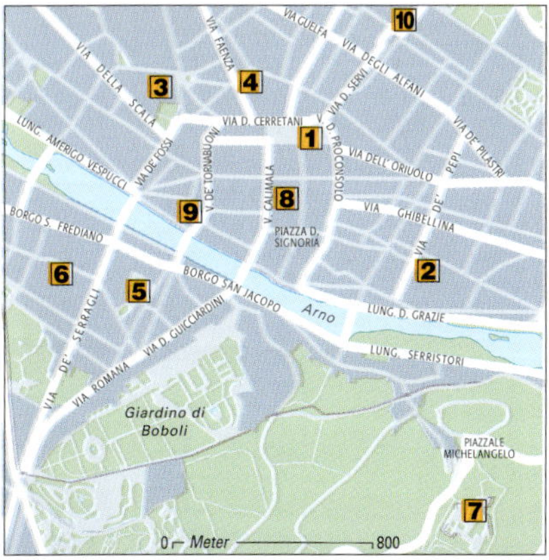

Mehr über Florenz siehe S. 76–85

Links **Duomo, Siena** Mitte **Duomo, Pisa** Rechts **Sant'Antimo**

TOP 10 Kirchen außerhalb von Florenz

1 Duomo, Siena
Das gestreifte romanisch-gotische Bauwerk wurde von Giovanni Pisano, Donatello, Pinturicchio, Michelangelo, Beccafumi, Bernini und anderen Künstlern reich verziert *(siehe S. 26f)*.

Decke der Collegiata, San Gimignano

2 Collegiata, San Gimignano
Die Hauptkirche im »Manhattan des Mittelalters« besitzt Fresken aus dem 14. und 15. Jahrhundert. Ghirlandaio malte den Zyklus in der Cappella di Santa Fina *(siehe S. 18)*. *Karte D3 • Piazza del Duomo • Mo–Fr 9.30–19.10 Uhr (Nov–März: bis 17 Uhr), Sa 9.30–17 Uhr, So 13–17 Uhr • 27. Jan–28. Feb & bei Gottesdiensten geschl. • Eintritt*

3 Duomo, Pisa
Den Brand von 1595 überstanden außer dem pisanisch-romanischen Äußeren nur wenige Elemente, z. B. Cimabues Apsismosaik von 1302. Der Dom wurde im Stil der Spätrenaissance und des Frühbarock restauriert. An dem großen Bronzeleuchter im Kirchenschiff soll Galilei die Pendelgesetze untersucht haben *(siehe S. 22f)*.

4 Duomo, Lucca
Die Kathedrale San Martino ist ein Meisterwerk mit offenen romanischen Arkaden. Bildhauer schufen hier u. a. gotische Reliefs. Zwei große Künstler des 15. Jahrhunderts sind ebenfalls vertreten: Matteo Civitali aus Lucca und Jacopo della Quercia aus Siena *(siehe S. 42f)*. *Karte C2 • Piazza San Martino • tägl. 9–19 Uhr • frei*

5 Sant'Antimo
Karl der Große gründete das Kloster, das Gebäude selbst entstand 1118. Die Säulenkapitelle sind mit Alabaster verziert. Fünfmal täglich erklingen gregorianische Choräle. Auf Anfrage können Sie die Fresken in der Sakristei besichtigen *(siehe S. 119)*. *Karte E5 • Abbazia di Sant'Antimo • Mo–Sa 10.30–12.30 Uhr, 15–18.30 Uhr, So 9.15–10.45 Uhr, 15–18 Uhr • frei*

Cattedrale di San Martino, Lucca

Kirchen in Florenz **siehe S. 44f**

Duomo, Massa Marittima

6 Duomo, Massa Marittima

Die Kathedrale weist einen bunten Stilmix auf: romanische Arkaden mit gotischen Zinnen und Glockenturm. Zu sehen sind drei schöne Skulpturen über das Leben des Schutzheiligen San Cerbone und hübsche vorromanische Reliefs. *Karte D4/5 • Piazza Garibaldi • tägl. 8–12 Uhr, 15–18 Uhr • frei*

7 Duomo, Prato

Von Michelozzos Außenkanzel zeigt der Bischof den Gläubigen auf der Piazza den Mariengürtel *(siehe S. 29)*. Eines der Fresken von Filippo Lippi im Chor zeigt die berühmte Szene, in der Salome dem Herodes den Kopf von Johannes dem Täufer auf einem Silbertablett präsentiert. *Karte D2 • Piazza Duomo • Mo–Sa 7–12 Uhr, 15.30–19 Uhr, So 7–13 Uhr, 15.30–20 Uhr • frei*

8 San Francesco, Arezzo

15 Jahre lang wurde die *Leggenda della Croce* (1448–66), der berühmteste Freskenzyklus von Piero della Francesca, restauriert. Seitdem erstrahlt das Werk im Chor wieder in altem Glanz. *Karte F3 • Piazza S Francesco • Mo–Fr 9–19 Uhr, Sa 9–18.15 Uhr, So 13–18.15 Uhr (Winter: Sa & So bis 17.45 Uhr) • Reservierung erforderlich (063 2810 oder www.pierodellafrancesca.it) • Eintritt für Piero-Fresken*

9 Duomo, Pistoia

Andrea della Robbias glasierter Terrakotta-Eingang betont die gestreifte romanische Fassade. Der Altar des San Jacopo (1287–1456) enthält einige der besten Silberschmiedearbeiten Italiens. Bitten Sie den Mesner, Ihnen Verrocchios *Madonna di Piazza* (1485) zu zeigen. *Karte D2 • Piazza del Duomo • tägl. 8.30–12.30 Uhr, 15.30–19 Uhr • Eintritt für Cappella di San Jacopo*

10 Duomo, Pienza

Der Dom besitzt zwar eine Renaissance-Fassade, der Rest entstand jedoch in deutsch-gotischem Stil. Dies resultiert aus der Einmischung des Piccolomini-Papstes Pius II. in Rossellinos Plan, die perfekte Renaissance-Stadt zu bauen. *Karte F4 • Piazza Pio II • tägl. 7–13 Uhr, 14.30–19 Uhr • frei*

Duomo & Außenkanzel, Prato

Links **Boboli-Gärten, Palazzo Pitti** Mitte **Museo dell'Accademia Etrusco** Rechts **Palazzo Pitti**

Museen

1 Uffizien, Florenz

Botticellis *Geburt der Venus*, Leonardos *Verkündigung* und Michelangelos *Heilige Familie* sind nur drei der Meisterwerke, die das Museum zu einer der beliebtesten Sehenswürdigkeiten der Toskana machen *(siehe S. 8–11)*.

2 Palazzo Pitti, Florenz

Die Galleria Palatina präsentiert neben Raffaels Madonnen und Tizians Schönheiten Kunstwerke von Andrea del Sarto, Perugino, Signorelli, Caravaggio und Rubens sowie höfische Mode, Tafelsilber und Kutschen *(siehe S. 14–17)*.

3 Museo Civico, Siena

Das zinnenbewehrte mittelalterliche Rathaus birgt die wichtigsten gotischen Gemälde Sienas *(siehe S. 32)*, u. a. Lorenzettis *Allegorie des guten und schlechten Regiments*.

4 Bargello, Florenz

Italiens bedeutendste Skulpturensammlung umfasst die besten Werke von Donatello *(rechts)*. Weitere Glanzlichter sind Arbeiten von Cellini, Giambologna und Michelangelo.

Via del Proconsolo 4 • Karte N4 • tägl. 8.15–17 Uhr • 2. & 4. Mo sowie 1., 3. & 5. So im Monat geschl. • Eintritt

5 Museo Etrusco Guarnacci, Volterra

Das toskanische Top-Museum zur Geschichte der Etrusker zeigt über 600 Begräbnisurnen aus Marmor und Alabaster mit Mythen oder Metaphern über das Leben nach dem Tod, einen Sarkophagdeckel aus Terrakotta und kleine Bronzen wie den *Abendschatten* *(siehe S. 40)*. *Via Don Minzoni 15 • Karte D4 • tägl. 9–19 Uhr (Nov–März: bis 13.45 Uhr) • Eintritt*

6 Accademia, Florenz

Die meisten Besucher lockt Michelangelos *David* (1501–04) hierher, doch auch seine *Sklaven* für das Grabmal von Julius II. sowie die Gemälde von Botticelli, Lorenzo di Credi, Orcagna, Perugino und del Sarto sind sehens wert. *Via Ricasoli 60 • Karte N1 • Di–So 8.15–18.50 Uhr, im Sommer länger geöffnet • Eintritt*

7 Museo Civico, Sansepolcro

Piero della Francescas Heimatstadt bewahrt einige seiner größten, psychologisch eindringlichsten Werke, darunter *Madonna della Miseri cordia* (1445–62), *San Giulianc* (1458) und die unheimliche *Auferstehung* (1463), die Aldous Huxley »das beste Bild der Welt« nannte.

Via Aggiunti 65 • Karte F3 • Juni–Sep: tägl. 9–13.30 Uh 14.30–19.30 Uhr; Okt–Mai: tägl. 9.30–13 Uhr, 14.30–18 Uhr • Eintritt

Informationen über das kulturelle Angebot der Toskana
www.cultura.toscana.it

Piero della Francescas *Auferstehung* (1463) m Museo Civico, Sansepolcro

8 Pinacoteca Nazionale, Siena

ie Pinakothek besitzt zwar keine roßen Meisterwerke, bietet ber einen sehr guten Überblick ber die Sieneser Malerei. *Via S. Pietro 29 • Karte E4 • Di–Sa –19 Uhr, So & Mo 8–13.30 Uhr • Eintritt*

9 Museo dell'Accademia Etrusca, Cortona

ie abwechslungsreiche Samm- ung besteht aus etruskischen undstücken, Renaissance- und arock-Gemälden, ägyptischen rtefakten, dekorativer Kunst und Verken des einheimischen Futu- isten Gino Severini. *Piazza ignorelli • Karte F4 • Di–So 10–19 Uhr Okt–März: bis 17 Uhr) • Eintritt*

10 Museo dei Storia della Scienza, Florenz

ie ausgestellten Instrumente ind oft ebenso schön wie wis- enschaftlich bedeutsam. Zu den xponaten gehören ein mechani- cher »Rechner« aus gravierten cheiben, ein Perpetuum mobile nd die Teleskope, mit denen Ga- ei die Jupitermonde entdeckte. *Piazza dei Giudici 1 • Karte N5 • Mo & i–Sa 9.30–17 Uhr, Di 9.30–13 Uhr, 2. So n Monat 10–13 Uhr • Eintritt*

Top 10 Kunststile

1 Etruskischer Stil
In dem von griechischer Kunst beeinflussten Stil entstanden Begräbnisurnen, große Statuen und Bronzebilder (8.–4. Jh. v. Chr.).

2 Byzantinischer Stil
Die konservativen, statischen Kunstwerke, oft mit mandelförmigen Gesichtern, großen Augen und goldenen Roben, ähneln östlichen Ikonen (9.–13. Jh. n. Chr.).

3 Gotik
Die ausdrucksstarke Gotik zeichnet sich durch realistischere Darstellungen, kräftige Farben und fließende Linien aus (13.–14. Jh.).

4 Renaissance
Naturalismus und Perspektive bestimmten die eleganten Kompositionen der Künstler (15.–16. Jh.).

5 Manierismus
In der Spätrenaissance setzten die Farbvielfalt und die gekrümmten Posen Michelangelos Maßstäbe (16. Jh.).

6 Barock
Der Barockstil ähnelt dem Manierismus. Licht und Schatten sorgen für mehr Kontrast und Dramatik (16.–17. Jh.).

7 Rokoko
Die Weiterentwicklung des Barock ist überschwänglich und oft überladen (18. Jh.).

8 Klassizismus
In dieser Epoche wurden klassische Modelle und Mythologie bedeutsam (19. Jh.).

9 Macchiaioli
Dies ist die toskanische Version des Impressionismus (spätes 19. Jh.).

10 Libertà
Italiens Jugendstil sieht man oft bei Fassaden und Ladenschildern (frühes 20. Jh.).

Toskanische Künstler **siehe S. 50f**

Links ***Tod des hl. Franziskus,*** **Giotto** Rechts ***Selbstporträt,*** **Raffael**

TOP 10 Toskanische Künstler

Selbstporträt, **Leonardo da Vinci**

1 Giotto (1267–1337)
Der Bauernsohn riss die Malerei aus ihrer statischen byzantinischen Methodik und bereitete mit seinen realistischen Werken und ausdrucksstarken Figuren den Weg für die Renaissance.

2 Simone Martini (1284–1344)
Martini verband in seinen höfischen, graziösen Figuren mittelalterlichen Sinn für Erzählung und Ikonografie mit lebhaften gotischen Farben, gemusterten Stoffen und intensiver Dramatik.

3 Donatello (1386–1466)
Der erste echte Renaissance-Bildhauer arbeitete in seinen Skulpturen – lange vor den Malern – Perspektiven heraus. Er gestaltete die erste frei stehende nackte Figur und die erste Reiterstatue seit der Antike. Mit seiner *Schiacciato*-Technik erzeugte er durch radierte perspektivische Linien in einem flachen Relief die Illusion von Tiefe.

4 Fra Angelico (um 1395–1455)
Die Anfänge des Dominikanerbruders als Illuminator von Manuskripten färbten auf seine Kunst ab. Sein Werk gründet auf den Renaissance-Regeln von Naturalismus und Perspektive.

5 Masaccio (1401–1428)
Masaccio folgte strikt dem Naturalismus und perfektionierte die Zentralperspektive (Santa Maria Novellas *Trinità*, Florenz). Er war nicht der beste Zeichner, aber seine kräftigen Pinselstriche und bewegenden Szenen sind Meilensteine der Renaissance-Kunst.

6 Piero della Francesca (um 1416–1492)
Der visionäre Frührenaissance-Meister malte religiöse Bilder mi äußerst realistischen Figuren. Seine komplexen Kompositionen zeigen seine frühe Beherrschung der Perspektive.

7 Botticelli (1445–1510)
Der Renaissance-Maler stellte seine blassen, schwermütigen Figuren oft in einen mythologischen Kontext. Religiöse Unruhen in Florenz lähmten seine Schaffenskraft. Botticelli selbst soll seine »blasphemischen« Gemälde in Savonarolas »Fegefeue

Toskanische Meisterwerke **siehe S. 52f**

der Eitelkeiten« *(siehe S. 78)* geworfen haben. Fortan malte er nur noch religiöse Themen.

8 Leonardo da Vinci (1452–1519)

Eine der größten Persönlichkeiten der Renaissance war begnadeter Maler, Erfinder und Wissenschaftler – mit Experimentierfreude, aber wenig Ausdauer (er ließ Vieles unvollendet). Die *Sfumato*-Technik verwischter Linien und unscharfer Hintergründe gab seinen Werken Tiefe.

9 Michelangelo (1475–1564)

Der Heißsporn war bereits mit 20 Jahren ein genialer Bildhauer. Die Decke der Sixtinischen Kapelle bemalte er nur widerwillig. Michelangelo entwarf u. a. die Verteidigungsanlagen von Florenz und schrieb Sonette.

10 Pontormo (1494–1556)

Pontormo experimentierte im Stil von Andrea del Sarto, seine Figuren und der Einsatz von Mischfarben erinnern an Michelangelo. Aus dieser Kombination entwickelte der Künstler seinen eigenen extremen Stil.

***Die Heimsuchung*, Pontormo**

Top 10 Weitere Künstler der Toskana

1 Giovanni Bellini (um 1430–1516)

Der Lehrer Giorgiones und Tizians widmete sich früh der Ölmalerei.

2 Perugino (um 1448–1523)

Der Renaissance-Maler unterrichtete u. a. Raffael und Pinturicchio.

3 Pinturicchio (1454–1513)

Erweiterte den umbrischen Renaissance-Stil mit toskanischem Humanismus.

4 Giorgione (1478–1510)

Der frühe venezianische Meister malte wie Leonardo mit dunklen Ölfarben. Er beeinflusste den jungen Tizian.

5 Tizian (um 1480–1576)

Die *Venus von Urbino* des bedeutendsten venezianischen Malers hängt in den Uffizien *(siehe S. 9)*.

6 Raffael (1483–1520)

Seine Meisterwerke sind eine Mischung aus Peruginos umbrischem Stil, Leonardos Techniken und Michelangelos Innovationen.

7 Tintoretto (1519–1594)

Sein Motto lautete angeblich »die Zeichnung von Michelangelo, die Farbe von Tizian«.

8 Giambologna (1529–1608)

Der größte manieristische Bildhauer perfektionierte die Allansichtigkeit seiner Werke.

9 Caravaggio (1571–1610)

Der Begründer der römischen Barockmalerei starb unerwartet in der Toskana.

10 Rubens (1577–1640)

Ein Aufenthalt in Italien beeinflusste den Stil des flämischen Frühbarock-Malers.

Top-Kunstsammlungen in Florenz: Uffizien & Palazzo Pitti **siehe S. 8–11 & S. 14–17**

Links **Duomo-Gruppe, Pisa** Rechts **Tafeln der *Paradiestüren*, Baptisterium, Florenz**

Top 10 Toskanische Meisterwerke

1 David

Mit 26 Jahren begann Michelangelo die Arbeit an seinem berühmten *David* (1501–04, *oben*). Die Statue entstand aus einem Marmorblock, der von Bildhauern seinerzeit »der Riese« genannt wurde. Sie zeigt einen jungen Mann, der wie ein Humanist der Renaissance seine Aufgabe überdenkt. Das ursprünglich für den Dom von Florenz vorgesehene Werk wurde vor dem Palazzo Vecchio enthüllt und bei Anti-Medici-Unruhen beschädigt. Heute steht es in der Accademia. *Florenz, Accademia* (siehe S. 77)

2 Geburt der Venus

Botticellis Venus (1486) steht in einer Muschel, die der Westwind Zephyr an Land treibt, und bedeckt in einer keuschen Pose ihre Nacktheit. Eine Hore (griechische Göttin) reicht ihr einen Mantel. *Florenz, Uffizien* (siehe S. 8)

3 Leonardos Verkündigung

Eines seiner ersten Gemälde (1472–75) schuf Leonardo da Vinci als Schüler in Verrocchios Atelier. Das Bild zeigt Leonardos frühe Beherrschung der *Sfumato*-Technik und die Vorliebe der Renaissance für die Klassik. *Florenz, Uffizien* (siehe S. 8)

4 Paradiestüren

Ghiberti arbeitete lange an den zehn vergoldeten Bronzetafeln mit Bibelszenen für das Ostportal des Baptisteriums (1425–52). Die Originale – heute im Museo dell'Opera zu sehen – wurden durch Kopien ersetzt. *Florenz, Baptisterium* (siehe S. 12)

5 Trinità

Masaccios *Trinità* ist das erste Gemälde mit korrekter Perspektive (1428). Die knienden Gläubigen, Maria und der Evangelist Johannes sowie der gekreuzigte Christus und Gott dahinter bilden ein Dreieck. *Florenz, Santa Maria Novella* (siehe S. 44)

6 Giottos Maestà

Das Altargemälde (1310) brach mit Konventionen: Maria

***Geburt der Venus* von Botticelli**

Verkündigung, **San Marco, Florenz**

trägt normale Kleidung statt einer stilisierten Robe, das Kind sitzt auf ihrem Schoß, statt zu schweben. *Florenz, Uffizien* (siehe S. 9)

7 Fra Angelicos Verkündigung

Fra Angelico malte das Bild im Jahr 1442 für sein Kloster. Durch die Darstellung der Wälder und des Bereiches hinter der Loggia erzeugte er Räumlichkeit. *Florenz, San Marco* (siehe S. 78)

8 Duccios Maestà

Als das erste unbestrittene Meisterwerk der Sieneser Schule vollendet war (1311), wurde es feierlich zum Dom gebracht. Seitdem ist in den Werkverzeichnissen vieler Sieneser Künstler eine *Maestà* zu finden. *Siena, Museo Metropolitana* (siehe S. 28)

9 Allegorie des guten und schlechten Regiments

Ambrogio Lorenzettis Fresko von 1338 umgibt die innere Kammer des im Mittelalter herrschenden Rates der Neun. Von den allegorischen Figuren des guten Regiments regiert, gedeiht das mittelalterliche Siena. Unter dem schlechten Regiment verfällt es. *Siena, Museo Civico* (siehe S. 30, S. 48)

10 Auferstehung Christi

Piero della Francescas muskulöser Jesus erhebt sich aus seinem Grab, dabei erwacht die Landschaft zum Leben. Der schlafende Soldat in brauner Rüstung soll ein Selbstporträt sein. *Sansepolcro, Museo Civico* (siehe S. 101)

Top 10 Architektur

1 Kuppel des Duomo, Florenz
Brunelleschis zweischalige Kuppel belebte die Baukunst der Antike neu und bahnte der Renaissance-Architektur den Weg *(siehe S. 12f)*.

2 Santa Maria Novella, Florenz
Albertis mathematisch genaue Renaissance-Fassade steht in Kontrast zu dem lehrbuchhaften italienisch-gotischen Interieur *(siehe S. 44)*.

3 Palazzo Vecchio, Florenz
Arnolfo di Cambio schuf ein asymmetrisches Meisterwerk gotischer Stadtarchitektur *(siehe S. 78)*.

4 Santa Spirito, Florenz
Brunelleschis perfekt proportioniertes Interieur setzte Maßstäbe *(siehe S. 44)*.

5 Duomo-Gruppe, Pisa
Die pisanisch-romanischen Bauten haben grau-weiße Marmorstreifen, erhöhte Loggien und Arkaden *(siehe S. 22f)*.

6 Santa Maria della Spina, Pisa
Das gotische Kirchenjuwel besitzt Statuetten, Türme und Spitzbogen *(siehe S. 24)*.

7 Tempio di San Biagio, Montepulciano
Die Proportionen des Meisterwerks der Hochrenaissance sind exakt *(siehe S. 119)*.

8 Piazza Pio II, Pienza
Der Ortskern entstand in der Renaissance *(siehe S. 119)*.

9 Sant'Antimo
Die Klosterkirche wurde im Stil der französischen Romanik gebaut *(siehe S. 46)*.

10 San Gimignano
In der sehr gut erhaltenen Mittelalter-Stadt stehen noch 14 Steintürme *(siehe S. 18f)*.

Informationen zu Piero della Francesca
www.pierodellafrancesca.it

Links **Medici-Wappen** Mitte **San Marco, gebaut von Cosimo il Vecchio** Rechts **Cosimo I.**

TOP 10 Medici-Herrscher

Lorenzo der Prächtige

1 Giovanni di Bicci (1360–1429)

Der Kaufmann legte den Grundstein für das Familienvermögen. Er gründete die Banco dei Medici, wurde Bankier des Papstes und finanzierte Ghibertis Arbeit am Ostportal des Baptisteriums.

2 Cosimo il Vecchio (1389–1464)

Reichtum, Einfluss und persönliches Ansehen verhalfen Cosimo dazu, indirekt die Geschicke der Stadt zu bestimmen. Jedes Mal, wenn er von Gegnern inhaftiert wurde, brachte ihn die Öffentlichkeit zurück an die Macht.

3 Lorenzo der Prächtige (1449–1492)

Der beliebteste aller Medici war ein überzeugter Humanist und ein fähiger Regent der Stadt. Der Kunstmäzen – selbst ein begabter Dichter – förderte u. a. den jungen Michelangelo.

4 Papst Leo X. (Giovanni, 1475–1521)

Lorenzos Sohn hielt von Rom aus die Fäden in der Hand. Sein Motto lautete: »Gott hat uns das Pontifikat verliehen, so lasst es uns genießen.« Als der Bruder und die Neffen, die er als Regenten von Florenz ausersehen hatte, starben, wurde sein Vetter Kardinal Giulio Regent.

5 Papst Clemens VII. (Giulio, 1478–1534)

Als Kardinal stand Giulio selbst an der Spitze von Florenz. Da sein Pontifikat jedoch vom Konflikt mit Kaiser Karl V. bestimmt war, musste er die Stadt seinen jungen Verwandten Alessandro und Ippolito überlassen. Sie stellten sich als inkompetent heraus.

6 Alessandro (1511–1537)

Der uneheliche Sohn von Clemens VII. erbte den Herzog-

Papst Leo X.

Stadtführung zum Thema »Die Medici in Florenz« (auch in deutscher Sprache) **www.walksinsideflorence.it**

Ferdinando I.

mantel im Alter von 19 Jahren. Er entwickelte sich zum Despoten mit einer Vorliebe für Trinkgelage mit seinem Vetter Lorenzino, der ihn schließlich aus Eifersucht tötete.

7 Cosimo I. (1519–1574)
Cosimo wurde mit 17 Jahren, als die ältere Medici-Linie ausstarb, Herzog. Später verlieh man ihm sogar den Titel »Großherzog der Toskana«. Er eroberte Siena, baute einen Hafen (Livorno) und regierte klug, aber mit eiserner Faust.

8 Ferdinando I. (1549–1609)
Der beliebte Großherzog gründete Krankenhäuser, versorgte arme Mädchen mit Mitgiften, förderte die Landwirtschaft und feierte großartige Feste. Er heiratete Christine von Lothringen, deren Familie den Großherzogtitel erbte.

9 Anna Maria Luisa (1667–1743)
Unter der Bedingung, dass das Erbe immer in Florenz bliebe, vermachte die letzte Repräsentantin des Hauses Medici den Familienbesitz – darunter alle Sammlungen der Uffizien – den lothringischen Großherzögen.

10 Gian Gastone (1671–1737)
Der letzte Großherzog der Familie Medici war träge, genusssüchtig und vergnügte sich mit Jünglingen. Er verabscheute seine Untertanen, u. a. übergab er sich aus der fahrenden Kutsche heraus auf Passanten. Mit seinem Tod ging der Großherzogtitel an die österreichischen Lothringer über.

Top 10 Förderprojekte der Medici

1 Michelangelo
Lorenzo der Prächtige lud den jungen Künstler ein, die Statuen in den Medici-Gärten zu studieren.

2 Donatello
Cosimo il Vecchio versorgte den Bildhauer stets mit Aufträgen. Donatello wurde in San Lorenzo in der Nähe seines Gönners beigesetzt.

3 Galileo
Cosimo II. schützte den Wissenschaftler vor der Inquisition: Er handelte das Todesurteil auf Exkommunikation und Hausarrest herunter.

4 Uffizien
Francesco I. ließ die Galerie in den Büros der Familie eröffnen *(siehe S. 8f)*.

5 Botticelli
Geburt der Venus und *Primavera* waren Aufträge für die Villa eines Medici-Mitglieds.

6 Palazzo Pitti
Die großherzogliche Residenz besitzt viele Werke aus den Medici-Sammlungen *(siehe S. 14–17)*.

7 San Marco
Cosimo il Vecchio ließ das Kloster mit der ersten öffentlichen Bibliothek Europas bauen *(siehe S. 78)*.

8 Erste Oper der Welt
Ferdinando I. bestellte für seine Hochzeit bei Jacopo Peri und Ottavio Rinuccini *Dafne*, eine Geschichte mit Musik.

9 Benvenuto Cellini
Cosimo I. holte den Bildhauer nach Florenz zurück, um *Perseus* zu schaffen.

10 Opificio delle Pietre Dure
Ferdinando I. gründete die Einrichtung zur Förderung von Florentiner Einlegearbeiten.

Medici Archive Project **www.medici.org**

Links **Piazza von Pienza** Mitte **Bild im Duomo von Volterra** Rechts **Volterra**

TOP 10 Bergstädte

1 Siena

Siena ist zu einer mittelgroßen Stadt herangewachsen, der mittelalterliche Charakter blieb jedoch erhalten. Von Traversen bestimmte Backsteinpaläste, Steintürme und herrlich dekorierte Kirchen ziehen sich über drei Kämme am Südende der Chianti-Hügel *(siehe S. 26–33 & S. 86–91)*. *Karte E4*

2 San Gimignano

Das »Manhattan des Mittelalters« zählt zu den eindrucksvollsten Bergstädten der Toskana. 14 Steintürme ragen über den Terrakottadächern empor. In den Weinbergen rund um San Gimignano wird der beste toskanische DOCG-Weißwein hergestellt *(siehe S. 18f)*. *Karte D3*

Mittelalterlicher Turm, Cortona

3 Volterra

Die mittelalterlichen Steinstraßen der hoch gelegenen toskanischen Bergstadt verlaufen 555 Meter über dem Tal. Die Stadt ist für die Kunst der Alabasterverarbeitung berühmt. Volterra war eine der Schlüsselstädte des etruskischen Dodekapolis-Bundes *(siehe S. 40f)*. Das Museum *(siehe S. 48)* zeigt Grabfunde, die von der Erosion freigelegt wurden. *Karte D4*

4 Montepulciano

Von dem Stadttor der Medici windet sich eine Straße den Hügel hinauf zur Piazza Grande. Dort befinden sich der von Michelozzo entworfene, zinnenbewehrte Palazzo Comunale und der mit einer Backsteinfassade versehene Duomo. An den Straßen stehen Renaissance-Paläste, Cafés aus dem 19. Jahrhundert und Weinläden, die Gratisproben Grappa und Vino Nobile *(siehe S. 62f)* anbieten. Die Weinkeller unterhalb der Stadt können besichtigt werden. *Karte F4*

5 Cortona

Die etruskische Siedlung über dem Chiana-Tal ist ein Schatzkästchen antiker Gräber und Renaissance-Kunst. Steingebäude, steile Straßen und miteinander verbundene *piazze* charakterisieren das Stadtzentrum. Die obere Stadthälfte bietet eine Festung der Medici (16. Jh.), Gärten und wenig bekannte Aussichtsplätze *(siehe S. 38–41)*. *Karte F4*

Fremdenverkehrsverein Volterra, Val di Cecina & Val d'Era
www.volterratur.it

Pitigliano – auf Klippen erbaut

6 Montalcino

Montalcino war Sienas letzter Verbündeter im Kampf gegen Florenz. Die Stadt erhebt sich hoch über dem Tal, das Gerippe einer Burg aus dem 14. Jahrhundert prägt das Stadtbild. Die Burg bietet neben einer grandiosen Aussicht auch eine *enoteca*, in der man den kräftigen toskanischen Rotwein Brunello *(siehe S. 62f)* probieren kann. ✎ *Karte E4*

7 Pienza

In der Renaissance beauftragte Papst Pius II. den Baumeister Rossellino, das Zentrum von Pienza neu zu gestalten. Von der Umgehungsstraße sieht man Schafe in grüner Landschaft. Die vielen kleinen Läden verkaufen toskanischen Wein, Honig und den besten Pecorino Italiens. ✎ *Karte F4*

8 Massa Marittima

Zwei Bergstädte in einer: in der »Altstadt« um die dreieckige Piazza stehen der Duomo und der Palazzo Podestà, in dem sich ein Museum für Antiquitäten aus der Region und Ambrogio Lorenzettis *Maestà* befinden. Die obere »Neustadt« wurde im 14. Jahrhundert von den sienesischen Eroberern angelegt. Die Festung bietet einen schönen Blick über die Hügel. ✎ *Karte D4/5*

Massa Marittima

9 Pitigliano

Pitigliano steht auf einem Tuffsteinplateau im Herzen der etruskischen Maremma. Es sieht so aus, als würden die Klippen und die Häuser- und Festungsmauern nahtlos ineinander übergehen. Die Stadt ist von Tälern mit antiken Gräbern umgeben. ✎ *Karte F6*

10 Fiesole

Der von den Etruskern gegründete Ort wurde von den Römern, später dann von Florenz eingenommen. Die Stadt bietet ein römisches Theater, kleine Museen, kühle Brisen im Sommer und einen Ausblick bis nach Florenz. ✎ *Karte E2*

Folgende Doppelseite **Duomo mit Außenkanzel, Prato**

Links **Weinprobe, Villa Vignamaggio** Rechts **Villa di Artimino »La Ferdinanda«**

TOP 10 Villen & Gärten

1 Villa Poggio a Caiano

Giuliano da Sangallo baute 1480 die Villa für Lorenzo den Prächtigen. Im Ballsaal hängen manieristische Bilder von Pontormo, del Sarto und Allori. 1587 starben hier Francesco I. und seine zweite Frau Bianca Cappello – sie wurden vermutlich vergiftet. Vittorio Emanuele II. nutzte die Villa für Liebschaften.

Piazza de' Medicea 14 • Karte D2 • 055 877 012 • Nov–Feb: tägl. 8.30–15.30 Uhr; März & Okt: tägl. 8.15–16.30 Uhr; Apr, Mai & Sep: tägl. 8.15–17.30 Uhr; Juni–Aug: tägl. 8.15–18.30 Uhr (Kassenschluss jeweils 1 Std. früher) • Eintritt

2 Villa Demidoff

Buontalenti entwarf den großen Park in Pratolino für Francesco I. de' Medici (1568–81). Die einstigen Wasserspiele sind nicht mehr vorhanden. Die Villa selbst wurde 1824 abgerissen. Zu den sehenswerten Überresten gehört die Appennino-Figur, die sich aus einem Teich erhebt. *Pratolino • Karte E2 • 055 409 427 • Apr–Sep: Do–So 10–20.30 Uhr; März: So 10–18 Uhr • Eintritt*

Appennino erhebt sich aus einem Seerosenteich, Villa Demidoff

3 Villa della Petraia

1595 ließ Ferdinando I. de' Medici die Villa von Buontalenti umbauen. Volterrano schuf die Fresken im Hof (1636–48). Der Park im englischen Stil stammt aus dem 17. Jahrhundert.

Via della Petraia 40 • Karte E2 • 055 452 691 • Nov–Feb: 8.15–16.30 Uhr; März & Okt: 8.15–17.30 Uhr; Apr, Mai & Sep: 8.15–18.30 Uhr; Juni & Juli: 8.15–19.30 Uhr • 2. & 3. Mo im Monat geschl. • Eintritt

4 Villa Reale di Marlia

Im 19. Jahrhundert ließ Elisa Baciocchi diese Villa (16. Jh.) im napoleonischen Stil umgestalten. Nur die hübschen Gärten (17. Jh.) können besichtigt werden.

Marlia, Capannori • Karte D2 • 058 330 009 • März–Nov: 10–13 Uhr, 14–17 Uhr (stündlich Führungen) • Mo geschl. • Eintritt

Gemälde der Villa Poggio a Caiano von Giusto Utens

Mehr über die Medici-Herrscher **siehe S. 54f**

5 Villa Mansi

In der Villa aus dem 16. Jahrhundert gibt es viele Statuen und Fresken (spätes 18. Jh.) mit mythologischen Szenen. Juvarras Barock-Gärten sind noch an der Westseite der Villa zu sehen, der Rest wurde im 19. Jahrhundert im englischen Stil umgestaltet.
Segromigno in Monte • Karte D2 • Di–Sa 9–13 Uhr, 15.30–20 Uhr (Winter: bis 17 Uhr) • Eintritt

6 Villa di Artimino »La Ferdinanda«

Buontalenti entwarf die Villa für Ferdinando I. (16. Jh.). Die vielen Kamine und der fehlende Garten deuten darauf hin, dass sie im Winter als Jagdvilla genutzt wurde. Im Erdgeschoss befindet sich ein kleines Archäologiemuseum.
Artimino, Carmignano • Karte D2 • nach Vereinbarung (055 875 1427) • frei

7 Villa Garzoni

Die Villa (1633–52) ist derzeit geschlossen. Die Terrassengärten (17./18. Jh.) mit vielen Statuen und Brunnen kann man besichtigen. *Collodi • Karte D2 • tägl. 9 Uhr–Sonnenuntergang • Eintritt*

8 Villa di Castello

1541 schuf der Baumeister Tribolo im Auftrag von Cosimo I. die zauberhaften Gartenanlagen mit Hecken, Teichen, Steineichen und Statuen. Nur die Gärten sind öffentlich zugänglich.

Villa Vignamaggio

Via di Castello 47, Sesto Fiorentino • Karte E2 • Sep–Mai: tägl. 9 Uhr–Sonnenuntergang; Juni–Aug: 8.15 Uhr–Sonnenuntergang • 2. & 3. Mo im Monat geschl. • Eintritt

9 Villa Vignamaggio

1404 tauchten hier erstmals Weine mit dem Namen »Chianti« auf. Am Geburtsort von Lisa del Giocondo, der echten Mona Lisa, (1479) wurde auch der Film *Viel Lärm um nichts* gedreht (1993). Bei der Führung ist das Mittagessen inklusive. *Vignamaggio, Greve • Karte E3 • Di & Do (055 854 661), www.vignamaggio.com • Eintritt*

10 Villa di Cafaggiolo

Das kleine Schloss, das Michelozzo 1451 für Cosimo il Vecchio de' Medici baute, wird privat genutzt. Die Gärten können jedoch nach Voranmeldung besichtigt werden.
Außerhalb von Barberino di Mugello • Karte E2 • nach Vereinbarung (055 849 8103), www.castellodicafaggiolo.it

Gärten, Villa Garzoni

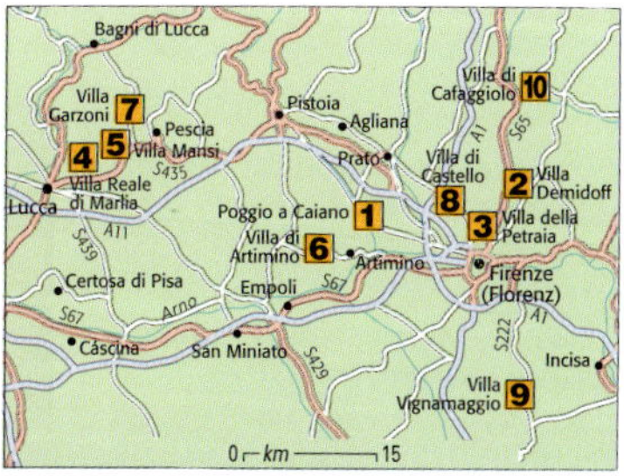

Weitere architektonische Highlights der Toskana **siehe S. 53**

Links **Montalcino-Etikett** Mitte **Weinfässer** Rechts **Vino Nobile**

Top 10 Weingüter

1 Antinori (Chianti)

Die Adelsfamilie Antinori stellt seit 1385 Wein her. Die Jahresproduktion von über 15 Millionen Flaschen umfasst einige der besten Weine Italiens. Sie können in der Cantinetta Antinori *(siehe S. 83)* in Florenz probiert werden.

Weinkeller, Montepulciano

2 Avignonesi (Montepulciano)

Der Vino Nobile verdankt seinen Stellenwert den Anstrengungen der Brüder Falvo in den 1990er Jahren. Das Gut stellt auch Jahrgangsweine mit Merlot und Cabernet sowie einen ausgezeichneten toskanischen Vin Santo her. Im Ausstellungsraum in Montepulciano werden Weinproben angeboten. *Karte F4 • Via Gracchiano nel Corso 91 • www.avignonesi.it*

3 Castello di Brolio (Chianti)

Das Gut, das den modernen Chianti Classico erfand, gehört wieder der Familie Ricasoli. Der »Eiserne Baron« Bettino Ricasoli, Italiens zweiter Ministerpräsident, perfektionierte einst die Chianti-Rezeptur *(siehe S. 36)*.

4 Banfi (Montalcino)

Die 1978 gegründete Weinkellerei unter amerikanischer Leitung zählt zu den modernsten der Welt. Hier wird u. a. ein kräftiger Brunello *riserva* hergestellt. Zum Gut gehören ein Laden, eine *enoteca* und ein kleines Glas- und Weinmuseum. *Karte E4 • www.castellobanfi.com • Führungen nach Anmeldung (0577 840 111)*

5 Monsanto (Chianti)

Monsanto-Weine sind körperreich. 1968 brachte das Gut den ersten Chianti Cru sowie den ersten reinen Sangiovese-Chianti auf den Markt *(siehe S. 36)*.

6 Poggio Antico (Montalcino)

Poggio Antico präsentiert sich zurückhaltender als andere Weingüter in Montalcino. Der hier produzierte samtige Brunello ist preisgekrönt. *Karte E4 • 0577 848 044 • www.poggioantico.com*

7 Poliziano (Montepulciano)

Frederico Carletti machte Poliziano zu einem der führenden Weingüter in Montepulciano. Mit dem Vigneto Caggiole etablierte

Weinladen, Montalcino

Attraktionen in der Region Chianti **siehe S. 34–37**

Weinberg nahe Fonterutoli

er als Erster einen Vino Nobile nach Cru-Konzept (Trauben eines einzigen Weinbergs). Der angeschlossene Laden bietet Gratisproben an. ⓢ *Karte F4 • Piazza Grande*

8 Marchesi de' Frescobaldi (Chianti Rufina / Montalcino)

Das größte private Weinunternehmen der Toskana, seit 30 Generationen von der Adelsfamilie Frescobaldi geführt, belieferte viele europäische Herrscher. Als einer der ersten Hersteller experimentierte die Familie mit nicht einheimischen Reben (Pinot, Cabernet Sauvignon, Chardonnay, Merlot). Man kann mehrere Weingüter besuchen. ⓢ *Karte E4 • www.frescobaldi.it*

9 Fonterutoli (Chianti)

Das hoch angesehene Weingut, seit 1435 im Besitz der Familie Mazzei, wurde um ein mittelalterliches Dorf herum angelegt. In der Bar der Osteria können die Weine probiert werden. Die neueren Chianti-, Siepi- und Brancaia-Jahrgänge führen die italienischen Weinranglisten an *(siehe S. 36)*.

10 Tenuta di Capezzana (Carmignano)

Das Weingut Capezzana (seit 804) schuf den Carmignano DOC – der Sangiovese-Rezeptur wurden 15 Prozent Cabernet beigemischt. Die Rosévariante heißt Vin Ruspo. Weinproben müssen telefonisch gebucht werden. ⓢ *Karte D3 • Direktverkauf: Mo–Fr 8.30–12.30 Uhr, 14.30–18.30 Uhr • www.capezzana.it*

Top 10 Toskanische Weine

1 Brunello di Montalcino

Der Edelrotwein wird aus Sangiovese-Grosso-Trauben gekeltert – der einzigen Rebsorte, die vor 120 Jahren nicht dem Mehltau zum Opfer fiel.

2 Vino Nobile di Montepulciano

Der Wein wird von der Prugnolo-Traube dominiert. Er ist weniger wuchtig, dafür eleganter als der Brunello.

3 Chianti Classico

Italiens berühmtester Rotwein wurde eine Zeit lang geschmäht.

4 Vernaccia di San Gimignano

Der trockene blassgelbe Wein ist der einzige DOCG-Weißwein aus der Toskana.

5 Sassicaia di Bolgheri

Der komplexe Rotwein wird aus Cabernet-Sauvignon-Trauben gekeltert.

6 Tignanello

Antinori keltert den kräftigen Wein aus 80 Prozent Sangiovese, 15 Prozent Cabernet Sauvignon und fünf Prozent Cabernet Franc.

7 Chianti Rufina

Den körperreichen Spitzen-Chianti gibt es seit dem 18. Jahrhundert.

8 Carmignano

Der DOCG-Rotwein kommt aus einer der ältesten geschützten Weinregionen der Welt (1716).

9 Morellino di Scansano

Der DOC-Rotwein der Maremma enthält 85–100 Prozent Morellino (Sangiovese).

10 Vin Santo

Der goldene Dessertwein aus getrockneten Trauben reift in Eichenfässern.

Wein- & Delikatessenläden in der südlichen Toskana **siehe S. 122**

Links **Zucchini** Mitte links **Pecorino** Mitte rechts **Meeresfrüchte** Rechts **Florentinischer Kuchen**

TOP 10 Spezialitäten

1 Bistecca alla fiorentina

Ein dickes, saftiges T-Bone-Steak, bevorzugt von einem schneeweißen Chianina-Rind, wird mit Olivenöl und gestoßenem Pfeffer eingerieben, über Holzfeuer gegrillt und medium, oft auch blutig serviert.

2 Crostini

Kleine runde Brotscheiben werden geröstet, mit Olivenöl eingerieben und garniert. Die beliebtesten Beläge sind Tomatenwürfel und *fegatini*, eine Paste aus Hühnerleber, Kapern, Zwiebeln und Sardellen.

3 Ribollita

Für die Königin unter den toskanischen Suppen wird altbackenes Brot über Nacht in einer Minestrone eingeweicht. Die Suppe wird am nächsten Tag wieder aufgewärmt (*ri-bollita* heißt »erneut gekocht«). Dann serviert man sie über frischem Brot und gibt reichlich Olivenöl hinzu. Es existiert kein einheitliches Rezept, Cannellini-Bohnen, *cavolo nero* (ein Verwandter des Mangold), Gemüse und Kräuter dürfen jedoch auf keinen Fall fehlen.

4 Pappardelle al cinghiale

Pappardelle sind gelbe, sehr breite toskanische Bandnudeln, die man gern mit einer Sauce aus weich gekochtem *cinghiale* (Wildschwein) serviert. Zur Jagdzeit im Herbst, der Hauptsaison für Wildschwein, wird das Fleisch auch als Hauptgericht in Rotwein zubereitet *(siehe S. 65)*.

5 Fagioli all'uccelleto

Ihrer Vorliebe für die weißen Cannellini-Bohnen haben die Toskaner den Spitznamen *mangiafagioli* (»Bohnenesser«) zu verdanken. *Fagioli* werden wie Pasta *al dente* gekocht. Manchmal werden sie nur mit frischem Olivenöl und grobem schwarzem Pfeffer serviert. *All'uccelleto*, geschmort mit frischen Tomaten, Salbei, Knoblauchzehen, Olivenöl und Pfeffer, sind sie besonders beliebt.

Fagioli all'uccelletto

6 Trippa alla fiorentina

Für diese Spezialität aus Florenz werden Kutteln mit Tomaten und Salbei gekocht und anschließend mit reichlich

Top-Restaurants in der Toskana **siehe S. 72f**

Parmesan bestreut. Viele Imbisswagen haben Kuttel-Sandwiches im Angebot.

Wildschweingericht

7 Cacciucco

Das Gericht aus Livorno ist eine Mischung aus *bouillabaisse* und *pappa al pomodoro*: Aus Fisch, Meeresfrüchten, Tomaten und einem *peperoncino* entsteht ein Eintopf, der auf Brotscheiben angerichtet wird. Das Rezept richtet sich nach dem Marktangebot und den Vorlieben des Kochs, Tintenfisch ist aber meist dabei.

8 Pici (oder Pinci)

Bei der typisch toskanischen Pasta handelt es sich um von Hand gerollte, dicke Spaghetti, die nur aus Mehl und Wasser zubereitet werden. Sie werden oft in den Bergstädten südlich von Siena angeboten und in der Regel mit Tomatensauce serviert.

9 Pecorino

Der aromatische Schafskäse ist eine Spezialität der Schafhirten von Pienza.

Es gibt ihn in den Varianten weich *(non-stagionato, marzolino)* sowie hart und scharf *(semistagionato, stagionato)*. Manchmal wird er in Asche konserviert, in Weinblätter gerollt oder mit *peperoncino* gewürzt. Als Hartkäse passt er gut zu Rotwein und Pasta.

10 Panzanella

Der Sommersalat wird mit in Essigwasser eingeweichtem Brot, Tomaten, Zwiebeln, Basilikum und Olivenöl zubereitet.

Top 10 Süßspeisen

1 Gelato

Verglichen mit den nicht in Italien produzierten Sorten ist das Eis in Florenz geschmackvoller und dicker. Achten Sie darauf, dass das Eis *produzione propria* (hausgemacht) ist.

2 Cantuccini

In Prato schmeckt das harte Mandelgebäck – im Rest Italiens *biscotti* genannt – am besten. Ein Klassiker sind Cantuccini in Vin Santo.

3 Panforte

Die Sieneser Spezialität ist ein üppiger Früchtekuchen mit Nüssen und vielen Gewürzen.

4 Torta della Nonna

Der traditionelle cremige »Omakuchen« wird mit *pinoli* (Pinienkernen) garniert.

5 Ricciarelli

Das weiche Honig-Mandel-Gebäck aus Siena wird mit Puderzucker bestäubt.

6 Zuppa Inglese

Die »englische Suppe« ist ein Dessert aus mit Rum getränkten und mit *Alchermes*-Likör rot gefärbten Löffelbiskuits und Sahnecreme.

7 Brutti ma Buoni

Die Makronen aus Haselnüssen und Mandeln sind, wie der Name sagt, »nicht schön, aber gut«.

8 Ossi di Morti

Bei den »Totenknochen« handelt es sich um luftige Biskuits aus Siena.

9 Zuccotto

Der Biskuitkuchen ist mit einer Creme aus Schokolade, Nüssen und kandierten Früchten gefüllt.

10 Pan Pepato

Den Früchtekuchen mit Gewürzen und Honig gab es schon im Mittelalter: ein Vorgänger des *panforte* aus Siena.

Die besten Weine der Toskana **siehe S. 62f**

Links **Gioco del Ponte, Pisa** Mitte **Reitersymbol, Siena** Rechts **Ritterspiele, Arezzo**

Top 10 Feste & Festivals

1 Palio, Siena

Seit dem Mittelalter findet in Siena um den Campo ein Rennen auf ungesattelten Pferden statt *(oben)*. Die Vorbereitungen und Festivitäten dauern eine Woche. Am Renntag können Sie kostenlos in der Mitte des Campo stehen. Für einen Sitzplatz muss man sich Monate vorher um ein Ticket bemühen. Genießen Sie die historischen Umzüge und die *sbandieratori* (Fahnenwerfer) vor dem wilden Rennen, das nur 90 Sekunden dauert. *Piazza del Campo, Siena • Karte E4 • 2. Juli, 16. Aug*

2 Präsentation des Mariengürtels, Prato

Der Überlieferung nach gab Maria dem Ungläubigen Thomas ihren Gürtel als Beweis für ihre Aufnahme in den Himmel. Ein Kreuzfahrer aus Prato brachte den Gürtel nach Italien. Er wurde in einem Schrein aus Glas und Gold im Dom verschlossen. Fünfmal im Jahr zeigt ihn der Bischof den Gläubigen in der Kirche und auf der Piazza. Der Schrein wird an diesem Tag von vielen Menschen geküsst. Es folgt eine von Musikern angeführte Prozession in Renaissance-Kostümen. *Duomo, Prato • Karte D2 • Ostern, 1. Mai, 15. Aug, 8. Sep, 25. Dez*

3 Giostra del Saracino, Arezzo

Bei diesem Turnier auf der Piazza Grande messen sich mittelalterlich gekleidete »Ritter«. Ziel ist es, den Schild eines hölzernen »Sarazenen« zu treffen. Die Figur kann sich allerdings drehen und den angreifenden Reiter vom Pferd stoßen. *Piazza Grande, Arezzo • Karte F3 • 3. So im Juni, 1. So im Sep*

4 Calcio Storico, Florenz

Beim Fußballturnier der vier Mannschaften aus den historischen Stadtteilen gibt es praktisch keine Regeln: Die wie in der Renaissance gekleideten Spieler

Calcio Storico in Florenz

Offizielle Website zum Palio in Siena **http://palio.comune.siena.it**

Turnier in Arezzo

dürfen schlagen, stoßen und treten. Die Spiele finden in der Regel auf Sand auf der Piazza Santa Croce statt. In den letzten Jahren waren auch die Piazza Signoria und der Giardino di Boboli Austragungsorte. ⓝ *Piazza Santa Croce, Florenz • Karte P4 • 16.–29. Juni*

5 Carnevale, Viareggio

Der Karneval in Viareggio ist weniger berühmt als derjenige in Venedig, die prächtigen Umzugsfestwagen sind jedoch ebenso sehenswert. ⓝ *Viale Carducci & Viale Marconi, Viareggio • Karte C2 • Faschingsdienstag & Wochenenden in der Fastenzeit*

6 Scoppio del Carro, Florenz

Weiße Ochsen ziehen einen nit Feuerwerkskörpern beladeıen Karren von den *Paradiestüren* les Baptisteriums zum Dom. Vährend der Ostermesse fliegt ine mechanische Taube an inem Draht durch das irchenschiff und entündet draußen das euerwerk. ⓝ *Piazza di San iovanni, Florenz • Karte M3 • Ostersonntag*

7 Maggio Musicale, Florenz

ı Theatern und Kirchen owie auf öffentlichen lätzen von Florenz finen Konzerte, Aufführungen und Liederabende statt. Die Veranstaltungen im antiken römischen Theater von Fiesole – hoch über der Stadt unter Sternenhimmel – sind besonders beliebt. Informationen bietet die Festival-Website. ⓝ *Verschiedene Veranstaltungsorte • Mai–Juni • www.maggiofiorentino.com*

8 Sagra del Tordo, Montalcino

Montalcino feiert die Jagdsaison mit einem kulinarischen Fest in der mittelalterlichen *fortezza* – mit riesigen Mengen gegrillter Drosseln, Polenta und Brunello-Wein. ⓝ *Fortezza • Karte E4 • letztes Wochenende im Okt*

9 Bravio delle Botti, Montepulciano

Nach einer Woche Mittelalter-Festspiele messen sich kostümierte Zweimannteams aus den acht Stadtteilen Montepulcianos und rollen schwere Fässer die steile, gewundene Hauptstraße zur Piazza hinauf. ⓝ *Hauptstraße • Karte F4 • letzter So im Aug*

10 Gioco del Ponte, Pisa

Zwei Teams rivalisierender Pisaner von beiden Ufern des Arno versuchen, in Renaissance-Kostüme gekleidet, einen tonnenschweren Wagen über die Brücke zu schieben, die Pisa teilt. ⓝ *Ponte di Mezzo • Karte C3 • letzter So im Juni*

Links **Monte Argentario** Rechts **Strandrestaurant, Elba**

TOP 10 Bäder & Strände

Spa, Montecatini Terme

1 Montecatini Terme

In dem bekannten Kurort gibt es fast ein Überangebot an Hotels. Die Thermalbäder sind großartig: Das Wasser der Terme Tettuccio unterstützt die Leber, der Schlamm der Terme Leopoldine ist gut für die Haut. Eine Seilbahn fährt hinauf in das mittelalterliche Bergdorf Montecatini Alto *(siehe S. 108)*. *Karte D2 • Viale Verdi 41, Montecatini Terme • 800 132 538 • www.termemontecatini.it*

2 Viareggio

In dem Küstenbadeort gibt es prächtige alte Bauten und einfache Hotels. Auf einer Seite der Promenade haben sich Restaurants und Läden angesiedelt, auf der anderen Seite befindet sich der stark frequentierte Sandstrand. Die privaten Betreiber vermieten Liegen und Sonnenschirme. Das ruhige Meer eignet sich gut für Kinder – das Wasser ist allerdings nicht das sauberste *(siehe S. 107)*. *Karte C2*

3 Saturnia: Cascate del Gorello

Saturnias Wasserfälle füllen natürlich entstandene Felsenbecken mit warmem, sprudelndem und schwefelhaltigem Wasser, in dem jeder gratis baden und entspannen darf *(siehe S. 127)*. *Karte E6*

4 Forte dei Marmi

Am feinen Sandstrand dieses Badeortes an der nördlichen Versilia stehen Sonnenschirme makellos in Reih und Glied. Forte dei Marmi entstand um einen Verladehafen für Marmor (15. Jh.). Zu den Attraktionen gehören die großherzogliche Festung (1788) und die hinter Pinien versteckten Sommervillen wohlhabender Italiener *(siehe S. 109)*. *Karte C2*

Strandbad, Viareggio

5 Monsummano Terme

In die Höhlen über einem unterirdischen schwefelhaltigen See strömen mineralhaltige Dämpfe und schaffen auf diese Weise eine natürliche Sauna *(siehe S. 109)*. *Karte D2 • Via Grotta Giusti 1411 • 0572 907 7*

Südküste & Maremma **siehe S. 124–129**

Saturnia Spa

6 Elba

Die drittgrößte italienische Insel bietet alles für den Toskana-Urlaub: Sandstrände, Wassersport, Fischerdörfer, Ferienorte und Weinberge. Außerdem gibt es sehenswerte Festungen und Museen sowie Führungen durch die von den Etruskern entdeckten Eisenminen (aus dem Eisen fertigte man Waffen für die römischen Legionen). Zwei Villen, die Napoléon während seines Exils bewohnte, sind noch erhalten *(siehe S. 125).* ✎ *Karte C5*

7 Chianciano Terme

Wer eine Weintour von Montalcino über Chianti nach Montepulciano unternimmt, kann hier mit dem Heilwasser der Thermalquelle Acqua Santa seiner Leber etwas Gutes tun. Diverse Thermalbäder bieten gesundheitliche und kosmetische Behandlungen an. Eine Kette von Hotels zieht sich hinauf bis in das Bergdorf Chianciano Alto. ✎ *Karte F4*

rand auf Elba

8 Saturnia Spa

An dieser schwefelhaltigen Thermalquelle entstand das Vier-Sterne-Hotel Terme di Saturnia. Das warme Wasser und der mineralreiche Schlamm sollen auf Haut und Atmungsorgane heilend wirken. Zum Hotel gehört ein Fitness-Center, außerdem sind Reitausflüge möglich *(siehe S. 127).*

✎ *Karte E6 • www.chiancianoterme.com*

9 Punta Ala

Punta Alta bietet neben dem modernen Yachthafen und ein paar schicken Hotels mit Privatstränden nicht viel. In der Nähe gibt es Reitmöglichkeiten sowie einen der anspruchsvollsten und schönsten Golfplätze der Toskana. Er liegt inmitten von Pinienhainen, die sich bis zum Meer erstrecken. ✎ *Karte D5*

10 Monte Argentario

Die bergige Halbinsel bietet Stechpalmen, Olivenbäume und einsame Strände. Porto Ercole, die beliebtere der beiden Städte, hat das Flair eines Fischerdorfs. Hier starb Caravaggio. Im etwas größeren Ferienort Porto Santo Stefano liegt der Fischereihafen *(siehe S. 125).* ✎ *Karte E6*

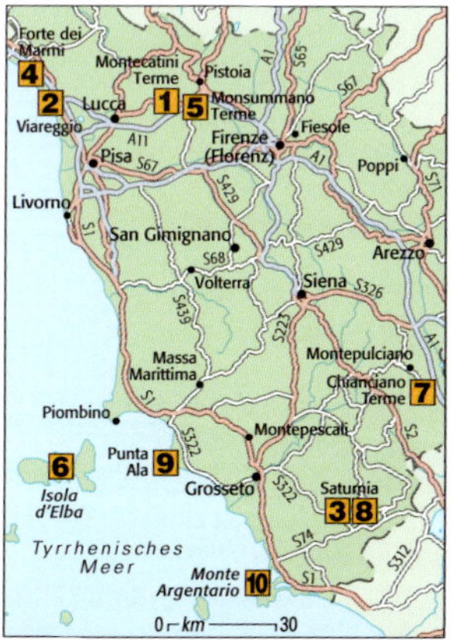

Links **Mädchen beim Fotografieren** Mitte **Café & Konditorei** Rechts **Piazza del Campo, Siena**

TOP 10 Attraktionen für Kinder

Duomo, Siena

1 Türme & Kuppeln besteigen

Neben der Domkuppel in Florenz und vielen Glockentürmen bietet die Toskana weitere Sehenswürdigkeiten, bei denen der Aufstieg – zum Teil über enge Treppen aus dem Mittelalter – mit einer umwerfenden Aussicht belohnt wird.

2 Gräber erforschen

Man fühlt sich ein bisschen wie Indiana Jones, wenn man alte Tunnel und Gräber der Etrusker besichtigt, vor allem in der Maremma um Sorano, Sovana und Pitigliano *(siehe S. 125–127)* sowie in der Nähe von Chiusi *(siehe S. 120)*.

3 Museo dei Ragazzi, Florenz

Bei den täglich wechselnden Veranstaltungen können Kinder den Palazzo Vecchio *(siehe S. 78)* erkunden, sich im Museo Stibbert *(siehe S. 71)* als Medici verkleiden und im Wissenschaftsmuseum *(siehe S. 49)* durch Fernrohre von Galilei blicken. *www.museoragazzi.it*

4 Heiße Quellen, Saturnia

Im warmen schwefelhaltigen Wasser der Felsenbecken können Kinder planschen, während die Eltern unter freiem Himmel entspannen. Der obere Bachlauf ist wegen der stärkeren Strömung nicht für Kleinkinder geeignet *(siehe S. 68f, S. 127)*.

5 Radtour auf der Stadtmauer, Lucca

Auf den begrünten Wehranlagen (16. Jh.) kann man Rad fahren und den Blick in schöne Privatgärten genießen.

Gelato

6 Pinocchio Park, Collodi

Das Heimatdorf des Pinocchio-Erfinders Carlo »Collodi« Lorenzini bietet einen kleinen Themenpark.

Abseits der S435 außerhalb von Collodi • Karte D2 • tägl. 8.30 Uhr–Sonnenuntergang • Eintritt

7 San Gimignano

In der mittelalterlichen Stadt *(siehe S. 18f)* können Kinder Türme erklimmen, durch Gassen stöbern und in der Festungsruine herumklettern. Das Foltermuseum ist ebenfalls spannend.

Etruskisches Grab in der Maremma

Weitere Informationen über Toskana-Reisen mit Kindern
www.toskana-mit-kindern.de

San Gimignano

8 Museo Stibbert, Florenz

Die Ausstellung im größten Saal des privat geführten Waffenmuseums präsentiert eine nachgebildete Reiterarmee in florentinischen Rüstungen aus dem 16. Jahrhundert.

Via F. Stibbert 26 • Karte E3 • 055 475 520 • www.museostibbert.it • Mo–Mi 10–13 Uhr, Fr–So 10–17 Uhr • Eintritt

Spielzimmer, Ludoteca Centrale, Florenz

9 Ludoteca Centrale, Florenz

Kinder in Begleitung eines Erwachsenen werden sich in den Höfen des ältesten europäischen Findelhauses über die vielen Spielsachen freuen. *Piazza della SS. Annunziata 13 • Karte P1–2 • frei*

10 Giardino dei Tarocchi

In dem ungewöhnlichen Skulpturengarten stehen riesige, mit bunten Fliesenstückchen verzierte Abbilder von Tarotkarten. Die 2002 verstorbene Künstlerin Niki de Saint Phalle gestaltete diesen »Garten des Tarot«.

Garavicchio di Capalbio • Karte E6 • 0564 895 122 • Mitte Mai–Mitte Okt: Mo–Sa 14.30–19.30 Uhr; Nov–Mai: 1. Sa im Monat (frei) • Eintritt

Top 10 Tipps für Familien

1 Picknick
Kinder können essen, was sie möchten, und müssen sich nicht wie in einem Restaurant ständig gut benehmen.

2 Halbe Portionen
Für den kleinen Hunger gibt es die günstige *mezza porzione*.

3 Extrabett
Ein Extrabett kostet etwa 35 Prozent Aufpreis. Kinderbetten und Wiegen sind preisgünstiger.

4 Hotel in zentraler Lage
Wählen Sie ein Hotel oder Apartment, von dem aus Sie bequem Tagesausflüge machen können. Fragen Sie nach günstigeren Wochenmieten.

5 Ermäßigungen für Sehenswürdigkeiten
Studenten und Personen unter 18 Jahren erhalten *Ridotto*-Tickets. Manchmal ist der Eintritt für Besucher unter sechs, zwölf oder 18 Jahren frei.

6 Ermäßigte Zugtickets
Mit der »Offerta Famiglie« fährt ein Kind unter zwölf Jahren in Begleitung seiner Eltern kostenlos. Extras, z. B. Schlafwagen, kosten regulär.

7 Mietwagen
Ein Mietwagen ist günstiger als vier Zugfahrkarten.

8 Eis
Italienisches Eis ist stets eine Pause wert.

9 Riposo (Ausruhen)
Gönnen Sie sich wie die Italiener ein Mittagsschläfchen.

10 Kontakt mit Einheimischen
Familien sind in Italien stets willkommen. Kinder, die versuchen, Italienisch zu sprechen, gewinnen die Herzen der Einheimischen im Nu.

Giardino dei Tarocchi **www.nikidesaintphalle.com**

Links **La Cantinetta di Rignana** Mitte **Cibrèo, Florenz** Rechts **Dorandò, San Gimignano**

TOP 10 Restaurants

Cibrèo, Florenz

1 Cibrèo, Florenz

Im besten Restaurant von Florenz sorgen das auskunftsfreudige Personal und die Einrichtung für entspannte Eleganz. Die Gerichte werden nach traditionellen Rezepten mit reichlich *peperoncini* zubereitet, allerdings gibt es weder Pasta noch Braten. Die Küche beliefert auch die preisgünstigere Trattoria in der Via de' Macci *(siehe S. 83)*.

2 Il Latini, Florenz

Il Latini hat alles, was man von einer toskanischen Trattoria erwartet: Gemeinschaftstische, Schinken, die von Balken herabhängen, sowie eine reichhaltige Auswahl an Vorspeisen, Pasta, Braten, Nachspeisen, Grappa und Wein. Der Nachteil ist, dass an der Tür immer viele Leute warten *(siehe S. 83)*.

3 Gambero Rosso, San Vincenzo

Fulvio Pierangelinis Restaurant hat sich weltweit einen Namen gemacht. Es besitzt einen einfachen, aber malerischen Speisesaal, aus dem die Gäste den Ausblick auf das Tyrrhenische Meer genießen können. Die exzellente italienische Küche kombiniert Klassiker mit einfallsreichen neuen Gerichten. Das Seafood stammt aus der Region *(siehe S. 129)*.

4 Dorandò, San Gimignano

Das elegante Restaurant mit Backsteinwänden serviert Traditionelles aus San Gimignano. Die Gerichte stammen aus der Zeit vom Mittelalter bis zur Renaissance. Manche Rezepte sollen sogar auf die Etrusker zurückgehen. Die Speisekarte liefert zu allen Gerichten detaillierte Informationen *(siehe S. 117)*.

5 La Buca di Sant'Antonio, Lucca

Das Restaurant – vielleicht das beste in Lucca – existiert seit dem Jahr 1782. Die verschiedenen Speiseräume sind mit alten Küchengeräten und Musikinstrumenten dekoriert. Wahrscheinlich werden Sie in der ganzen Toskana kein anderes feines Restaurant finden, in dem man Sie derart herzlich empfängt. Natürlich sind auch die Gerichte nach Originalrezepten aus Lucca einen Besuch wert *(siehe S. 111)*.

Dorandò, San Gimignano

Preiskategorien **siehe S. 83**

6 Trattoria le Cave di Maiano, bei Fiesole

Vor allem zur Mittagszeit schätzen viele Florentiner die von Linden beschattete Terrasse in den luftigen Hügeln über der Stadt. Bei schlechtem Wetter kann man die regionalen Spezialitäten auch im Inneren unter Holzbalken genießen. *Via Cave di Maiano 16 • Karte E2 • 055 59 133 • tägl. 12.45–15.30 Uhr, 19.45–24 Uhr • €€€€*

7 La Cantinetta di Rignana, bei Greve in Chianti

Die von Weinbergen umgebene Trattoria ist nur über staubige, kurvige Straßen zu erreichen. Am Eingang hängt Räucherfleisch, die Wände sind mit Kupfertöpfen und Bildern der heiligen Jungfrau Maria mit Kind dekoriert. Probieren Sie die hausgemachte Pasta und die Grillspezialitäten. Im Sommer sollten Sie einen Tisch auf der verglasten Veranda wählen *(siehe S. 97)*.

8 La Buca di San Francesco, Arezzo

Das stadtbekannte Lokal im Keller eines *palazzo* (14. Jh.) gehört seit über 70 Jahren der Familie von Mario de Filippis. Die Portionen sind üppig. Probieren Sie ein echt toskanisches Gericht, z. B. *saporita del buonconte* – diesen Eintopf aus Fleisch und Resten schätzten schon die Soldaten des Mittelalters *(siehe S. 105)*.

Il Latini, Florenz

9 Ristorante Fiorentino, Sansepolcro

Das beste Restaurant in Sansepolcro – eine gemütliche toskanische Trattoria mit Holzdecke – ist knapp 200 Jahre alt. Der Besitzer informiert seine Gäste persönlich über die Spezialitäten des Tages. Er unterhält sich auch gern über das Werk von Piero della Francesca *(siehe S. 105)*.

10 Trattoria Sant'Omobono, Pisa

Die Trattoria am Markt serviert einfache Hausmannskost aus Pisa, z. B. *baccalá* (gesalzener Kabeljau) und *brachetti alla renaiola*, ein uraltes Pastagericht mit Räucherfisch und einem Püree aus Rübenblättern. *Piazza Sant'Omobono 6 • Karte C3 • 050 540 847 • So geschl. • €€*

La Buca di Sant'Antonio, Lucca

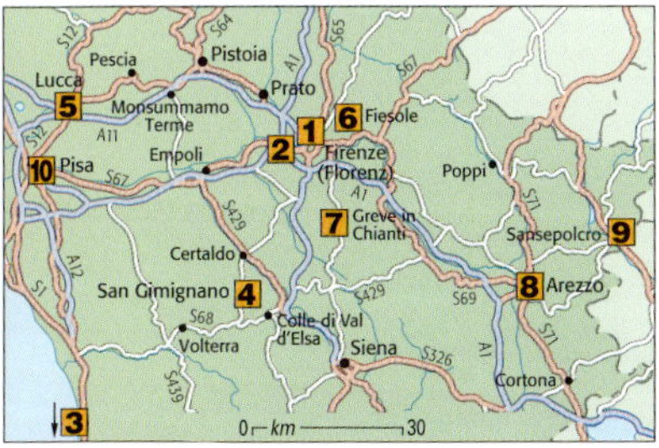

Folgende Doppelseite Türen einer Trattoria

TRATTO
DA LE

REGIONEN DER TOSKANA

Florenz 76–85

Siena 86–91

Umgebung von Florenz 92–99

Nordöstliche Toskana 100–105

Nordwestliche Toskana 106–111

Westliche Toskana: Bergstädte 112–117

Südliche Toskana 118–123

Südküste & Maremma 124–129

Links **Terrasse eines Cafés** Mitte **Häuser am Ponte Vecchio** Rechts **Florentinische Tracht**

Florenz

FLORENZ IST DIE WIEGE *der Renaissance, die Stadt des* David *von Michelangelo und der* Geburt der Venus *von Botticelli. Hier entstanden die italienische Hochsprache und mit dem Werk des großen Dichters Dante auch die italienische Literatur. Es herrschten aufgeklärte Medici-Fürsten: Lorenzo der Prächtige förderte den jungen Bildhauer Michelangelo, Cosimo II. beschützte Galilei vor der Inquisition. Florenz bietet sehr viel Kunst. Alternative Sehenswürdigkeiten sind Dantes mittelalterliche Nachbarschaft, das Antiquitätenviertel Oltrarno, der Giardino di Boboli und die Stadt Fiesole* (siehe S. 93).

Links **Uffizien, Blick vom gegenüberliegenden Arno-Ufer** Rechts **Apsis & Kuppel des Duomo**

TOP 10 Attraktionen

1. Uffizien
2. Duomo-Gruppe
3. Palazzo Pitti
4. Galleria dell'Accademia
5. Santa Croce
6. Ponte Vecchio
7. San Marco
8. Palazzo Vecchio
9. Piazza della Signoria
10. Bargello

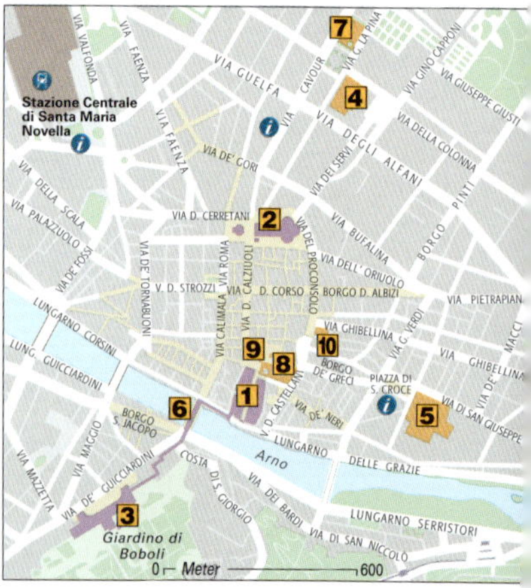

1 Uffizien
Die weltweit größte Sammlung von Renaissance-Gemälden präsentiert mit den Meisterwerken von Giotto, Botticelli, Michelangelo, Raffael, Leonardo da Vinci, Tizian, Caravaggio und Rembrandt die bedeutendsten Meilensteine westlicher Kunst *(siehe S. 8–11)*.

2 Duomo-Gruppe
Im religiösen Zentrum der Stadt können Giottos schlanker Glockenturm, die *Paradiestüren* und die byzantinischen Mosaiken des Baptisteriums sowie im Dommuseum Skulpturen von Michelangelo und Donatello besichtigt werden. Brunelleschis Kuppel ist ein Meisterwerk der Renaissance-Architektur *(siehe S. 12f)*.

3 Palazzo Pitti
Das manieristische Herrenhaus am Giardino di Boboli diente von 1560 bis in die 1860er Jahre, als Florenz für kurze Zeit die Hauptstadt Italiens war, als fürstliche Residenz. Zu den sieben Museen des Palastes gehört die hervorragende Galleria Palatina mit Gemälden aus der Übergangszeit von der Renaissance zum Frühbarock *(siehe S. 14–17)*.

4 Galleria dell'Accademia
Michelangelos nachdenklich anmutender *David* (1501–04) steht am Ende eines Korridors mit den *Sklaven* des Meisters.

Sala di Giove, Palazzo Pitti

Die Gipsabgüsse in einem Saal deuten an, dass dies noch immer eine Akademie der schönen Künste ist. Die schwarzen »Pickel« der Statuen sind Bezugspunkte für Studenten, die die Werke kopieren *(siehe S. 48)*.

5 Santa Croce
In der gotischen Kirche befinden sich die Gräber von Michelangelo und Galilei sowie Giotto-Fresken und eine bekannte Lederschule. Hinter dem Kreuzgang stehen eine Renaissance-Kapelle von Brunelleschi (ausgeschmückt von Luca della Robbia) sowie ein Museum mit Taddeo Gaddis *Letztem Abendmahl* und Cimabues *Kruzifix*, das nach der Überschwemmung von 1966 restauriert wurde *(siehe S. 44)*.

Links **Innenhof, Palazzo Pitti** Rechts **Grabmal von Michelangelo, Santa Croce**

Kirchen in Florenz **siehe S. 44f**

Links **Ponte Vecchio** Rechts **Innenhof, Palazzo Vecchio**

6 Ponte Vecchio

An beiden Seiten der »alten Brücke« von Taddeo Gaddi (1354) waren einst Fleischer untergebracht. Da Ferdinando I. (16. Jh.) jedoch den Geruch, der in seinen darüberliegenden Privatkorridor von den Uffizien zum Palazzo Pitti strömte, nicht ertrug, quartierte er in die Läden Gold- und Silberschmiede ein. Als deutsche Truppen im Zweiten Weltkrieg viele Brücken sprengten, um den Vormarsch der Alliierten zu bremsen, blieb der Ponte Vecchio verschont. Stattdessen riss man die Gebäude an den Enden ein. *Via Por S Maria/Via Guicciardini • Karte M4/5*

Piazza della Signoria

7 San Marco

1437 erhielt Michelozzo von Cosimo il Vecchio den Auftrag für den Bau des Dominikanerklosters. Hier lebte Fra Angelico *(siehe S. 50)*. Er gestaltete die Zellen mit Fresken und hinterließ goldene Altarbilder, die heute im Refektorium nahe Ghirlandaios *Letztem Abendmahl* zu sehen sind. Fra Bartolomeos Porträt von Savonarola hängt im Raum des »verrückten Mönchs« neben einer Sterbeszene des Theokraten *(siehe Kasten)*. *Piazza di San Marco 1 • Karte N1 • Mo–Fr 8.15–13.50 Uhr, Sa 8.15–18.50 Uhr, So 8.15–19 Uhr, 2. & 4. Mo sowie 1., 3. & 5. So im Monat geschl. • Eintritt*

Fegefeuer der Eitelkeiten

Der Prediger Girolamo Savonarola kam 1494 an die Macht, als die Medici aus Florenz vertrieben wurden. 1497 erreichte der »verrückte Mönch« den Höhepunkt seiner Herrschaft: Er ließ Häuser von Reichen plündern und mit der Beute ein »Fegefeuer der Eitelkeiten« auf der Piazza della Signoria entfachen. Ein Jahr später war dieselbe Piazza Schauplatz für Savonarolas Hinrichtung auf dem Scheiterhaufen.

8 Palazzo Vecchio

Arnolfo di Cambios mächtiges Rathaus (1299–1302) ist noch immer der Sitz der Stadtregierung. In den 1540er Jahren wurde Vasari von Cosimo I. beauftragt, um Michelozzos Innenhof (1453) das Fresko einer Medici-Hochzeit zu malen und die riesige Sala dei Cinquecento mit einer Apotheose der Medici-Dynastie zu schmücken. Im *studiolo* lenkte sich Francesco I. bei wissenschaftlichen Experimenten vom politischen Alltag ab. *Piazza della Signoria 1 • Karte N4 • Fr–Mi 9–19 Uhr, Do 9–14 Uhr (Sommer: Mo, Fr längere Öffnungszeiten) • Eintritt*

9 Piazza della Signoria

Der zentrale Platz der Stadt ist ein Freiluft-Skulpturenpark.

Museen in Florenz **www.florentinermuseen.com**

Skulptur von Cellini, Bargello

Michelangelo nannte den *Neptunbrunnen* von Ammannati eine »Verschwendung von gutem Marmor«. Entlang der *arringheria* (Rednerplattform) des Palazzo Vecchio stehen Kopien der Donatello-Werke *Marzocco-Löwe* (Florentiner Wappentier) und *Judith* sowie von Michelangelos *David*. Das einzige Original, Bandinellis *Herkules* (1534), wurde von Cellini als »Sack Melonen« verspottet. In Orcagnas hübscher Loggia dei Lanzi (14. Jh.) stehen Cellinis Meisterwerk *Perseus* (1545) und Giambolognas *Raub der Sabinerinnen* (1583). *Karte N4*

10 Bargello

Das Skulpturenmuseum der Stadt – in einem mittelalterlichen Rathaus mit Gefängnis untergebracht – besitzt frühe Werke Michelangelos, den *Fliegenden Merkur* (1564) des Manieristen Giambologna und die wichtigste Donatello-Sammlung in Florenz, darunter Davidfiguren in Marmor und Bronze (erste Akte seit der Antike) und ein *St. Georg* (1416). *Via del Proconsolo 4 • Karte N4 • tägl. 8.15–17 Uhr; 1., 3. & 5. So sowie 2. & 4. Mo im Monat geschl. • Eintritt*

Straßenmusikanten, Piazza della Signoria

Ein Tag in Florenz

Vormittag

Starten Sie gegen 8.30 Uhr in der **Accademia** *(siehe S. 48)*. Tickets können Sie unter 055 294 883 buchen. Für die Gemälde und Michelangelo-Statuen sollten Sie 90 Minuten einplanen. Auf dem Weg zum **Duomo** *(siehe S. 12f)* können Sie sich bei Carabé (Via Ricasoli 60r) *gelato* aus Sizilien gönnen – eine Alternative zur Florentiner Eiscreme.

Gegen 10.30 Uhr sollten Sie das **Museo dell'Opera del Duomo** besuchen. Danach wird der Aufstieg in die Kuppel des **Duomo** mit einer sagenhaften Aussicht belohnt. Im **Baptisterium** können byzantinische Mosaiken und die Bronzetüren besichtigt werden.

Biegen Sie von der Via dei Calzaiuoli nach links in die Via dei Cimatori. **I Fratellini** *(siehe S. 82)* serviert Sandwiches und Wein.

Nachmittag

Während des *riposo*, wenn das öffentliche Leben ruht, können Sie in der Kirche **Santa Croce** *(siehe S. 44)* die Gräber großer Künstler besichtigen und den Lederladen besuchen. Auf dem Rückweg in das Stadtzentrum lohnt eine Pause bei **Vivoli** (Via Isole delle Stinche 7r), der besten Eisdiele der Stadt.

Wenn Sie Ihr Ticket für die **Uffizien** *(siehe S. 8–11)* für 16 Uhr reserviert haben, bleiben Ihnen für die Meister der Renaissance knapp drei Stunden. Gehen Sie dann in der Dämmerung über den **Ponte Vecchio** und tauchen Sie in das Viertel **Oltrarno** ein. Hier finden Sie sicher ein gutes Restaurant.

Stadtführungen durch Florenz (auch in deutscher Sprache)
www.walksinsideflorence.it

Links **Museo Archeologico** Mitte **Palazzo Medici-Riccardi** Rechts **Museo Horne**

TOP 10 Dies & Das

1 Kirchen
Der Duomo *(siehe S. 12f)* ist die wichtigste der großen Kirchen in Florenz *(siehe S. 44f)*.

2 Museo Archeologico
Das Museum zeigt Funde aus der Etruskerzeit, z. B. eine Silberamphore aus Antiochia, einen hölzernen Hethiter-Karren und einen römischen *Idolino* aus Bronze *(siehe S. 40)*. *Via della Colonna 36 • Karte P2 • Mo 14–19 Uhr, Di & Do 8.30–19 Uhr, Mi & Fr–So 8.30–14 Uhr • Eintritt*

3 Palazzo Medici-Riccardi
In der Kapelle des Medici-Palasts von 1444 befinden sich sehenswerte Rundumfresken von Benozzo Gozzoli. *Via Cavour 3 • Karte N2 • Do–Di 9–19 Uhr • Eintritt*

4 Casa Buonarroti
Im Haus eines Michelangelo-Neffen sind Steinmetzarbeiten des Meisters zu sehen. *Via Ghibellina 70 • Karte P4 • Mo & Mi–Sa 9.30–14 Uhr (So bis 16 Uhr) • Eintritt*

5 Spedale degli Innocenti
Brunelleschis Portikus ist mit Terrakotta-Medaillons von Andrea della Robbia besetzt. In der Pinakothek hängen Gemälde von Botticelli und Ghirlandaio.
Piazza SS Annunziata 12 • Karte P2 • Do–Di 8.30–14 Uhr • Eintritt

6 Museo Horne
Der Engländer Horne sammelte u. a. Werke von Giotto und Beccafumi. *Via dei Benci 6 • Karte N5 • Mo–Sa 9–13 Uhr • Eintritt*

7 Piazzale Michelangelo
Das Florenz-Panorama von hier oben könnte man ohne Weiteres auf eine Postkarte drucken.
Piazzale Michelangelo • Karte Q6

8 Cenacolo di Sant'Apollonia
Die Ausgewogenheit von Andrea del Castagnos *Letztem Abendmahl* (1450) wird durch eine Marmorplatte hinter den Köpfen von Jesus und Judas gestört.
Via XXVII Aprile 1 • Karte N1 • tägl. 8.15–13.50 Uhr; 1., 3. & 5. So sowie 2. & 4. Mo im Monat geschl. • Eintritt

9 Museo Stibbert
Das skurrile Museum präsentiert Waffen und Rüstungen *(siehe S. 71)*.

10 Casa di Dante
Das Haus – Dante lebte wohl in der Nähe – besitzt Dokumente aus dem Florenz des Mittelalters. Dantes geliebte Beatrice ruht in der kleinen Kirche gegenüber.
Via S Margherita 1 • Karte N3 • Di–Sa 10–17 Uhr, So 10–13 Uhr (1. So im Monat bis 16 Uhr) • letzter So im Monat geschl.

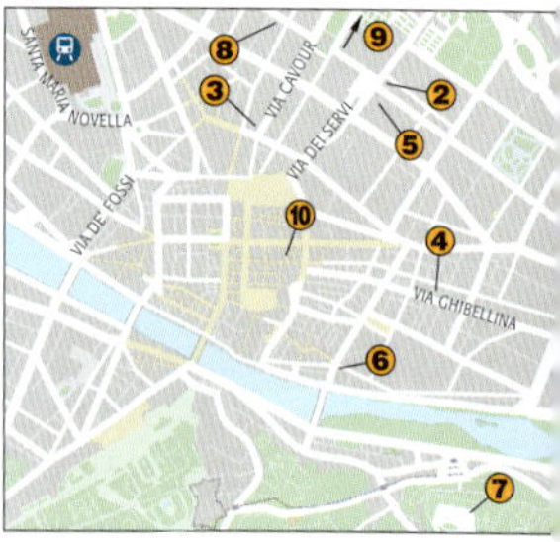

Museum in der Casa di Dante **www.museocasadidante.it**

Links **San-Lorenzo-Markt** Mitte **Gucci** Rechts **Schreibwarenladen Pineider**

TOP 10 Shopping

1 San-Lorenzo-Markt

Hier gibt es u. a. Leder, Mode und Marmorpapier. Der Lebensmittelmarkt nebenan öffnet jeden Morgen außer sonntags. *Um die Piazza di San Lorenzo • Karte M2 • tägl. 8–20 Uhr • Nov–Feb: Mo geschl.*

2 Ferragamo

Im Vorzeigeladen der Firma, die in den goldenen Jahren von Hollywood das Schuhmacherhandwerk zur Kunstform erhob, ist ein Museum untergebracht. *Via dei Tornabuoni 4r–14r • Karte M3 • Di–Sa 10–19.30 Uhr, Mo 15.30–19.30 Uhr; Museum: Mi–Mo 10–18 Uhr (Eintritt)*

3 Gucci

1904 eröffnete der Sattelmacher Guccio Gucci diesen Laden für Lederwaren. *Via dei Tornabuoni 10r • Karte M3 • Di–Sa 10–19 Uhr, Mo 15–19 Uhr, So 14–19 Uhr*

4 Enoteca Alessi

Im Untergeschoss befindet sich der beste Weinladen der Stadt. *Via delle Oche 27–29r • Karte N3 • Mo–Sa 9–13 Uhr, 16–20 Uhr*

5 Pitti Mosaici

Hier werden hochwertige *Pietra-dura*-Objekte mit »Mosaiken« aus Halbedelsteinen verkauft. *Piazza dei Pitti 23r–24r • Karte L5 • tägl. 9–19 Uhr • Winter: So geschl.*

6 Emilio Pucci

Das alteingesessene Modehaus steht für gewagte Muster. *Via dei Tornabuoni 22r • Karte M3 • Mo–Sa 10–19 Uhr*

7 La Botteghina

Die handbemalten Keramiken stammen von einigen der besten Künstler Mittelitaliens. *Via Guelfa 5r • Karte M1 • Mo–Fr 10–13.30 Uhr, 16–19.30 Uhr, Sa 10–13.30 Uhr*

8 Casa dei Tessuti

Der Laden bietet eine schöne Textilauswahl und gelegentlich Vorträge über Florenz an. *Via dei Pecori 20–24r • Karte M3 • Di–Sa 10–13 Uhr, 15–19 Uhr, Mo 15–19 Uhr*

9 Lederschule von Santa Croce

Auf Wunsch wird das qualitativ hochwertige, butterweiche Leder mit Blattgold individuell verziert. *Piazza di Santa Croce (in der Kirche); So: Eingang über Via di San Giuseppe 5r • Karte P4 • Mo–Sa 9.30–18 Uhr*

10 Pineider

Der Schreibwarenladen zählt auch Berühmtheiten, Adlige und Mitglieder von Königshäusern zu seinen Kunden. *Piazza della Signoria 13r • Karte N4 • Di–Sa 10–19.30 Uhr, So 10–14 Uhr, 15.30–19.30 Uhr, Mo 15.30–19.30 Uhr*

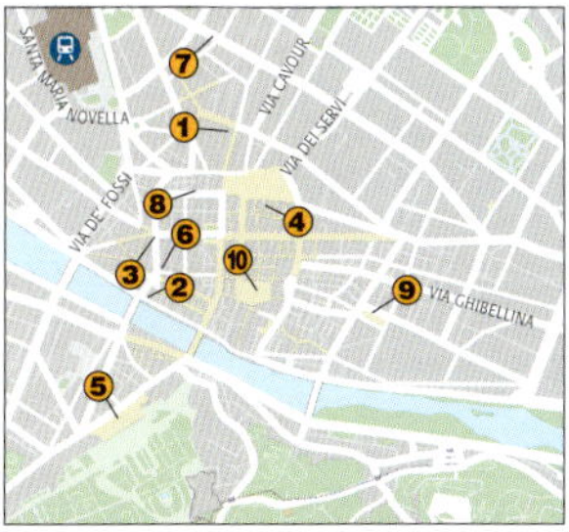

Shopping-Tipps **siehe S. 136**

Links **Café Gilli** Mitte **Cantinetta del Verrazzano** Rechts **Giubbe Rosse**

Top 10 Cafés & Bars

1 Gilli
In den 1850er und 1860er Jahren diskutierten Intellektuelle des *Risorgimento* unter der Stuckdecke des Cafés die Einigung Italiens. *Piazza della Repubblica 39r • Karte M3 • €€€*

2 Giubbe Rosse
Die roten Jacketts der Kellner *(giubbe rosse)* erinnern an die große Zeit Garibaldis. Hier trafen sich die Florentiner Futuristen. Das Café widmet sich mit Literaturwettbewerben auch heute noch der Kunst. *Piazza della Repubblica 13–14r • Karte M3 • €€*

3 Rivoire
Genießen Sie Ihren Kaffee in edlem Ambiente an Tischen auf der Piazza della Signoria. *Piazza della Signoria/Via Vacchereccia 4r • Karte N4 • Mo geschl. • €€*

4 Santo Bevitore
Einheimische schätzen in dieser Gewölbe-Weinbar die erstklassigen Weine sowie die auf Holztellern servierten Fleisch- und Käsespezialitäten. *Via Santo Spirito 64–66r • Karte L4 • 055 211 264 • €€€*

5 Cantinetta del Verrazzano
Die Cantinetta gehört zum Chianti-Weingut Castello di Verrazzano *(siehe S. 36)*. Hier gibt es herrliches Gebäck und köstlich belegtes *focaccia*. *Via dei Tavolini 18–20r • Karte N3/4 • €*

6 Il Volpe e l'Uva
Die unauffällige, aber tolle Weinbar befindet sich im Viertel Oltrarno. *Piazza dei Rossi • Karte M5 • €*

7 I Fratellini
Die traditionelle *fiaschetteria* funktioniert ähnlich wie ein Straßenverkauf. Hier kann man Wein und leckere Sandwiches im Stehen genießen. *Via dei Cimatori 38r • Karte N4 • €*

8 Pitti Gola e Cantina
Die kultivierte kleine Weinbar gegenüber dem Palazzo Pitti serviert gute Snacks. *Piazza dei Pitti 16 • Karte L5 • €*

9 Red Garter
Diese Bar ähnelt einem US-amerikanischen »Speakeasy« aus den 1920er Jahren. Häufig wird Live-Musik geboten. *Via dei Benci 33r • Karte P4 • €*

10 Fiddler's Elbow
In Florenz liegen Irish Pubs derzeit voll im Trend. Fiddler's Elbow gehört zu den besten der Stadt. *Piazza Santa Maria Novella 7r • Karte L3 • €*

In Restaurants, Cafés & Bars ist das Rauchen verboten.

Preiskategorien

Preis für ein Drei-Gänge-Menü pro Person mit einer halben Flasche Wein, inkl. Steuern und Service.		
	€	unter 25 €
	€€	25–35 €
	€€€	35–55 €
	€€€€	55–70 €
	€€€€€	über 70 €

Links **Cibrèo** Rechts **In einer Bar**

TOP 10 Restaurants

1 La Giostra
Hier wird man wie ein Abkömmling der Familie Medici bedient. *Borgo Pinti 12r • Karte P3 • 055 241 341 • €€€€*

2 Il Latini
In diesem Lokal hängen *Prosciutto*-Keulen von der Decke. Il Latini serviert toskanische Gerichte in guten Portionen *(siehe S. 72)*. *Via dei Palchetti 6r • Karte L3 • 055 210 916 • Mo geschl. • €€*

3 Cibrèo
Das Top-Restaurant ist bei Intellektuellen beliebt. Im Anbau sind die Preise viel niedriger, dafür ist die Auswahl kleiner. *Andrea del Verrocchio 8r • Karte Q4 • 055 234 1100 • So, Mo & Aug geschl. • €€€€€ (Trattoria €€)*

4 Cantinetta Antinori
Das Restaurant mit Weinbar ist in einem Palazzo (15. Jh.) untergebracht. Alles, was hier auf der Karte steht, stammt von den Farmen der alteingesessenen Chianti-Weinbaufamilie Antinori. *Piazza Antinori 3 • Karte L3 • 055 292 234 • €€€*

5 Casa di Dante (del Pennello)
Das Lokal besteht mindestens seit Beginn des 16. Jahrhunderts. Das Antiasti-Angebot mit Fleisch, Fisch und Gemüse ist berühmt. *Via Dante Alighieri 4r • Karte N3 • 055 294 848 • So & Mo geschl. • €€*

6 Caffè Bigallo Enoteca
Die Menüs mit toskanischen und mediterranen Gerichten sind preiswert. *Via del Proconsolo 73/75r • Karte N3 • 055 291 403 • €*

7 Il Cantinone
Hier gibt es neben *crostini* auch Gerichte für den größeren Appetit. *Via Santo Spirito 6r • Karte L4 • 055 218 898 • Mo geschl. • €€*

8 Alla Vecchia Bettola
Manche Gerichte sind etwas für starke Mägen, z. B. *testicciole* (Reiseintopf im halbierten Schafsschädel). *Viale Vasco Pratolini 3/7 • Karte J5 • 055 224 158 • So, Mo & 2 Wochen im Aug geschl. • €€*

9 Il Pizzaiuolo
Auch mit Reservierung muss man in dem stets vollen Pizza- und Pastalokal meist warten. *Via dei Macci 113r • Karte Q4 • 055 241 171 • So geschl. • €*

10 Acqua al Due
Das beliebte Lokal mit Polsterbänken serviert u. a. *assaggi* (Kostproben). *Via della Vigna Vecchia 40r • Karte N4 • 055 284 170 • nur abends • €€*

Falls nicht anders angegeben, akzeptieren alle Restaurants Kreditkarten und bieten auch vegetarische Gerichte an.

Links **Piazza del Campo** Rechts **Sieneser Delikatessen, Antica Drogheria Manganelli**

Siena

SIENAS GOTISCHE BACKSTEINARCHITEKTUR *ist ein schöner Kontrast zu den herrschaftlichen Renaissance-Marmorbauten von Florenz. Im Mittelalter, als Siena eine blühende Handels- und Textilstadt war, entstanden hier der farbenfrohe gotische Malstil der Sieneser Schule und prächtige Gebäude. Der Aufschwung fand mit der Pest von 1348, bei der viele Einwohner starben, ein jähes Ende. Seitdem ist Florenz die dominierende Stadt der Toskana. Fehlende finanzielle Mittel sorgten dafür, dass trotz einiger barocker Kirchenfassaden Sienas mittelalterlicher Charakter erhalten blieb.*

Links **Café auf der Piazza del Campo** Rechts **Kunstvolle Fassade des Duomo**

TOP 10 Attraktionen

1. Palazzo Pubblico
2. Piazza del Campo
3. Duomo
4. Pinacoteca Nazionale
5. San Domenico
6. Santa Maria della Scala
7. Enoteca Italiana
8. Via Banchi di Sopra
9. Casa di Santa Caterina
10. Santa Maria dei Servi

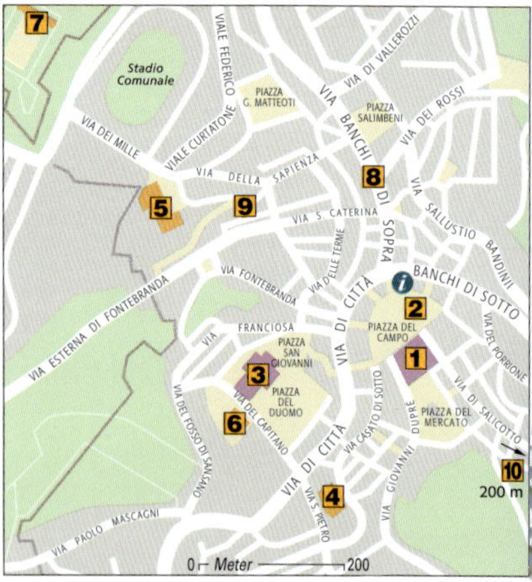

Vorhergehende Doppelseite **Ponte Vecchio in Florenz**

Kirchenschiff des Duomo

1 Palazzo Pubblico

Sienas mittelalterliches Rathaus ist ein eleganter Backsteinpalast. Die Räume wurden derart prächtig mit Kunst des frühen 14. Jahrhunderts – darunter die *Maestà* von Simone Martini und die unvergleichliche *Allegorie des guten und schlechten Regiments* von Ambrogio Lorenzetti – geschmückt, dass man sie schließlich in ein Museum verwandelte *(siehe S. 32)*. *Piazza del Campo • tägl. 10–19 Uhr • Eintritt*

2 Piazza del Campo

Der halbmondförmige Campo ist einer der schönsten Plätze Italiens und zweimal im Jahr Schauplatz des Pferderennens Palio *(siehe S. 66)*. Auf der Piazza sind stets Spaziergänger, Café-Besucher, Leser und Picknicker anzutreffen *(siehe S. 30f)*.

3 Duomo

Wer Siena besucht, muss den Duomo besichtigen. Die riesige gotische Kathedrale steckt voller Kunstwerke großer Meister wie Michelangelo, Pisano, Pinturicchio, Bernini, Duccio und Donatello *(siehe S. 26f)*.
Piazza del Duomo • tägl. • Eintritt

4 Pinacoteca Nazionale

Die Pinakothek besitzt eine bemerkenswerte Sammlung von Gemälden der Sieneser Schule (die Meisterwerke dieser Malereibewegung sind jedoch anderswo untergebracht). Zu den älteren Werken gehören verschiedene Madonnen von Simone Martini und Pietro Lorenzetti (14. Jh.). Besucher können hier Beccafumis Zeichnungen (Entwürfe in Originalgröße auf *cartone*, »großem Papier«) für die Bodentafeln des Doms und dessen manieristischen *Christus steigt hinab in die Vorhölle* mit Sodomas Arbeiten aus der Hochrenaissance vergleichen *(siehe S. 49)*.
Via San Pietro 29 • tägl. • Eintritt

5 San Domenico

Die massive gotische Backsteinkirche von 1226 besitzt ein Porträt der heiligen Katharina, das von ihrem Freund Andrea Vanni geschaffen wurde. Der mumifizierte Kopf und der Daumen der Heiligen werden in einer Kapelle aufbewahrt, in der Sodoma und Francesco Vanni Fresken über ihr Leben (1526) malten. Matteo di Giovanni gestaltete die Altarbilder im Querschiff.
Piazza San Domenico

Links **Pinacoteca Nazionale** Rechts **San Domenico**

Siena im Internet **www.terresiena.it**

Hl. Katharina von Siena

Italiens Schutzheilige Caterina Benincasa (1347–1380) ging nach ihrer ersten Christuserscheinung mit acht Jahren ins Kloster. Im Alter von 28 Jahren erschienen an ihrem Körper die Wundmale Jesu. Sie überzeugte Papst Gregor XI. in Avignon davon, den Papstsitz wieder nach Rom zu verlegen. 1970 wurde ihr als erster Frau der Titel einer »Kirchenlehrerin« zuerkannt.

6 Santa Maria della Scala

Das ehemalige Krankenhaus *(siehe S. 28f)* war vom 9. Jahrhundert bis in die 1990er Jahre in Betrieb. Die Renaissance-Fresken in der Sala del Pellegrino zeigen Szenen des Hospitallebens, das sich vom heutigen wenig unterschied: Ein Chirurg im Mönchsgewand verarztet ein verletztes Bein, ein anderer nimmt eine Urinprobe, ein weiterer nickt ein, während ihm ein Patient Symptome beschreibt. In verschiedenen Räumen finden Wechselausstellungen statt. *Piazza del Duomo • tägl. 10.30–18.30 Uhr (Nov–März: bis 16.30 Uhr) • Eintritt*

7 Enoteca Italiana

In den Kellergewölben der Medici-Festung (16. Jh.) befindet sich Italiens Weinmuseum. Da die Winzer ihre Produkte freiwillig zur Verfügung stellen, ist die

Edle Weine in der Enoteca Italiana

Sammlung bei Weitem nicht vollständig. Alle Weine stehen zum Verkauf. Täglich wird an kleinen Tischen oder auf der Terrasse eine Auswahl italienischer Weine verköstigt. *Fortezza Medicea • Mo 12–20 Uhr, Di–Sa 12–1 Uhr*

8 Via Banchi di Sopra

Sienas größte *passeggiata* (abendliche Promeniermeile) ist von Palästen gesäumt. Bis der Palazzo Pubblico fertiggestellt war, versammelte sich der Rat der Stadt auf der Piazza zwischen San-Cristofano-Kirche und Palazzo Tolomei (13. Jh.), in dem sich heute eine Bank befindet. An der Piazza Salimbeni stehen die Renaissance-Paläste Tantucci und Spannocchi sowie der gotische Palazzo Salimbeni. In diesen Gebäuden sitzt die Monte dei Paschi di Siena, die älteste Bank (1472) Sienas. Der größte Arbeitgeber der Stadt besitzt eine kleine, wertvolle Sieneser Gemäldesammlung. *Via Banchi di Sopra*

9 Casa di Santa Caterina

Das Geburtshaus der Heiligen wurde im Jahr 1466 in eine Wallfahrtskirche umgewandelt.

Links **Via Banchi di Sopra** Rechts **Kreuzgang, Casa di Santa Caterina**

Enoteca Italiana im Internet **www.enoteca-italiana.it**

Santa Maria dei Servi

Hier befinden sich das pisanische Kruzifix (12. Jh.), vor dem Katharina die Wundmale empfing, eine 1533 von Baldassare Peruzzi erbaute Backsteinloggia und ein Oratorium mit Barock-Gemälden von Il Riccio, Francesco Vanni und Il Pomarancio. Die Treppe hinab, vorbei an der Zelle Katharinas, gelangt man zum Oratorio dell'Oca. Falls es zugänglich ist, sollten Sie sich die Engelfresken ansehen. *Costa di Sant'Agostino • tägl. 9–12.30 Uhr, 15–18 Uhr*

10 Santa Maria dei Servi

Die romanische Kirche weist Altarbilder aus allen Epochen der Sieneser Malerei auf. Die Höhepunkte sind die byzantinische *Madonna del Bordone* (1261) von Coppo di Marcovaldo, der gruselige *Bethlehemische Kindermord* (1491) von Matteo di Giovanni und die manieristische *Verkündigung* von Francesco Vanni. In den jeweils zweiten Seitenkapellen links und rechts vom Querschiff sind gotische Fresken von Niccolò und Francesco di Segna sowie von Pietro Lorenzetti zu sehen, darunter ein weiterer *Bethlehemischer Kindermord*. *Piazza A. Manzoni • tägl. 9–12 Uhr, 15–18 Uhr*

Ein Tag in Siena

Vormittag

Beginnen Sie den Tag mit einem Besuch des **Duomo** *(siehe S. 26–29)*, vor allem im Winter, da das Museum dann nachmittags geschlossen sein kann. Erkunden Sie auch die barocken Winkel der gotischen Kathedrale. Gehen Sie anschließend hinüber zu **Santa Maria della Scala**.

Versäumen Sie nicht die Werke Pisanos, Donatellos und Duccios im **Museo Metropolitana** *(siehe S. 28)* sowie die Aussicht von der unvollendeten Fassade.

Eine Treppe führt hinab in das **Baptisterium**. Danach können Sie auf der anderen Seite des Doms in der **Antica Osteria da Divo** *(siehe S. 91)* einkehren. Lassen Sie das Dessert aus und kaufen Sie sich stattdessen etwas in der Konditorei **Bini** um die Ecke (Via dei Fusari 9–13).

Nachmittag

Gehen Sie die Via di Città entlang. Auf dem Weg zu **Il Campo** *(siehe S. 87)* gibt es viele Läden. Am Campo selbst können Sie Ihren Kuchen von Bini verzehren. Sie können sich auch vor der **Bar Il Palio** (Piazza del Campo 47–49) an einen Tisch setzen, Kaffee oder Wein bestellen und das Flair eines der schönsten Plätze Italiens genießen.

Besichtigen Sie im **Palazzo Pubblico** das **Museo Civico** *(siehe S. 32)* mit Sienas bester gotischer Kunst. Trinken Sie nördlich des Campo im berühmten Café **Nannini** *(siehe S. 90)* einen Espresso oder Campari, ehe Sie zur Via Banchi di Sopra, der abends belebten *passeggiata*, gehen.

Stadtführungen durch Siena **www.guidesiena.it**

Links **Ceramiche Artistiche** Mitte **Antica Drogheria Manganelli** Rechts **Designermode von Cortecci**

TOP 10 Läden, Cafés & Weinbars

1 Nannini
Das berühmteste Café in Siena röstet Kaffee selbst und serviert leckeres Gebäck.
Via Banchi di Sopra 22–24 • €

2 Ceramiche Artistiche Santa Caterina
Franca, Marcello und Sohn Fabio fertigen Sienas beste Keramikwaren. Die Designs in Schwarz, Weiß und »gebrannter Siena« basieren auf den Bodenintarsien im Duomo. *Via di Città 51 & 74–76 • tägl. 10–20 Uhr*

3 Tessuti a Mano
Auf ihren großen Webstühlen fertigt Fioretta Bacci einzigartige, farbenfrohe Schals und Pullover.
Via San Pietro 7 • Mo–Fr 10–13 Uhr, 13.30–19 Uhr, Sa 13.30–17 Uhr

4 Siena Ricama
Bruna Fontani orientiert sich bei ihren erlesenen Stickereien an der Sieneser Kunst des Mittelalters, seien es illuminierte Handschriften oder Lorenzetti-Fresken.
Via di Città 61 • Mo–Fr 9.30–13 Uhr, 14.30–19 Uhr, Sa 9.30–13 Uhr

5 Antica Drogheria Manganelli
Seit 1879 werden hier Sieneser Spezialitäten wie Kekse, Wein, Eingemachtes, Käse und Salami verkauft. *Via di Città 71–73 • Mo–Sa 9–20 Uhr, So 10.30–18.30 Uhr*

6 Cortecci
Cortecci verkauft Designermode von Armani, Gucci, Prada, Versace und anderen Herstellern für Damen und Herren. *Piazza del Campo 30–31 & Via Banchi di Sopra 27 • Di–So 9.30–13 Uhr, 15.30–20 Uhr, Mo 15.30–20 Uhr*

7 Il Papiro
Die Schreibwarenkette ist auf ledergebundene Notizbücher und Marmorpapier spezialisiert.
Via di Città 37 • tägl. 9.30–19.30 Uhr

8 Compagnia dei Vinattieri
Die kleine *enoteca* serviert neben Wein auch einfallsreiche Gerichte, z. B. *pici cacio e pepe* (Pasta mit *pecorino* und schwarzem Pfeffer). *Via delle Terme 79 • 0577 236 568 • €€€*

9 Aloe & Wolf Gallery
Die hinter der Piazza del Campo versteckte Galerie verkauft Vintage-Mode und Kunst. *Via del Porrione 23 • tägl. 10.30–19.30 Uhr*

10 Louis Ciocchetti
Der Laden bietet Schmuck, Uhren und etruskische Reproduktionen »made in Italy« an.
Via Banchi di Sopra 91 • tägl. 10–19 Uhr

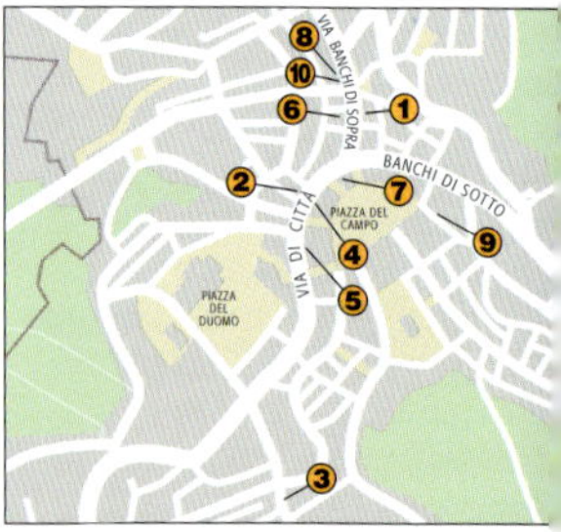

Shopping-Tipps **siehe S. 136**

Preiskategorien

Preis für ein Drei-Gänge-Menü pro Person mit einer halben Flasche Wein, inkl. Steuern und Service.		
	€	unter 25 €
	€€	25–35 €
	€€€	35–55 €
	€€€€	55–70 €
	€€€€€	über 70 €

Links **Castelvecchio** Rechts **Tullio ai Tre Christi**

TOP 10 Restaurants

1 Osteria Le Logge

Die alte umgebaute Apotheke bietet traditionelle Küche und ausgesprochen freundlichen Service. *Via del Porrione 33 • 0577 48 013 • So geschl. • €€€*

2 Antica Osteria da Divo

Das unbeschwerte Personal serviert in mittelalterlichem Ambiente moderne toskanische Kreationen mit passenden Beilagen. *Via Franciosa 29 • 0577 284 381 • Di geschl. • €€€*

3 Castelvecchio

Das gemütliche Lokal bietet kreative toskanische Gerichte zu fairen Preisen. Es gibt auch eine Tageskarte für Vegetarier. *Via di Castelvecchio 65 • 0577 49 586 • Di & So geschl. (mittags gelegentlich geöffnet) • €€*

4 Osteria del Ficomezzo

Die kleine Osteria im Obergeschoss mit gefliestem Boden, romantischen Nischen und sanfter Musik kreiert – manchmal ungewöhnliche – Gerichte aus toskanischen Zutaten. *Via dei Termini 71 • 0577 222 384 • So geschl. • €€*

5 Tullio ai Tre Christi

Die alteingesessene Trattoria ist auf Fischgerichte spezialisiert. *Vicolo di Provenzano 1 • 0577 280 608 • Mi–Mo • €€€*

6 Antica Trattoria Papei

Genießen Sie toskanische Spezialitäten unter der Balkendecke oder im Freien auf der Piazza. Meiden Sie den modernen Raum auf der rechten Seite. *Piazza del Mercato 6 • 0577 280 894 • Mo geschl. • €€*

7 Ai Marsili

Das ruhige Restaurant serviert Klassiker aus Siena. *Via del Castoro 3 • 0577 47 154 • Mo geschl. • €€*

8 La Taverna del Capitano

Das entspannte, mit moderner Kunst geschmückte Lokal kocht herzhafte Gerichte. *Via del Capitano 6–8 • 0577 288 094 • Mi–Mo 12.30–15 Uhr, 19.30–22 Uhr • €*

9 Cane e Gatto

Das Probiermenü der Trattoria in Familienbesitz ist wie eine Einführung in die Küche der Toskana. *Via Pagliaresi 6 • 0577 287 545 • Do & mittags geschl. • €€€€*

10 Osteria La Chiacchera

Die täglich wechselnden Gerichte und Desserts der *cucina povera* (»Armenküche«) sind lecker und sehr günstig. *Costa di Sant'Antonio 4 • 0577 280 631 • €*

Falls nicht anders angegeben, akzeptieren alle Restaurants Kreditkarten und bieten auch vegetarische Gerichte an.

Links **Platz mit Brunnen, Prato** Mitte **Certosa del Galluzzo** Rechts **Duomo, Prato**

Umgebung von Florenz

DIE GRÜNEN HÜGEL *und das Arnotal hinter Florenz werden von vielen Besuchern auf ihrem Weg nach Siena und Pisa nur wenig beachtet. Wer abseits der Hauptstraßen unterwegs ist, entdeckt Orte, die oft nur Kennern und Einheimischen vertraut sind. Die schönste Route nach Siena führt auf der S222 Chiantigiana durch das Terrakotta-Zentrum Impruneta und an den Burgen und Weinbergen der Chianti-Region vorbei. Prato und Pistoia, abseits der Straße nach Pisa, stehen trotz ihrer wunderschönen romanischen Architektur und Renaissance-Kunst im Schatten der größeren Nachbarstädte. Medici-Villen sprenkeln die Landschaft nordwestlich von Florenz.*

Links **Baptisterium, Pistoia** Rechts **Blick von Panzano in die Chianti-Region**

TOP 10 Attraktionen

1. Chianti
2. Fiesole
3. Prato
4. Pistoia
5. Villa Poggio a Caiano
6. Borgo San Lorenzo
7. Villa Demidoff
8. Certosa del Galluzzo
9. Vinci
10. Impruneta

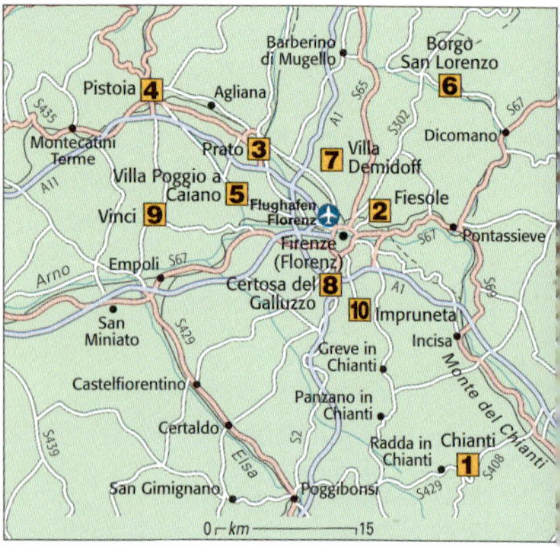

Mehr über die nordwestliche Toskana **siehe S. 106 – 111**

Daddis *Legende der Gürtelspende*, Prato

1 Chianti

Die berühmte Weinregion der Toskana bietet neben Weingütern auch Burgen, Marktstädte und Klöster *(siehe S. 34–37)*.

2 Fiesole

Die etruskische Hügelsiedlung liegt eine kurze Busfahrt (Bus Nr. 7) von Florenz entfernt. Die Kathedrale (11. Jh.) besitzt römische Säulen und Renaissance-Skulpturen von Giovanni della Robbia und Mino da Fiesole. In den römischen Theater- und Thermenruinen finden Sommerkonzerte statt. Die steile Straße zur Kirche San Francesco mit den friedlichen Kreuzgängen und dem Missionsmuseum führt an einem von Stechpalmen beschatteten Park vorbei. Hier halten viele Aquarellmaler den berühmten Blick auf Florenz fest.
Karte E2 • Informationsbüro: Via Portigiani 3 • 055 598 720

3 Prato

Die Kaufmannstradition der Stadt geht auf den Händler und Bankier Francesco Datini, den berühmten »Kaufmann von Prato« und Erfinder des Eigenwechsels (15. Jh.), zurück. Sein Palazzo gehört zu den besterhaltenen seiner Art in Italien. Der Duomo *(siehe S. 47)* besitzt schöne Kunst, die Galleria Communale eine gute Sammlung mit Flügelaltarbildern von Meistern der Frührenaissance wie Filippo Lippi und Bernardo Daddi. Das halb verfallene Castello dell'Imperatore (1420er Jahre), dessen Wälle und Grasflächen heute den Stadtpark bilden, ließ Friedrich II. errichten. Das Fort diente der Verteidigung der Straße vom deutschen Königreich in die süditalienischen Ländereien des Kaisers. *Karte D2 • Informationsbüro: Piazza delle Carceri 15 • 0574 24 112 • www.pratoturismo.it*

4 Pistoia

Die alte Römerstadt lebt heute überwiegend von der Metallindustrie. Im Mittelalter fertigten viele einheimische Schmiede Dolche, die man in Anlehnung an den Stadtnamen *pistole* nannte. Die Kirche San Giovanni Fuoricivitas und der Duomo *(siehe S. 47)* weisen romanische Streifen auf, die glasierte Terrakotta im Ospedale del Ceppo stammt aus der Renaissance. Die bunten Fresken (1372) in der Cappella del Tau und die von Giovanni Pisano gestaltete Kanzel (1298–1301) in der Kirche Sant'Andrea zählen zur Gotik. *Karte D2 • Informationsbüro: Piazza Duomo 4 • 0573 21 622 • www.pistoia.turismo.toscana.it*

Blick über Fiesole

Mehr über die nordöstliche Toskana **siehe S. 100–105**

Links **Certosa del Galluzzo** Rechts **Collegiata, Impruneta**

5 Villa Poggio a Caiano

Das Musterbeispiel für eine Renaissance-Villa der Medici wurde von Giuliano da Sangallo entworfen. Die Fresken stammen u. a. von Filippino Lippi und Pontormo *(siehe S. 60)*. *Karte D2 • Piazza de' Medicea 14 • Nov–Feb: tägl. 8.30–15.30 Uhr; März & Okt: tägl. 8.15–16.30 Uhr; Apr, Mai & Sep: tägl. 8.15–17.30 Uhr; Juni–Aug: tägl. 8.30–18.30 Uhr (Kassenschluss 1 Std. früher) • Eintritt*

6 Borgo San Lorenzo

Im Gebiet um den mittelalterlichen Hauptort des Mugello befinden sich Medici-Villen, z. B. Cafaggiolo *(siehe S. 60)*, und das von Michelozzo gestaltete Castello del Trebbio (1461). Die Stadt wurde nach dem Erdbeben von 1919 wieder aufgebaut. Die Kirche Pieve di San Lorenzo (12. Jh.) besitzt Renaissance-Altarbilder von Taddeo Gaddi und Bachiacca, Apsisgemälde des einheimischen Jugendstil-Keramikmalers Galileo Chini (1906) und ein beschädigtes *Madonna*-Fresko von Giotto. *Karte E2 • Informationsbüro: »Borgo Informa« Piazza Garibaldi/»Pro Loco« Via O. Bandini 6 • 055 845 6230*

Franziskus-Tabernakel, Borgo San Lorenzo

7 Villa Demidoff

Buontalentis Pratolino-Park mit Brunnen und Statuen ist ein beliebtes Ausflugsziel. Die Villa selbst existiert nicht mehr *(siehe S. 60)*. *Karte E2 • Pratolino • Apr–Sep: Do–So 10–20.30 Uhr; März: So 10–18 Uhr; Okt: So 10–19 Uhr • Eintri*

8 Certosa del Galluzzo

Das Kloster, in dem vom 14. Jahrhundert bis 1956 Kartäusermönche lebten, gehört nun dem Zisterzienserorden. Sehenswert sind eine kleine, original erhaltene Mönchskirche, eine öffentlich zugängliche Zelle sowi

Florentinische Expansion

Mit der Einnahme von Fiesole im Jahr 1125 begann Florenz, sein Herrschaftsgebiet auszuweiten. Florenz fand Verbündete (Prato, 1351), brach den Widerstand von Pistoia (1301) und Pisa (1406) und legte neue Städte an, z. B. Livorno (1571). Nach einer dreijährigen Belagerung (1554–57) kapitulierte Siena. 1569 wurde Cosimo I. de' Medici vom Papst zum Großherzog der Toskana ernannt.

Informationen über Borgo San Lorenzo
www.comune.borgo-san-lorenzo.fi.it

Leonardos Fahrradmodell, Vinci

die Renaissance-Kreuzgänge mit Terrakotta-*tondi* von Robbia und einer kleinen Galerie mit Fresken von Pontormo (1523–25).
Karte E3 • Galluzzo • Di–So 9–12 Uhr, 15–17 Uhr (Sommer: bis 18 Uhr)

9 Vinci

1452 kam in dem mittelalterlichen Ort ein uneheliches Kind namens Leonardo zur Welt – eines der größten wissenschaftlichen Genies und künstlerischen Talente aller Zeiten. Im Castello Guidi (11. Jh.) zeigt das Museo Leonardiano über 100 Modelle von Erfindungen des Meisters. Inmitten von Olivenhainen, die direkt aus einem seiner Werke stammen könnten, steht Leonardos schlichtes *casa natale* (Geburtshaus). *Karte D2 • Informationsbüro: Via della Torre 11 • 0571 568 012*

10 Impruneta

Impruneta ist für Terrakotta-Produkte bekannt. Die von Michelozzo errichteten Kapellen am Hochaltar der Renaissance-Kirche Collegiata wurden von Luca della Robbia mit Terrakotta verziert. In der rechten befindet sich ein Fragment des Kreuzes Christi, in der linken eine Marienikone (vermutlich vom Evangelisten Lukas gemalt), die hier während der Christenverfolgung vergraben und bei Fundamentarbeiten von einem Ochsenpflug freigelegt wurde. Außerdem sind Barock-Gemälde und ein Kruzifix des Manieristen Giambologna zu sehen. *Karte E3 • Informationsbüro: Piazza Garibaldi/»Pro Impruneta« • 055 231 3729*

Tour durch die Region

Vormittag

Beginnen Sie den Tag in **Pistoia** *(siehe S. 93)* und sehen Sie sich die Gotik-Fresken in der Cappella del Tau an. Anschließend können Sie die romanische Kirche San Giovanni Fuoricivitas besichtigen.

Nebenan befindet sich in einem ehemaligen Teil der Kirche das Café Valiani, in dem Sie sich ein Croissant und einen Cappuccino gönnen sollten. Falls Sie den **Duomo** *(siehe S. 47)* und die Kirche Sant'Andrea besuchen möchten, sollten Sie daran denken, dass beide um 12.30 Uhr schließen. Besichtigen Sie dann die Terrakotta-Reliefs des Ospedale del Ceppo. Im **Lo Storno** *(siehe S. 97)* erhalten Sie wochentags ein herzhaftes Mittagessen unter Einheimischen. Die Obergeschosse der Bauten am Marktplatz stammen aus dem Mittelalter.

Nachmittag

Von Pistoia ist es nur eine kurze Autofahrt nach **Prato** *(siehe S. 93)*. Halten Sie am Palazzo Datini (der heilige Christophorus an der Tür sollte alle beschützen, die das Haus verließen). Der mittelalterliche Kaufmann schrieb auf seine Geschäftsbücher die Worte »Für Gott und Profit«.

Nach einem Besuch des **Duomo** *(siehe S. 47)* können Sie das angrenzende Museo dell'Opera del Duomo und den Palazzo Pretorio besichtigen. Kaufen Sie bei Antonio Mattei *cantuccini* und erklimmen Sie die Wälle des Castello dell'Imperatore. Von dort erblickt man die Hochrenaissance-Kirche Santa Maria delle Carceri (1485–1506).

Mehr über Leonardo da Vinci **siehe S. 51**

Links **Ceramiche Rampini** Mitte **Macelleria Falorni** Rechts **Albergaccio**

TOP 10 Läden & Cafés

1 Ceramiche Rampini, bei Radda

Die hervorragende Keramikwerkstätte fertigt Service und Einzelstücke in klassischen und skurrilen Designs. ✆ *Karte E3 • Casa Beretone di Vistarenni (Straße nach Siena)*

2 Macelleria Falorni, Greve

In dieser Metzgerei von 1729 hängen Schinken von der Decke und Salamis an den Wänden. Es gibt auch guten Wein. ✆ *Karte E3 • Piazza Matteotti 69–71*

3 The Mall, Leccio Regello, bei Florenz

Hier gibt es günstige Kleidung, Schuhe und Accessoires von Armani, Gucci, St Laurent und Bottega Veneta. Das moderne Gebäude, drei Kilometer abseits der Hauptstraße, ist als »Café« gekennzeichnet. Tickets für den Shuttle-Service ab Florenz kann man montags bis freitags unter 055 865 7775 buchen. ✆ *Karte E3 • Via Europa 8 (A1, Ausfahrt Incisa)*

4 Antonio Mattei, Prato

Seit 1858 stellt dieser Laden die besten *cantuccini* Italiens her. Dazu passender *vin santo* ist ebenfalls erhältlich. ✆ *Karte D2 • Via Ricasoli 20–22*

5 Luciano Porciatti, Radda

Der exzellente Feinkostladen führt edlen Käse und Fleisch, der benachbarte Lebensmittelladen Wein und abgepackte Lebensmittel aus der Region. ✆ *Karte E3 • Piazza IV Novembre 1–3*

6 Barberino Designer Outlet, Barberino di Mugello

Kunden finden hier über 100 Designer-Outlets sowie viele Cafés und Lokale. ✆ *Karte E2 • Via Meucci • Feb–Mai, Okt & Nov: Mo geschl.*

7 Luca Mannori, Prato

Der Konditor und Chocolatier bietet leckere Kuchen und eine große Auswahl an Schokoladen an. ✆ *Karte D2 • Via Lazzerini 2*

8 Nuovo Mondo, Prato

Legen Sie in dieser lebhaften Ladenstraße eine Pause für Süßigkeiten, *panini* und Kuchen mit erstklassigem Service ein. ✆ *Karte D2 • Via Garibaldi 23 • €*

9 Carlo Fagiani, Panzano

Bei Carlo Fagiani können Sie sich Lederjacken, -taschen und -schuhe nach Maß anfertigen lassen. ✆ *Karte E3 • Via G. da Verrazano 17*

10 Caffè New York, Pistoia

Der traditionsreiche Kaffeeröster verkauft seine zahlreichen Mischungen in ansprechenden Verpackungen. ✆ *Karte D2 • Viale Adua 5/7*

Luciano Porciatti, Radda

Falls nicht anders angegeben, akzeptieren alle Restaurants Kreditkarten und bieten auch vegetarische Gerichte an.

Preiskategorien

Preis für ein Drei-Gänge-Menü pro Person mit einer halben Flasche Wein, inkl. Steuern und Service.		
	€	unter 25 €
	€€	25–35 €
	€€€	35–55 €
	€€€€	55–70 €
	€€€€€	über 70 €

Links **Oltre il Giardino, Panzano** Rechts **Il Pirana, Prato**

TOP 10 Restaurants

1 La Cantinetta di Rignana, nahe Greve

Sowohl die grandiose Lage auf dem Land als auch das Essen sind unübertroffen *(siehe S. 73)*. *Loc Rignana • Karte E3 • 055 852 601 • Di geschl. • €€€*

2 Da Delfina, Artimino

Da Delfina gehört zu den besten Landgasthöfen der Toskana und verbindet guten Service mit hervorragendem, traditionellem Essen. *Coniglio con olive e pinoli* (Kaninchen mit Oliven und Pinienkernen) ist eine fabelhafte Spezialität. *Via della Chiesa 1 • Karte D2 • 055 871 8074 • Mo & So abends geschl. • €€€ • keine Kreditkarten*

3 La Cantinetta di Spedaluzzo, bei Greve

Die Trattoria am Straßenrand serviert die vielleicht besten *ribollita*, *crostini* und *tiramisu* der Toskana. Von der Sommerterrasse hat man eine schöne Aussicht. *Via Mugnana 93 (S222) • Karte E3 • 055 857 2000 • Di geschl. • €€*

4 Albergaccio, Castellina

Ricotta gnocchi mit schwarzen Trüffeln und Thymian ist nur eines der kreativ zubereiteten toskanischen Gerichte. *Via Fiorentina 3 • Karte E3 • 0577 741 042 • €€€*

5 La Fontana, Prato

Hier wird die einfache, authentische Küche der Toskana bevorzugt. Dazu gibt es duftende hausgemachte Desserts. *Via di Canneto 1 • Karte D2 • 0574 27 282 • €€€*

6 Oltre il Giardino, Panzano

Wer reserviert, findet hier große Portionen, eine Postkartenidylle und eine wechselnde Tageskarte. *Piazza G. Bucciarelli 42 • Karte E3 • 055 852 828 • Mo geschl. • €€*

7 Trattoria dell'Abbondanza, Pistoia

Das lauschige Lokal hinter der Piazza del Duomo serviert erstklassige toskanische Gerichte. *Via dell'Abbondanza 10 • Karte D2 • 0573 368 073 • Mi & Do mittags geschl. • €*

8 Baghino, Prato

Das beste Restaurant in der Altstadt kocht italienisch und toskanisch. *Via dell'Accademia 9 • Karte D2 • 0574 27 920 • €€€*

9 Il Pirana, Prato

Dies ist eines der besten Seafood-Restaurants der Toskana. *Via Valentini 110 • Karte D2 • 0574 25 746 • Sa mittags & So geschl. • €€€*

10 Lo Storno, Pistoia

Die Speisekarte der einfachen Trattoria wechselt wöchentlich. *Via del Lastrone 8 • Karte D2 • 0573 26 193 • €€*

La Cantinetta di Rignana

Folgende Doppelseite **Abgelegener Bauernhof südlich von Florenz**

Links **Tor, Arezzo** Mitte links **Relief, Cortona** Mitte rechts **Casa di Petrarca, Arezzo** Rechts **Teller, Cortona**

Nordöstliche Toskana

DIE PROVINZ AREZZO *erstreckt sich von den dicht bewaldeten Bergen des Casentino gen Norden, den nördlichen Arm des Arnotals hinab, vorbei am Dorf Caprese, dem Geburtsort Michelangelos, bis zum weiten Chianatal, der Kornkammer der Region. Michelangelo ist zweifellos der berühmteste Sohn dieser Gegend, doch hauptsächlich trifft man hier auf zwei andere Berühmtheiten der Renaissance: im Norden auf Piero della Francesca* (siehe S. 50) *aus Sansepolcro, im Süden auf den in Cortona geborenen Luca Signorelli (1441–1523), dessen Freskentechnik Michelangelo später eifrig studierte.*

TOP 10 Attraktionen

1. **Arezzo**
2. **Cortona**
3. **Sansepolcro**
4. **Monte San Savino**
5. ***Madonna del Parto,* Monterchi**
6. **Lucignano**
7. **La Verna**
8. **Castiglion Fiorentino**
9. **Poppi**
10. **Camáldoli**

Piazza in Arezzo

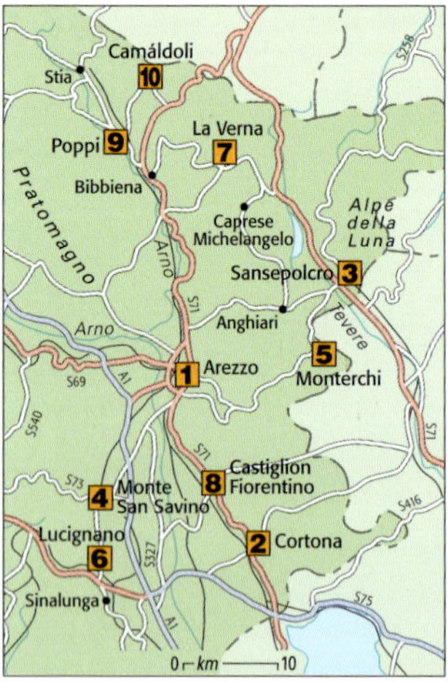

Ristorante La Locanda nel Loggiato, Cortona

Mittelalterliche Häuser, Cortona

1 Arezzo

Die von den Etruskern gegründete Stadt war unter den Römern ein Töpferzentrum. Berühmte Söhne Arezzos waren Guido Monaco, der im 11. Jahrhundert die Notenschrift modernisierte, der Dichter Petrarca (1304–1374) und Giorgio Vasari (1511–1574), Architekt und Autor des ersten kunstgeschichtlichen Textes *Das Leben der Künstler*. Das Zentrum bildet die Piazza Grande. Glockenturm, Fassade und Kalenderreliefs der Kirche Santa Maria della Pieve (12. Jh.) sind lombardisch-romanisch, das Altarbild (1320) von Pietro Lorenzetti ist Sieneser Gotik. Der Duomo besitzt Buntglasfenster des französischen Meisters Guillaume de Marcillat und ein Fresko von Piero della Francesca. Die Kirche San Francesco (14. Jh.) beherbergt Pieros restaurierte *Leggenda delle Croce* (1448–66). *Karte F3 • Informationsbüro: Piazza della Repubblica 28 • 0575 377 678 • www.apt.arezzo.it*

2 Cortona

Cortona ist eine typische toskanische Bergstadt, mit Etruskergräbern, mittelalterlichen Gassen, Renaissance-Kunst und guten Restaurants *(siehe S. 38–41)*.

3 Sansepolcro

Die mittelalterliche Stadt – Heimat der Buitoni-Pasta – ist der Geburtsort von Piero della Francesca *(siehe S. 50)*. Das Museo Civico zeigt neben Pieros *Madonna della Misericordia* (1445–62), dem Freskenfragment *San Giuliano* (1455–58) und der eindringlichen *Auferstehung* auch Werke von Signorelli sowie der Einheimischen Santi di Tito und Raffaellino del Colle. *Karte F3 • Informationsbüro: Via Matteotti 8 • 0575 740 536*

4 Monte San Savino

Die Töpferstadt bietet ein kleines Keramikmuseum und die Kirche Santa Chiara mit frühen Terrakottawerken des hier geborenen Andrea Sansovino (1460–1529). Der Bildhauer bearbeitete auch Marmor (einen Sarkophag in der Pieve), entwarf die Loggien und die Kreuzgänge von Sant' Agostino und arbeitete mit Antonio da Sangallo d. Ä. an der Loggia dei Mercanti gegenüber Sangallos hübschem Palazzo di Monte. *Karte F4 • Informationsbüro: Piazza Gamurrini 3 • 0575 849 418*

Monte San Savino

Weitere Informationen über Cortona
www.comunedicortona.it/turismo

Links **Kloster in La Verna** Rechts **Castello di Poppi**

5 Madonna del Parto, Monterchi

Piero della Francescas Meisterwerk zeigt eine hochschwangere Jungfrau Maria, deren müdes Gesicht von Engeln, die einen Vorhang aufziehen, enthüllt wird. Die Kapelle, in der das Fresko entstand, wurde zur Pilgerstätte für schwangere Frauen. Später brachte man das Fresko in das kleine Museum. *Karte F3*
• Via della Reglia 1 • 0575 70 713
• Di–So 9–13 Uhr, 14–19 Uhr (Okt–März: bis 18 Uhr) • Eintritt

6 Lucignano

Die einzige Straße der kleinen ovalen Stadt führt in einer Spirale zur Collegiata-Kirche (16. Jh.). Im Palazzo Comunale hinter der Kirche ist ein Museum mit spätgotischer Sieneser Malerei und dem zwei Meter hohen goldenen Reliquienschrein *Baum von Lucignano* (1350–1471) untergebracht. *Karte F4*

Heiliger Franziskus

Franziskus (1182–1226), Sohn eines reichen Kaufmanns aus Assisi, gab sein Soldatenleben auf, nachdem ein Kreuzigungsbild ihm den Auftrag erteilt hatte, »die Kirche zu erneuern«. Er entsagte weltlichen Gütern, schrieb Gedichte und predigte Armut und Nächstenliebe – Fundamente des Franziskanerordens. 1224 empfing er als Erster in der Geschichte die Wundmale Christi.

7 La Verna

Der heilige Franziskus selbst gründete das Bergkloster, in dem ein Korridor mit Barock-Fresken an seiner heute abgeriegelten Schlafnische vorbeiführt. Am Ende des Korridors empfing Franziskus 1224 die Stigmata. Dort steht heute die Cappella delle Stimmate. Auf dem Weg nach Sasso Spico kann man La Verna kennenlernen, wie es zu Franziskus' Zeiten aussah. *Karte F3 • Santuario della Verna • 0575 53 41 • tägl. 7–19 Uhr • frei*

Dächer von Lucignano

Lucignano im Internet **www.comune.lucignano.ar.it**

Landschaft bei Monterchi

8 Castiglion Fiorentino

In der Kirche Sant'Agostino, abseits der Piazza del Municipio, sind u. a. der *Heilige Franziskus* (13. Jh.) von Margheritone d'Arezzo, *Madonna mit Kind* von Gaddi und *Der heilige Franziskus empfängt die Stigmata* von Bartolomeo della Gatta zu sehen.

Karte F4 • Informationsbüro: Piazza Risorgimento 19 • 0575 658 278

9 Poppi

Das von Lapo und Arnolfo di Cambio (dem Baumeister des Palazzo Vecchio in Florenz) errichtete Castello dei Conti Guidi (1274–1300) prägt den schönsten Ort im Casentino. Im Inneren befindet sich eine Kapelle mit Fresken von Taddeo Gaddi. *Karte F3*

10 Camáldoli

1012 gründete San Romulado die Benediktinergemeinde. Hier stehen ein Kloster (15. Jh.) und eine von Vasari ausgeschmückte Kirche (16. Jh.). Ein Waldweg (1,5 km) führt zur Eremitage (Zutritt nur für Männer), einem kleinen Dorf mit Mönchshütten und einer Barock-Kirche. *Bei Camáldoli • Karte F2 • 0575 556 012 • tägl. 9–13 Uhr, 14.30–19 Uhr (Sommer: bis 19.30 Uhr) • frei • www.camaldoli.it*

Ein Tag in Arezzo

Vormittag

Sehen Sie sich zunächst im Museo Archeologico Mecenate, am Ort des früheren Amphitheaters, Töpferwaren und weitere antike Exponate an.

An der Piazza Grande können Sie in einem Café unter Vasaris Loggia einen Cappuccino trinken und die Gotik- und Renaissance-Paläste betrachten. Danach sollten Sie die Kirche Santa Maria della Pieve besuchen.

Ein Weg führt vorbei an der Casa di Petrarca (dem vermutlichen Haus des Dichters) hinauf zum Duomo mit meisterhaften Buntglasfenstern. Das Museo del Duomo zeigt donnerstags und freitags Gemälde von Bartolomeo della Gatta, Spinello und Parri Aretino. Unterhalb des Hügels können Sie bei **La Buca di San Francesco** *(siehe S. 105)* zu Mittag essen.

Nachmittag

Nach telefonischer Anmeldung (063 2810; Mo–Fr 9–18 Uhr, Sa 9–13 Uhr), können Sie die Piero-Werke in **San Francesco** *(siehe S. 47)* besichtigen.

Kaufen Sie sich im Caffè dei Costanti ein *gelato* und gehen Sie die Via Cavour entlang zur Badia. Die Trompe-l'œil-»Kuppel« (1702) über dem Hochaltar schuf der Barock-Meister Andrea Pozzo.

Die Via Garibaldi führt an der SS Annunziata vorbei zum Museo Statale d'Arte Medievale e Moderna mit einer Mischung von romanischen Skulpturen, Majoliken und Gemälden von Parri Aretino, Bartolomeo della Gatta und Vasari.

Weitere Informationen über Castiglion Fiorentino
www.comune.castiglionfiorentino.ar.it

Links **Antica Drogheria** Mitte **Caffè la Torre, Arezzo** Rechts **La Buca di San Francesco, Arezzo**

TOP 10 Läden & Cafés

1 Prada Outlet, Montevarchi
Früh am Tag kann man hier, an der Rückseite einer Fabrik abseits der A1, die besten Mode-Schnäppchen ergattern. *Levanella (S69) • Karte E3 • 055 978 9635*

2 Caffè la Torre, Arezzo
Das lebhafte Café mit schönem Garten und Terrasse befindet sich in einem Palazzo (14. Jh.) in der Altstadt. *Corso Italia 102 • Karte F3 • 0575 24 728 • Mo, Di, Do, Fr & So 10–21 Uhr, Sa 10–13 Uhr (Sommer: jeden Abend bis 24 Uhr) • Mi geschl. • €*

3 Antiquitätenmarkt, Arezzo
Auf der Piazza Grande und den umliegenden Straßen sorgen einmal im Monat über 600 Händler für einen der besten Antiquitätenmärkte Italiens. *Piazza Grande • Karte F3 • 1. Wochenende des Monats 7.30–15 Uhr*

4 Il Cocciaio, Cortona
Die hier angebotenen Keramikwaren sind meist in den traditionellen Farben Gelb, Grün und Creme gehalten und mit Gänseblümchen verziert (Gino Severini machte das Design populär). *Via Nazionale 69/Via Benedetti 24 • Karte F4*

Caffè la Torre, Arezzo

5 Antica Drogheria, Cortona
Die reizende Boutique führt Wein, Grappa und Gesundheitsprodukte der Camáldoli-Mönche. *Via Nazionale 3 • Karte F4 • tägl. 9–13 Uhr, 15–20 Uhr*

6 Sotto San Francesco, Arezzo
Neben vielen Weinen und Olivenölen gibt es hier auch Handwerksprodukte aus der Region wie Anghiari-Spitze sowie Keramik und Schmiedeeisen aus Monte San Savino. *Via di San Francesco 5 • Karte F3*

7 Caffè degli Artisti, Cortona
Die bei Einheimischen beliebte Bar verkauft auch Honig, Eingemachtes, Kekse, Fleisch, Gewürze und Olivenöl. *Via Nazionale 18 • Karte F4 • Di–So*

8 Uno A Erre, Arezzo
Hier kann man Goldschmuck des weltbekannten Juweliers kaufen. *Via Fiorentina 550, Strada Statale di Val d'Arno • Karte F3 • Mo–Sa*

9 Macelleria Aligi Barelli, Arezzo
Die bekannte Metzgerei verkauft Fleisch und Salami aus dem Casentino. Hier kann man sich gut für ein Picknick eindecken. *Via della Chimera 22b • Karte F3*

10 Il Gelato, Arezzo
Die *gelateria* bietet einzigartige hausgemachte Sorten an, z. B. *pinolata* (Pinienkerneis). *Via de' Cenci 24 • Karte F3 • Mi geschl*

Preiskategorien

Preis für ein Drei-Gänge-Menü pro Person mit einer halben Flasche Wein, inkl. Steuern und Service.		
	€	unter 25 €
	€€	25–35 €
	€€€	35–55 €
	€€€€	55–70 €
	€€€€€	über 70 €

Links **Le Tastevin, Arezzo** Rechts **Restaurant-Schild, Cortona**

TOP 10 Restaurants

1 Locanda dell'Amorosa, Amorosa

In den umgebauten Ställen des Bauern- und Gasthofes (14. Jh.) kann man die erstklassige toskanische Küche am offenen Kamin genießen. Reservierung ist erforderlich. *Bei Sinalunga • Karte F4 • 0577 677 211 • www.amorosa.it • Mo geschl. • €€€€€*

2 Il Falconiere, Cortona

Silvia und Riccardo Baracchi machten aus der *limonaia* ihres Anwesens (17. Jh.) eines der feinsten Restaurants der Region. Mit den aromenreichen toskanischen Gerichten haben sie einen Michelin-Stern erworben. *San Martino in Bocena 370 (nördlich von Cortona) • Karte F4 • 0575 612 679 • €€€€*

3 La Buca di San Francesco, Arezzo

Das freundliche Kellerrestaurant serviert reichhaltige Portionen *(siehe S. 73)*. *Via di San Francesco 1 • Karte F3 • 0575 23 271 • Mo nachmittags & Di geschl. • €€*

4 Ristorante Fiorentino, Sansepolcro

In dem alten Gasthof kann man herzhaft essen *(siehe S. 73)*. *Via L. Pacioli 60 • Karte F3 • 0575 742 033 • Mi geschl. • €€€*

5 Preludio, Cortona

Die Küche in diesem mit modernen Fresken geschmückten Renaissance-Palazzo bietet toskanische Nouvelle Cuisine. *Via Guelfa 11 • Karte F4 • 0575 630 104 • €€*

6 La Locanda nel Loggiato, Cortona

Trotz der manchmal teuren Zutaten sind die Preise für die toskanischen Gerichte moderat. Von den Tischen auf dem Balkon überblickt man die Piazza. *Piazza di Pescheria 3 • Karte F4 • 0575 630 575 • Mi geschl. • €*

7 Le Tastevin, Arezzo

Das vermutlich beste Essen in Arezzo wird überwiegend nach Rezepten aus der Toskana zubereitet. Der Besitzer tritt hin und wieder als Jazzpianist auf. *Via de Cenci 9 • Karte F3 • 0575 28 304 • Di geschl. • €€€*

8 La Grotta, Cortona

Die »Grotte« ist wegen der Tische auf der kleinen Piazza, der mittelalterlichen Räume und des soliden toskanischen Essens bei Einheimischen und Studenten beliebt. *Piazza Baldelli 3 • Karte F4 • 0575 630 271 • Di geschl. • €€*

9 Antica Osteria l'Agania, Arezzo

Die gemütliche Trattoria serviert u. a. *grifi e polenta* (Kalbsmagen in Polenta). *Via Mazzini 10 • Karte F3 • 0575 295 381 • Mo geschl. • €*

10 Totò, Lucignano

Die Einheimischen lassen Boris und Beatrice, den Besitzern der an ein reizendes Hotel angeschlossenen Osteria, bei der Speisenauswahl meist freie Hand. *Piazza Tribunale 6 • Karte F4 • 0575 836 763 • Di geschl. • €€*

Falls nicht anders angegeben, akzeptieren alle Restaurants Kreditkarten und bieten auch vegetarische Gerichte an.

Links **Markt, Lucca** Mitte **Café, Lucca** Rechts **Schiefer Turm, Pisa**

Nordwestliche Toskana

DIE NORDWESTLICHE TOSKANA *kennzeichnen felsige Berge, weite Ebenen und romanische Architektur. Lucca – hier gehören Radfahrer aller Altersstufen und Renaissance-Skulpturen zum Stadtbild – blieb selbst zur Zeit der Medici eigenständig. Erst Napoléon beendete die Unabhängigkeit der Republik. Das kulturelle Erbe der Universitätsstadt Pisa stammt aus dem 11. bis 13. Jahrhundert, als ihre Flotte das westliche Mittelmeer beherrschte. Die aufstrebende Stadt Livorno wuchs ab dem 16. Jahrhundert zu einem wichtigen Hafen heran. Die drei Städte rivalisieren bis heute.*

Links **Baptisterium, Pisa** Rechts **Denkmal, Livorno**

TOP 10 Attraktionen

1. Pisa
2. Lucca
3. Livorno
4. Viareggio
5. Garfagnana
6. Carrara
7. Montecatini Terme
8. Pontrémoli
9. Fantiscritti-Marmorbrüche
10. Forte dei Marmi

Weitere Informationen über Pisa **www.pisaonline.it**

1 Pisa

Für den Besuch von Pisa sollte man einen Tag einplanen. Die Stadt bietet neben dem Schiefen Turm noch andere Attraktionen, z. B. die romanischen Bauten am Campo dei Miracoli, dem »Feld der Wunder« *(siehe S. 22–25)*.

2 Lucca

Die elegante Kleinstadt mit den allgegenwärtigen Radfahrern bietet Kirchenkonzerte, romanische Fassaden und Renaissance-Bildhauerkunst *(siehe S. 42f)*.

3 Livorno

Im 16. Jahrhundert hatte Großherzog Cosimo I. zwei Probleme: unsichere Bündnispartner und den verschlammten Hafen der unter der Herrschaft von Florenz stehenden Stadt Pisa. Deshalb beauftragte er Buontalenti mit dem Bau eines neuen Hafens. Livorno und Pisa stehen seither in Rivalität. Livorno ist die zweitgrößte Stadt der Toskana, bietet aber im Vergleich zu Pisa nur wenige Sehenswürdigkeiten, etwa das Kanalviertel mit dem verheißungsvollen Namen Venezia Nuova (»Neu-Venedig«), Pietro Taccas manieristisches Meisterwerk *Monumento ai Quattro Mori* (1623–26) am Hafen und das Museo Civico Giovanni Fattori, das einem Sohn der Stadt und Hauptmaler der Macchiaioli

Hausdächer, Lucca

(toskanische »Impressionisten«, 19. Jh.) gewidmet ist. Der Komponist Pietro Mascagni und der Künstler Amedeo Modigliani kamen hier ebenfalls zur Welt.

Karte C3 • Informationsbüro: Hauptschalter an der Piazza Cavour 6 • 0586 204 611 • www.costadeglietruschi.it

4 Viareggio

In der Küstenlandschaft Versilia ist Viareggio der Badeort mit dem meisten Flair. Der Libertà-Stil (Jugendstil) der Villen, Cafés und Häuser geht auf die Blütezeit der 1920er Jahre zurück. Der Karnevalsumzug *(siehe S. 67)* an der Strandpromenade Viale Carducci ist landesweit bekannt. *Karte C2 • Informationsbüro: Viale Carducci 10 • 0584 962 233 • www.versilia.net*

Links **Lucca** Rechts **Hafen von Livorno**

Fremdenverkehrsbüro der Stadt Livorno
www.comune.livorno.it/portaleturismo

Links **Garfagnana-Gebirge** Rechts **Plakat für das Feriengebiet Forte dei Marmi**

5 Garfagnana

Das nördlich von Lucca gelegene Tal des Flusses Serchio grenzt im Osten an die Apuanischen Alpen mit der Grotta del Vento (Höhle der Winde). Im Westen liegt das wilde Gebirge Garfagnana. Borgo a Mozzano besteht aus einem Gasthof und der Brücke Ponte del Diavolo. Einer Sage nach baute der Teufel die Brücke im Tausch gegen die erste Seele, die sie überquerte (die Dorfbewohner schickten einen Hund). Das heute fast in Vergessenheit geratene Bagni di Lucca war im 19. Jahrhundert eines der mondänsten Kurbäder Europas. Hier eröffnete im Jahr 1837 ein Casino. Der weiße Dom von Barga besitzt eine detaillierte Kanzel (13. Jh.) von Guido da Como. Die Festung Castelnuovo di Garfagnana (14. Jh.) gehörte einst den Este-Herzögen. Die Adelsfamilie beschäftigte dort den Dichter Ludovico Ariosto als Kommandeur und Zolleintreiber. *Karte C2–D2 • Informationsbüro Lucca* (siehe S. 42)

6 Carrara

Künstler des alten Rom, Michelangelo, Henry Moore – sie alle benutzten den berühmten weißen Marmor aus den Marmorbrüchen von Carrara für ihre Skulpturen. Auch der Dom der Stadt besteht aus purem Carrara-Marmor. In den Straßen gibt es viele Marmorläden und Bildhauerateliers. Michelangelos Wohnhaus am Hauptplatz ist mit einer Plakette und einem Relief mit Steinmetzwerkzeug markiert. Im Museo del Marmo steht der altrömische Altar Edicola di Fantiscritti. *Karte C2 • Informationsbüro: Piazza Cesare Battisti 1 • 0585 641 422 oder 0585 641 471*

Giacomo Puccini

Der Opernkomponist (1858–1924) kam in Lucca in der Corte San Lorenzo 9 zur Welt. Hier präsentiert ein kleines Museum das Klavier, an dem er *Turandot* komponierte. Puccini schrieb in seiner Villa am Ufer des Lago Massaciuccoli die Meisterwerke *La Bohème*, *Tosca* und *Madame Butterfly* (und jagte Enten). Die Villa ist heute ebenfalls ein Museum.

Castelnuovo di Garfagnana

7 Montecatini Terme

Der Kurort ist zwar etwas verbaut, dennoch lohnt sich der Aufenthalt in einem der eleganten Hotels aus dem 19. Jahrhundert. Das mittelalterliche Montecatini Alto über der Stadt ist wegen der Sommerbrisen und der Piazza

Montecatini Alto

ein beliebter Ausflugsort. Monsummano Terme *(siehe S. 68)* bietet natürliche Höhlensaunen. *Karte D2 • Informationsbüro: Viale Verdi 66 • 0572 772 244*

8 Pontrémoli

Pontrémoli liegt im äußersten Norden der Toskana. Das Museo delle Statue Stele besitzt etwa 20 prähistorische Statuenmenhire. Einige stammen aus der Zeit um 3000 v. Chr., die kunstvolleren aus der Zeit um 200 v. Chr. *Karte B1 • Museum: Castello di Piagnaro • 0187 831 439 • Di–So • Eintritt*

9 Fantiscritti-Marmorbrüche

Wegen der Marmorbrüche sehen die Alpen über Carrara aus, als seien sie stets schneebedeckt. In Fantiscritti gibt es ein Museum für Steinschneidewerkzeug: Folgen Sie dem Fluss Carrione bis zur Vara-Brücke – die frühere Marmorbahnbrücke wird seit 1965 als Straße genutzt. *Karte C2 • 9 Uhr bis Dämmerung • frei*

10 Forte dei Marmi

Der kleine mondäne Badeort ist von einem Kiefernwald umgeben. Am Strand stehen viele bunte Strandhütten. *Karte C2 • Informationsbüro: Via Franceschi 8 • 0584 80 091*

Ein Tag in Pisa & Lucca

Vormittag

Beginnen Sie den Tag am Campo dei Miracoli in **Pisa** *(siehe S. 22–25)*. Bewundern Sie Pisanos Kanzeln im **Duomo** *(siehe S. 23)* und die perfekte Akustik im Baptisterium. Im Museo delle Sinopie können Sie die Originalentwürfe mit den Reproduktionen der Fresken vergleichen. Das Museo dell'Opera del Duomo präsentiert den Domschatz und Karten, die die geometrisch perfekte Anlage der Campo-Bauten verdeutlichen.

Busse und Taxis bringen Sie zu Pisas oft übersehener Attraktion, der Gemäldesammlung im Museo San Matteo. Gehen Sie am Arno entlang zurück zum Ponte di Mezzo, rechts in die Borgo Stretto und links auf den Vettovaglie-Markt zur **Trattoria Sant'Omobono** *(siehe S. 73)*.

Nachmittag

Fahren Sie mit dem Zug oder Auto nach **Lucca** *(siehe S. 42f)* und besichtigen Sie den **Duomo** *(siehe S. 46)*. Danach sollten Sie sich den Blick vom Torre Guinigi gönnen.

Über die Piazza Anfiteatro erreichen Sie die Kirche San Frediano mit den Fresken *Wunder von San Frediano* und dem geschrumpften Körper der hl. Zita, der Schutzheiligen der Jungfrauen und Schwangeren. Danach führt Sie die Shopping-Meile Via Fillungo zur Kirche San Michele in Foro.

Auf der Stadtmauer von Lucca kann man wunderbar spazieren gehen oder Rad fahren (die Fahrradverleiher schließen um 19.30 Uhr).

Mehr über Pisa & Lucca **siehe S. 22–25 & S. 42f**

Links **Ladenfronten, Lucca** Mitte **Bäckerei, Lucca** Rechts **Da Bruno, Pisa**

TOP 10 Läden & Cafés

1 Arturo Pasquinucci, Pisa
Seit 1870 verkauft der Laden zeitgenössisches Porzellan und edle Küchengeräte in italienischem Design, z. B. von Alessi. *Karte C3 • Via Oberdan 22*

2 Caffè dell'Ussero, Pisa
Das Literatur-Café eröffnete 1794 und ist somit das älteste in Italien. Beim Blick über den Arno kann man die Atmosphäre der intellektuellen Elite Pisas aufsaugen. *Karte C3 • Lungarno Pacinotti 27 • € • keine Kreditkarten*

3 Carli, Lucca
Der stimmungsvolle, alteingesessene Juwelier verkauft auch Silber und Uhren. Die Fresken auf der Gewölbedecke stammen aus dem Jahr 1800. *Karte C2 • Via Fillungo 95*

4 Enoteca Vanni, Lucca
In den kleinen Kellerräumen des besten Weinladens von Lucca stapeln sich Hunderte Flaschen. *Karte C2 • Piazza Salvatore 7*

5 Antico Caffè di Simo, Lucca
Seit 1846 treffen sich in diesem Café die Koryphäen der Lucchese Musik- und Literaturszene. In zeitgenössischem Interieur wird feines Essen und Gebäck serviert. *Karte C2 • Via Fillungo 58 • €*

6 Forisportam, Lucca
Der gute Geschenkeladen verkauft schön verzierte Keramikwaren im Renaissance-Stil von Montelupo und Deruta zu vernünftigen Preisen. *Karte C2 • Piazza S. Maria Bianca 2*

7 Caffè Kosì, Montecatini Alto
Das Café in der hübschen mittelalterlichen Stadt oberhalb von Montecatini Terme ist seit 1878 beliebt. Nehmen Sie sich Zeit für Cocktails und exotisches Fruchteis. *Karte D2 • Piazza G. Giusti 1 • €€*

8 La Capannina, Forte dei Marmi
Seit 70 Jahren serviert La Capannina – teils Restaurant mit Cocktailbar, teils Nachtclub – die besten Stranderfrischungen weit und breit. *Karte C2 • Viale A. Franceschi • €€*

9 Fappani, Viareggio
Genießen Sie zum Morgenkaffee Fappanis köstliche hausgemachte Süßigkeiten. Das Café im Zentrum des Shopping-Viertels an der Promenade besitzt eine schöne Terrasse. *Karte C2 • Viale Marconi 1*

10 Rossi, Viareggio
Rossi ist bereits seit vier Generationen im Besitz derselben Familie. Die hier angebotenen Stücke stammen von den führenden italienischen Schmuckdesignern. Der Gold- und Silberschmuck der Boutique im Viale Marconi ist vor allem bei jüngeren Kunden sehr beliebt. *Karte C2 • Viale Margherita 50/Viale Marconi 16*

Shopping-Tipps **siehe S. 136**

Preiskategorien

Preis für ein Drei-Gänge-Menü pro Person mit einer halben Flasche Wein, inkl. Steuern und Service.		
	€	unter 25 €
	€€	25–35 €
	€€€	35–55 €
	€€€€	55–70 €
	€€€€€	über 70 €

Links **La Mora a Moriano, bei Lucca** Rechts **La Buca di Sant'Antonio, Lucca**

Top 10 Restaurants

1 La Buca di Sant'Antonio, Lucca

Perfekter Service und die ausgezeichnete Küche machen dies zu einem der besten Restaurants von Lucca *(siehe S. 72)*. *Karte C2 • Via della Cervia 3 • 0583 55 881 • So nachmittags & Mo geschl. • €€€*

2 Da Bruno, Pisa

Preislich unterscheidet sich die Trattoria nicht von einem Restaurant. Probieren Sie Spezialitäten wie *zuppa pisana ribollita* und Tiramisu. *Karte C3 • Via Luigi Bianchi 12 • 050 560 818 • Di geschl. • €€€*

3 Romano, Viareggio

Das Seafood-Restaurant der Familie Franceschini – eines der besten in Italien – bietet exzellente Weine. *Karte C2 • Via Mazzini 122 • 0584 31 382 • Mo geschl. • €€€€*

4 Da Galileo, Livorno

Das herrlich einfache Lokal serviert vorwiegend Fisch, z. B. Seafood-Fettucine und gesalzenen Kabeljau mit Zwiebeln »Livorno«. *Karte C3 • Via della Campana 20 • 0586 889 009 • Mi & So nachmittags geschl. • €€€*

5 'L Purtunzin d'Ninan, Carrara

Die Köche der gemütlichen Weinbar und Trattoria wurden von den besten der Zunft ausgebildet. *Karte C2 • Via Bartolini 3 • 0585 74741 • Mo geschl. • €€€*

6 Venanzio, Colonnata, bei Carrara

Venanzio Vannucci ist für seinen gewürzten Speck *lardo di Colonnata* berühmt. Probieren Sie auch Ravioli mit Bergkräutern oder Perlhuhn mit Trüffeln. *Karte C2 • Piazza Palestro 3 • 0585 758 062 • Do nachmittags, So nachmittags & Weihnachten–Jan geschl. • €€€*

7 Osteria dei Cavalieri, Pisa

Bohnen und Pilze sind die Spezialität der freundlichen Taverne im Erdgeschoss eines mittelalterlichen Turms. *Karte C3 • Via San Frediano 16 • 050 580 858 • Sa mittags & So geschl. • €€€*

8 La Mora a Moriano, bei Lucca

La Mora serviert Luccheser Küche und köstlichen *cacciucco* (Fischtopf). *Karte C2 • Via Sesto di Moriano 1748 • 0583 406 402 • Mi geschl. • €€€*

9 Da Leo, Lucca

Hier genießen auch viele Einheimische *zuppa ai cinque cereali*, eine Suppe mit Hülsenfrüchten und Körnern. *Karte C2 • Via Tegrimi 1 • 0583 492 236 • € • keine Kreditkarten*

Da Leo, Lucca

10 Ghiné e Cambri, Livorno

Das Seafood an der Küste außerhalb der Stadt ist superb. *Karte C3 • Via di Quercianella 263 • 0586 579 414 • Mo, Di & Okt–Mai geschl. • €€*

Falls nicht anders angegeben, akzeptieren alle Restaurants Kreditkarten und bieten auch vegetarische Gerichte an.

Links **Kirchenfassade, San Gimignano** Mitte **Piazza, Massa Marittima** Rechts **Keramik aus der Region**

Westliche Toskana: Bergstädte

TOSKANISCHE BERGSTÄDTE ähneln in der Vorstellung meist denjenigen Orten in der Region westlich von Siena. Hier ragen z.B. die grauen Steintürme von San Gimignano in den blauen Himmel. Volterra, die Stadt mit den mittelalterlichen Straßen und den vielen Alabasterwerkstätten, liegt auf »einem turmhohen Steilufer, das alle Winde abbekommt und die ganze Welt überblickt« (D. H. Lawrence). Das etwas abseits gelegene Elsa-Tal ist bisher noch nicht in den Fokus vieler Besucher gerückt, dabei erlauben die schönen beschaulichen Bergstädte Colle di Val d'Elsa, Certaldo und Castelfiorentino noch den Blick auf das authentische toskanische Stadtleben.

TOP 10 Attraktionen

1. **San Gimignano**
2. **Volterra**
3. **Massa Marittima**
4. **Monteriggioni**
5. **San Galgano**
6. **Colle di Val d'Elsa**
7. **Empoli**
8. **San Miniato**
9. **Certaldo**
10. **Castelfiorentino**

Massa Marittima

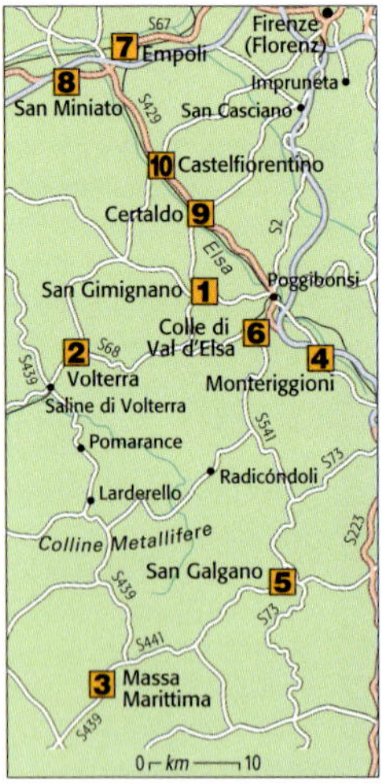

Piazza della Cisterna, San Gimignano

Mehr über toskanische Bergstädte **siehe S. 56f**

Alabasterladen, Volterra

1 San Gimignano

Die Stadt mit den eindrucksvollen mittelalterlichen »Wolkenkratzern« ist auch für guten Weißwein und herrliche gotische Fresken bekannt *(siehe S. 18f)*.

2 Volterra

In der vom Wind umtosten Stadt mit den mittelalterlichen Gassen pflegen noch heute viele Werkstätten die Kunst der Alabasterverarbeitung. Das Museo Etrusco Guarnacci *(siehe S. 48)* zeigt eine hervorragende Sammlung etruskischer Kunst, die Basaltköpfe der Porta all'Arco (4 Jh. v. Chr.) stellen etruskische Gottheiten dar. Vom Aussichtsplatz bei der Via Guarnacci hat man einen schönen Blick auf die Überreste eines römischen Theaters und römischer Bäder. Der pisanisch gestreifte Dom (13. Jh.) mit der aufwendig geschnitzten und bemalten Decke birgt Schätze aus Byzanz und der Renaissance. In der Pinacoteca sind ein vollständig erhaltenes Altarbild (1411) von Taddeo di Bartolo, Ghirlandaios letztes Gemälde *Verherrlichung Christi* (1492), Luca Signorellis *Verkündigung* (1491) und Rosso Fiorentinos frühmanieristische *Kreuzesabnahme* (1521) zu sehen. *Karte D4 • Informationsbüro: Via Giusto Turazza 2 • 0588 86 150 • www.volterra-toscana.net*

3 Massa Marittima

Die alte Bergwerksstadt bietet mehrere Bergbaumuseen. Künstlerisch interessant sind die frühmittelalterlichen Reliefs im romanischen Dom. Im Palazzo del Podestà zeigt ein Museum Ambrogio Lorenzettis *Maestà* (1330er Jahre) und einen präetruskischen Menhir (flacher, als Figur geschnitzter Stein). Die obere »Neustadt« (14. Jh.) wird von der gotischen Torre del Candeliere und Wällen beschützt, von denen man die Stadt und die Colline Metallifere (»eisenreiche Hügel«) erblickt. *Karte D4 • Informationsbüro: Via N. Parenti 22 • 0566 902 756 • www.amatur.it • Info-Schalter: Piazza Garibaldi 1 • 0566 902 289*

4 Monteriggioni

Luftaufnahmen von Monteriggioni sind ein beliebtes Postkartenmotiv. Der kleine Ort ist vollständig von mittelalterlichen Mauern umschlossen. Deren 14 Türme verglich Dante mit Titanen, die die niedrigste Stufe der Hölle bewachen. Im Juli gibt es ein einwöchiges Mittelalterfest. *Karte E4 • Informationsbüro: Largo Fontebranda 5 • 0577 304 810*

Links **Piazza Garibaldi, Massa Marittima** Rechts **Handwerksladen, Monteriggioni**

Bilder & Informationen zur Festa Medievale in Monteriggioni
www.monteriggioni.info

Links **San Galgano** Rechts **Palazzo Campana, Colle di Val d'Elsa**

5 San Galgano

Die Abtei (13. Jh.) ohne Dach und die überkuppelte Kapelle auf dem Hügel werden mit der Sage über einen Soldaten des 12. Jahrhunderts verbunden, der sein Schwert in einen Stein trieb, um das Ende seiner Ritterlaufbahn zu markieren. Fresken von Ambrogio Lorenzetti (1344) illustrieren die Vision, die das Ereignis auslöste *(siehe S. 29)*. *Karte E4 • Abbazia di S. Galgano • tägl. 8–12 Uhr, 14 Uhr–Sonnenuntergang • frei*

6 Colle di Val d'Elsa

1539 schuf Baccio d'Agnolo das manieristische Palazzo-Campana-Tor im Westen. Der Duomo besitzt ein Bronze-Kruzifix von Giambologna und Pietro Tacca sowie ein Tabernakel von Mino da Fiesole, in dem ein Nagel vom Kreuz Christi stecken soll. Das Archäologiemuseum des Palazzo Pretorio zeigt politische Graffiti (1920er Jahre) kommunistischer Insassen an den Innenwänden des einstigen Gefängnisses. Hinter der Sgraffito-Fassade des Palazzo dei Priori befindet sich ein kleines Museum mit Sieneser Gemälden. *Karte E3 • Informationsbüro: Via Campana 43 • 0577 922 791*

Dante

Dante Alighieri (1265–1321) war der weißguelfische Botschafter von Florenz in San Gimignano. Als die Schwarzguelfen an die Macht kamen, wurde er vertrieben. Später durchwanderte er Italien und schrieb u. a. *Die göttliche Komödie.* Dante gebrauchte statt Latein ein toskanisches Idiom und verschaffte so der italienischen Sprache Anerkennung.

7 Empoli

An der Piazza Farinata degli Uberti stehen Paläste (12. und 13. Jh.) und die romanische Kirche Sant'Andrea. Das Museum Collegiata di Sant'Andrea besitzt eine Masolino-*Pietà* (1425) und einen Rosselino-Taufstein (1447)

Piazza Farinata, Empoli

Die Società Dantesca Italiana in Florenz informiert über Dante Alighieri **www.danteonline.it**

Duomo, San Miniato

Santo Stefano birgt Masolinos Fresko *Madonna mit Kind* und Rossellinos *Verkündigung.* *Karte D3 • Informationsbüro: Via G. del Papa 98 • 0571 76 115*

8 San Miniato

Friedrich II. ließ auf dem Hügel die imposante »Rocca« erbauen, als dies der toskanische Stützpunkt der deutschen Kaiser des Heiligen Römischen Reichs war. In die wieder aufgebaute romanische Backsteinfassade der Kathedrale wurden nordafrikanische Majolikaschalen (13. Jh.) eingesetzt. *Karte D3 • Informationsbüro: Piazza del Popolo 1 • 0571 42 745*

9 Certaldo

Backsteinbauten bestimmen das Bild der reizenden Stadt. Benozzo Gozzoli schuf mit Giusto di Andrea den *Giustiziati*-Tabernakel n der Kirche Santi Michele e Jacopo. Büste (1503) und Grabstein (1954) in der Kirche erinnern an den *Decamerone*-Autor Boccaccio (1313–1375), der hier vielleicht zur Welt kam. Die Casa del Boccaccio, in der er seine letzten Jahre verbrachte, dient heute als Museum und Studienbibliothek. *Karte D3 • Informationsbüro: Viale Fabiani 31 • 0571 656 721*

10 Castelfiorentino

Santa Verdiana ist die wohl schönste Barockkirche der Toskana. Die Fresken widmen sich dem Leben Verdianas. Die Heilige lebte freiwillig 34 Jahre lang eingemauert in einer Zelle – mit zwei Schlangen, die ihr Gott als Prüfung geschickt hatte. *Karte D3 Informationsbüro: Via Ridolfi, im Bahnhof 0571 629 049 • Nov–März geschl.*

Tour durch drei Städte

Vormittag

Starten Sie früh in **Monteriggioni** *(siehe S. 113)*, das Sie zu Fuß in fünf Minuten durchqueren können. Nehmen Sie sich jedoch Zeit für einen Cappuccino in der Bar an der Piazza.

Fahren Sie nach **Volterra** *(siehe S. 113)*. In der Kirche San Francesco können Sie die Fresken bewundern. An der Piazza dei Priori sehen Sie den Palazzo dei Priori (1208–57). Das älteste gotische Rathaus der Toskana diente auch als Modell für den Palazzo Vecchio in Florenz. Den Duomo können Sie durch die in einem Alkoven am Platz versteckte Hintertür betreten. Gehen Sie anschließend auf der Via dei Sarti zur Pinacoteca. Die Straße geht später in die Via di Sotto – hier gibt es Alabasterwerkstätten – und in die Via Don Minzoni mit dem etruskischen Museum über.

Nachmittag

Bei Il Sacco Fiorentino an der Piazza XX Settembre können Sie zu Mittag essen. Wenn Sie anschließend nach **San Gimignano** *(siehe S. 18f)* weiterfahren, kommen Sie dort an, wenn die Ausflugsbusse den Ort wieder verlassen. Im Winter sollten Sie die Stadt vor 16 Uhr besuchen. Sehen Sie sich die Collegiata-Fresken an und besteigen Sie die Torre Grossa, von der Sie eine herrliche Aussicht genießen können.

Wenn nach dem Museo Civico noch Zeit bleibt, können Sie am anderen Ende der Stadt die Fresken von Sant'Agostino besichtigen (bis 18.30 Uhr). Den Sonnenuntergang erleben Sie am besten auf der »Rocca«.

Castelfiorentino im Internet **www.comune.castelfiorentino.fi.it**

Links **Bar I Combattenti** Mitte **Gallerie Agostiniane** Rechts **L'Incontro**

TOP 10 Läden & Cafés

1 Bar I Combattenti, San Gimignano

Das Café an der Hauptstraße von San Gimignano serviert außer Kaffee auch köstliches hausgemachtes *gelato.*

Via San Giovanni 124 • Karte D3 • €

2 Souvenirläden, San Gimignano

Die zahlreichen Souvenirläden in der Via San Giovanni verkaufen »mittelalterliche« Armbrüste, Schwerter und Dreschflegel. Die meisten sind klein und nur zu Dekorationszwecken geeignet, aber einige funktionieren tatsächlich.

Via San Giovanni • Karte D3

3 Società Cooperativa Artieri Alabastro, Volterra

Seit 1895 bieten hier die Alabasterwerkstätten ohne eigenen Laden ihre Produkte an. *Piazza dei Priori 4–5 • Karte D4*

4 Gallerie Agostiniane, Volterra

Auch in dieser Galerie bieten Handwerker ihre Produkte aus Alabaster zum Verkauf an.

Piazza XX Settembre 3–5 • Karte D4

5 Enoteca Le Logge, Massa Marittima

Die Sandwiches und das Eis des einfachen Cafés sind großartig. Setzen Sie sich an einen Tisch unter dem zum Teil mit Fresken verzierten Portikus der Piazza.

Piazza Garibaldi 11 • Karte D4 • €

6 Enoteca la Botte e il Frantoio, San Gimignano

Der Laden ist auf die Vernaccia-Weine von Luciano Bruni spezialisiert, verkauft aber auch andere ausgezeichnete Toskana-Weine und Olivenöl. *Via San Giovanni 56 • Karte D3*

7 L'Incontro, Volterra

Die in einem mittelalterlichen Raum untergebrachte Weinbar bietet Gebäck und *panini* an. Es gibt auch eine Delikatessen-Theke. *Via Matteoti 18 • Karte D4*

8 Belli, Colle di Val d'Elsa

Die Etrusker schliffen in dieser Gegend Kristall. Belli gehört zu den Werkstätten, die diese Tradition fortführen und schöne Objekte und Souvenirs herstellen.

Via Diaz 10 • Karte E3

Keramik aus Massa Marittima

9 Il Cantuccio di Federigo, San Miniato

Die Gazzarrinis backen seit fünf Generationen hervorragende Kuchen und Kekse. Passend zu den *cantuccini* führt die Familie über 40 *Vin-santo*-Marken.

Via P. Maioli 67 • Karte D3

10 Spartaco Montagnani, Volterra

Besuchen Sie den Laden dieses einheimischen Bildhauers. Er entwirft eigenen Bronzen, fertigt aber auch Kopien von Objekten aus dem Museum an.

Via Porta all'Arco 6 • Karte D4

Shopping-Tipps **siehe S. 136**

Preiskategorien

Preis für ein Drei-Gänge-Menü pro Person mit einer halben Flasche Wein, inkl. Steuern und Service.

€	unter 25 €
€€	25–35 €
€€€	35–55 €
€€€€	55–70 €
€€€€€	über 70 €

Links **La Mangiatoia** Rechts **Taverna del Vecchio Borgo**

TOP 10 Restaurants

1 Dorandò, San Gimignano

An weiß gedeckten Tischen kann man hier in der Speisekarte die mittelalterlichen oder etruskischen Wurzeln eines jeden Gerichts nachlesen. *Vicolo dell'Oro 2 • Karte D3 • 0577 941 862 • Dez–März: Mo geschl. • €€€€*

2 Osteria delle Catene, San Gimignano

Wie in jeder guten Osteria gibt es auch in diesem sanft beleuchteten Backsteingewölbe große Platten mit Käse und Geräuchertem sowie eine gute Weinauswahl. *Via Mainardi 18 • Karte D3 • 0577 941 966 • €€*

3 La Mangiatoia, San Gimignano

Die »Futterkrippe« serviert bei klassischer Musik einfallsreiche Spezialitäten. Standardgerichte werden leider etwas lieblos angerichtet. *Via Mainardi 5 • Karte D3 • 0577 941 528 • €€€*

4 Da Badò, Volterra

Das bei Einheimischen beliebte Restaurant bleibt seinen Wurzeln treu: Die Zutaten für die Gerichte nach Rezepten aus Volterra kommen frisch vom Markt. *Borgo San Lazzero, gleich hinter den Wällen • Karte D4 • 0588 86 477 • €€*

5 Trattoria del Sacco Fiorentino, Volterra

Die gemütliche Trattoria serviert Spezialitäten der Saison und superbe Weine. *Piazza XX Settembre Karte D4 • 0588 88 537 • Mi geschl. • €€€*

6 Osteria da Tronca, Massa Marittima

Steinmauern und grobe Balken bestimmen das Flair der Trattoria in Familienbesitz. Hier wird nach Großmutterart gekocht (die Oma steht tatsächlich in der Küche). *Vicolo Porte 5 • Karte D4 • 0566 901 991 • €€*

7 Taverna del Vecchio Borgo, Massa Marittima

In der Taverne mit dem niedrigen Steingewölbe werden Spanferkel über offenem Feuer gebraten. Probieren Sie die Vorspeisenplatte *tris di primi*. *Via Norma Parenti 12 • Karte D4 • 0566 903 950 • €€*

8 Arnolfo, Colle di Val d'Elsa

Der Palazzo (15. Jh.) birgt eine sehr gute Küche und einen riesigen Weinkeller mit großen ausländischen Weinen und weniger bekannten Tropfen aus der Region. *Via XX Settembre 50–52a • Karte E3 • 0577 920 549 • €€€€€*

9 Il Vecchio Mulino, Saline di Volterra

Eine Spezialität der umgebauten Mühle (19. Jh.) ist das *cinghiale alla Volterrana* (Wildschwein mit schwarzen Oliven). *Via del Molino • Karte D4 • 0588 44 199 • €€€*

10 Le Terrazze, San Gimignano

Das Restaurant im Hotel Cisterna ist ebenso legendär wie der Blick auf das Val d'Elsa und die Chianti-Hügel. *Piazza della Cisterna 24 • Karte D3 • 0577 940 328 • €€€*

Falls nicht anders angegeben, akzeptieren alle Restaurants Kreditkarten und bieten auch vegetarische Gerichte an.

Links **Montepulciano** Mitte **Restaurant-Schild, Pienza** Rechts **Bäder, Montepulciano**

Südliche Toskana

WENN BACCHUS EINEN LANDSTRICH *gesegnet hat, dann das hügelige Gebiet südlich von Siena. Auf dem trockenen Lehmboden gedeihen Weinreben und Olivenbäume. Zwei der bedeutendsten Weine Italiens stammen von hier – Vino Nobile di Montepulciano und Brunello di Montalcino. Rund um Pienza, wo nicht einmal die Reben auf den Hügeln Halt gewinnen, wächst Gras für die Schafe, aus deren Milch feiner* pecorino *hergestellt wird. Mittelalterliche Bergstädte, abgelegene Klöster, Zypressenalleen, Renaissance-Paläste, Altarbilder der Sieneser Schule und Etruskergräber vervollständigen das Bild.*

Links **Dächer, Montepulciano** Rechts **Haus am Hügel, Montalcino**

TOP 10 Attraktionen

1. Montepulciano
2. Pienza
3. Montalcino
4. Sant'Antimo
5. Chiusi
6. Monte Oliveto Maggiore
7. San Quirico d'Orcia
8. Asciano
9. Bagno Vignoni
10. Buonconvento

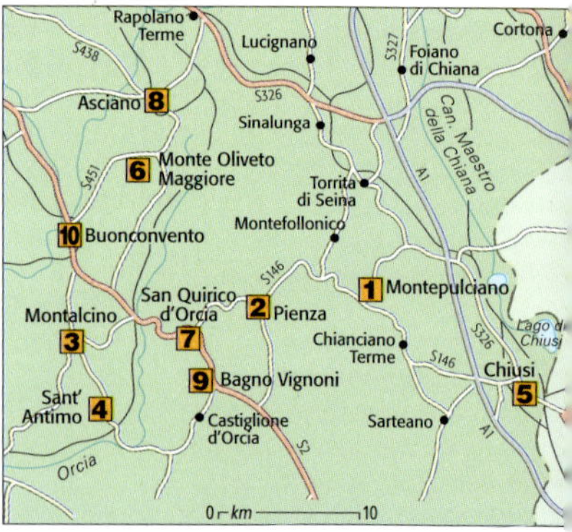

Der Consorzio del Vino Nobile di Montepulciano informiert über den »edlen Wein« **www.consorziovinonobile.it**

Fortezza, Montalcino

1 Montepulciano

Zu den Attraktionen der hügeligen Stadt gehören Gebäude großer Renaissance-Baumeister und mit dem Vino Nobile *(siehe S. 63)* einer der berühmtesten Weine Italiens. Entlang der Via Gracciano nel Corso stehen u. a. Renaissance-Palazzi von Vignola und Antonio Sangallo d. Ä. Im Fundament des Palazzo Bucelli (Nr. 73) befinden sich etruskische Urnen.

An der Piazza Grande sind Paläste von Sangallo, der Duomo und der Palazzo Comunale, Michelozzos Tribut an den Palazzo Vecchio in Florenz, zu sehen. Die Skulpturen im Dom schuf Michelozzo einst für ein Grab. Das goldene Altarbild (1401) von Taddeo di Bartolo ist ein Meisterwerk der Schule von Siena.

Außerhalb der Stadtmauer steht Sangallos Tempio di San Biagio (1518–34), ein Juwel der Renaissance auf dem exakten Grundriss eines griechischen Kreuzes.

Karte F4 • Informationsbüro: Piazza Don Minzoni 1 • 0578 757 341 www.comune.montepulciano.siena.it & www.terresiena.it

2 Pienza

Im 15. Jahrhundert erhielt Rossellino den päpstlichen Auftrag, das Heimatdorf von Pius II. zu verschönern. So entstanden am Hauptplatz ein neugotisches Rathaus, ein Bischofspalast (heute Museo Diocesano mit Gemälden von Pietro Lorenzetti, Vecchietta und Bartolo di Fredi), ein Papstpalast mit hängenden Gärten und ein Dom *(siehe S. 47)*. Entlang dem Corso Rossellino gibt es Wein- und Käseläden.

Karte F4 • Informationsbüro: Corso Rossellino 59 • 0578 749 071 • www.comunedipienza.it & www.terresiena.it

3 Montalcino

Der kleine Ort ist durch den Brunello *(siehe S. 63)*, einen der teuersten Spitzenweine Italiens, berühmt geworden. In der verfallenen Fortezza (14. Jh.) gibt es einen sehr guten Weinladen. Am Hauptplatz mit versetzten Ebenen steht seit 1292 ein schlanker Turm. Die Gemälde im Museo Civico e Diocesano stammen von Simone Martini, Sano di Pietro und Vecchietta, die Holzstatuen von Francesco di Valdambrino.

Karte E4 • Informationsbüro: Via Costa Municipio 1 • 0577 849 331 • www.montalcinonet.com & www.terresiena.it

4 Sant'Antimo

Die wunderschön gelegene Klosterkirche wurde im Stil der französischen Romanik erbaut *(siehe S. 46)*.

Links **Blick auf Pienza** Rechts **Stadtplatz, Pienza**

Das historische Zentrum der Stadt Pienza gehört seit 1996 zum UNESCO-Welterbe.

Links **Piazza, Chiusi** Rechts **Bad, Bagno Vignoni**

5 Chiusi

Das Museo Archeologico Nazionale Etrusco in Chiusi zeigt *bucchero* (schwarze etruskische Keramik), Bronzen, anthropomorphe Krüge und bemalte Aschenurnen aus dem 2. Jahrhundert v. Chr. Auf Anfrage ist eventuell ein Besuch der schönsten Gräber im Tal möglich.

Die Trompe-l'œil-Fresken (1887–94) im Duomo (12. Jh.) sehen aus wie mittelalterliche Mosaiken. Das Museo della Cattedrale nebenan bewahrt illuminierte Schriften (15. Jh.) der Abtei Monte Oliveto Maggiore auf. Hier starten Führungen durch die von Etruskern angelegten unterirdischen Gänge des »Labirinto di Porsenna«. *Karte F5 • Informationsbüro: Piazza Duomo 1 • 0578 227 667 • www.terresiena.it*

6 Monte Oliveto Maggiore

In dem von erodierten Lehm- und Kalksteinklippen geprägten Landstrich Crete Senesi steht auf einem Zypressenhügel ein Benediktinerkloster von 1313. Die Wände des Kreuzganges ziert der Freskenzyklus *Leben des heiligen Benedikt*. Für das Meisterwerk der Hochrenaissance schuf Signorelli acht Szenen an der Westwand (1497/98). 25 Szenen stammen von Sodoma (1505–08), der in der dritten Szene ein Selbstporträt mit zahmen Dachsen zu seinen Füßen einfügte. *Monte Oliveto Maggiore • Karte E4 • 0577 707 018 • tägl. 9.15–12 Uhr, 15.15–17.45 Uhr • frei*

Museo Archeologico, Chiusi

Klosterleben

Die kontemplativen Benediktiner zogen sich in einsame Landklöster zurück. Franziskaner und Dominikaner predigten dagegen in Städten und großen Kirchen vor vielen Menschen (am effektivsten unter dem Dominikaner Savonarola, *siehe S. 78*). Die meisten Mönche waren gelehrt, illuminierten Handschriften und nutzten ihr Kräuterwissen, um erfolgreich Apotheken zu führen, die zum Teil heute noch bestehen.

7 San Quirico d'Orcia

Der Stolz des reizenden Bauernstädtchens ist die Collegiata-Kirche. Die drei mit übereinander angeordneten Bogen und dünnen Säulen gestalteten romanischen Portale (12. Jh.) zeigen Fantasiegestalten und zahnlose Löwen. Das aufwendige Altarbild der Kirche stammt von Sano di Pietro. *Karte E4 • Informationsbüro: Via Dante Alighieri 33 • 0577 897 211*

8 Asciano

Innerhalb der Stadtmauern (14. Jh.) steht neben der romanischen Collegiata das Museo

Website der Abtei Monte Oliveto Maggiore
www.monteolivetomaggiore.it

d'Arte Sacra mit Sieneser Werken von Ambrogio Lorenzetti, Segna di Buonaventura und Francesco di Valdambrino. Die bemalten Vasen (3.–5. Jh. v. Chr.) des Museo Etrusco stehen in einer säkularisierten Kirche. *Karte E4 • Informationsbüro: Corso Mateoti 18 • 0577 719 510 • www.terresiena.it*

9 **Bagno Vignoni**

Die von einer Handvoll Häuser umgebene Piazza des winzigen Heilbads wird von einem von Säulen gesäumten steinernen Schwimmbecken beherrscht, das die Medici anlegen ließen. Die heilige Katharina badete hier wegen ihrer Skrofulose (Lymphknoten-Tuberkulose), Lorenzo der Prächtige wegen seiner Arthritis. Das Bassin darf heute nicht mehr benutzt werden. *Karte E5*

10 **Buonconvento**

In dem kleinen historischen Zentrum zeigt das Museo d'Arte Werke der Sieneser Schule von Duccio, Sano di Pietro und Matteo di Giovanni, der auch die *Madonna mit Kind* in der Kirche Santi Piero e Paolo (14. Jh.) schuf. *Karte E4 • Informationsbüro: Via Soccini 18 • 0577 807 181 • www.terresiena.it*

silika, Asciano

Ein Tag in der südlichen Toskana

Vormittag

Beginnen Sie um 9 Uhr im Museo Archeologico Etrusco in **Chiusi**. Anschließend können Sie auf der anderen Seite der Piazza an einer Führung durch das »Labirinto di Porsenna« teilnehmen (alle 30 Minuten) und eventuell noch eine Tour durch das Museo della Cattedrale anhängen.

Fahren Sie auf der kurvigen S146 nach **Montepulciano** *(siehe S. 119)*. Parken Sie und gehen Sie die Via Gracciano nel Corso, deren Name sich ständig ändert, hinauf. Unterwegs können Sie Wein probieren. Das Caffè Poliziano (Via Voltaio nel Corso 27–29) existiert seit 1858. Hier können Sie zu Mittag essen und die Aussicht genießen.

Nachmittag

An der Hauptstraße steht die Chiesa del Gesù mit Andrea Pozzos illusionistisch gemalter »Kuppel«. Die Straße führt weiter zur Piazza Grande mit mehreren Weinläden und zum Dom. Am Rand von Montepulciano, an der Straße nach **Pienza** *(siehe S. 119)*, weist ein Schild nach rechts zum vor allem außen interessanten Tempio di San Biagio. In Pienza können Sie die Altarbilder und klaffenden Risse im **Duomo** *(siehe S. 47)* sowie den Palazzo Piccolomini von Pius II besichtigen. Neben dem Palazzo führt eine Gasse zur Via Gozzante, einem Panoramaweg außerhalb der Stadt. Fahren Sie weiter nach **Montalcino** *(siehe S. 119)*. Im Sommer kann man auf dem Festungswall den Sonnenuntergang genießen. Im Winter ist das Caffè Fiaschetteria Italiana auf dem Hauptplatz zu empfehlen.

Links **Weinladen, Avignonesi** Mitte **Biagiotti-Schild** Rechts **Osteria Sette di Vino, Pienza**

TOP 10 Besondere Läden

1 Pulcino, Montepulciano Auf dem Familienhof kann man Wein, Grappa und Salami gratis probieren. Im stimmungsvollen Keller befinden sich ein Etruskergrab und mittelalterliche Werkzeuge, die vor langer Zeit in den Brunnen geworfen wurden. *Karte F4 • Via Gracciano nel Corso 102 • tägl. 9–20 Uhr*

2 Avignonesi / Classica, Montepulciano
Einer der Top-Weinproduzenten der Toskana bietet in dem mittelalterlich angehauchten Laden auch eine Bar für Gratisproben. *Karte F4 • Via Gracciano nel Corso 91 • tägl. 10–13 Uhr, 15–19 Uhr*

3 La Bottega del Cacio, Pienza
Hier gibt es *pecorino* in allen Variationen sowie Honig, Pâté, Marmelade und Olivenöl. *Karte F4 • Corso Rossellino 66 • tägl. 9.30–13 Uhr, 15–19.30 Uhr*

4 Biagiotti & Figli, Pienza Die wunderschönen Kerzenständer, Bettgestelle und Lüster sind aus Guss- und Schmiedeeisen gearbeitet. *Karte F4 • Corso Rossellino 67 • tägl. 10–13 Uhr, 15–19.30 Uhr*

5 Enoteca La Fortezza, Montalcino
Der beste Weinladen der Stadt in den Ruinen der alten Festung hat auch Delikatessen im Sortiment. *Karte E4 • La Fortezza • Apr–Okt: tägl. 9–20 Uhr; Nov–März: tägl. 9–18 Uhr*

6 Aliseda, Montepulciano Der Goldschmuck – inspiriert von antiken Museumsstücken – ist einzigartig und teuer. *Karte F4 • Via dell'Opio nel Corso 8 • tägl. 9.30–20 Uhr (Sommer: So & Mo geschl.)*

7 Maledetti Toscani, Montepulciano
Alle Stücke aus Leder, Schmiedeeisen und Kupfer wurden in der Toskana handgefertigt. *Karte F4 • Via Voltaia nel Corso 40 • tägl. 10–20 Uhr*

8 Bottega del Rame, Montepulciano
Die Mazzettis stellen schöne Kupferwaren her. *Karte F4 • Via dell' Opio nel Corso 64 • tägl. 9.30–19.30 Uhr*

9 Souvenir Bernardini, Montalcino
Vom Kupferkessel bis zu Grappagläsern – alles wurde im Ort gefertigt. *Karte E4 • Piazzale Fortezza 1 • tägl. 10–20 Uhr (Winter: bis 18 Uhr)*

10 Legatoria Koiné, Montepulciano
Hier gibt es hochwertige, in Leder gebundene Notizbücher. *Karte F4 • Via Gracciano nel Corso 22 • tägl. 8.30–13 Uhr, 15.30–19 Uhr*

La Solita Zuppa

Online-Shop der Enoteca La Fortezza in Montalcino
www.enotecalafortezza.com

Schmitt & Hahn
Bahnhofsbuchhandlungen
Im Hauptbahnhof
90443 Nürnberg
Tel. +49 911 2146730

NACHBON
BON 1541461384

Datum: 11.03.2011 10:55:59
Bediener: Frau Wegner
Bereich: Standard
Filiale: Nürnberg Mitte
Kasse: 55 Nürnberg Mitte
Kundengr.: Standard

Top 10 Florenz & Toskana .... 9,95 EUR (7%)

Summe: 9,95 EUR
Summe (Netto): 9,30 EUR
7% MwSt: (Netto: 9,30 EUR) 0,65 EUR

Bar 10,00 EUR 10,00 EUR
Rückgeld Bar 0,05 EUR

USt-IdNr. 143279282
Danke für Ihren Einkauf

Preiskategorien

Preis für ein Drei-Gänge-Menü pro Person mit einer halben Flasche Wein, inkl. Steuern und Service.

€	unter 25 €
€€	25–35 €
€€€	35–55 €
€€€€	55–70 €
€€€€€	über 70 €

Links **Trattoria, Montalcino** Rechts **Ristorante Zaira, Chiusi**

TOP 10 Restaurants

1 La Chiusa, Montefollonico

Die kreative toskanische Küche in der alten Mühle (18. Jh.) erhielt 2002 einen Michelin-Stern. *Karte F4 • Via della Madonnina 88 (bei Montepulciano/Pienza) • 0577 669 668 • www.ristorantelachiusa.it • Di geschl. • €€€€€*

2 Ristorante del Poggio Antico, bei Montalcino

Das feine Restaurant befindet sich in den ehemaligen Ställen eines Brunello-Weinguts. Für die einfallsreiche Toskana-Küche und das hausgebackene Brot muss man reservieren. *Karte E4 • Loc. 1 Poggi • 0577 849 200 • So nachmittags, Mo & 3 Wochen im Jan geschl. • €€€€*

3 Ristorante Zaira, Chiusi

Spezialität des besten Restaurants in der »Stadt der Gourmets« ist *pasta del lucumone* (»Pasta des großen Königs«), ein Auflauf mit Schinken und drei Käsesorten. *Karte F5 • Via Arunte 12 • 0578 20 260 • Winter: Mo geschl. • €€*

4 La Solita Zuppa, Chiusi

Das gemütliche Lokal serviert Südtoskana-Gerichte wie *pici* mit Entensauce. *Karte F5 • Via Porsenna 1 • 0578 21 006 • www.lasolitazuppa.it • Di & Jan–Feb geschl. • €€*

5 La Fattoria, Lago di Chiusi

Das einstige Gasthaus am See bietet fangfrischen Fisch sowie selbst gemachte Schinken und Pasta. *Karte F4 • Via Lago di Chiusi (5 km östlich von Chiusi) • 0578 21 407 • €€*

6 Il Cantuccio, Montepulciano

Il Cantuccio bietet bodenständige toskanische Küche, exzellente Antipasti und besonders gute Entengerichte. *Karte F4 • Via delle Cantine 1–2 • 0578 757 870 • Mo geschl. • €€*

7 Trattoria Latte di Luna, Pienza

Die einfachen Südtoskana-Gerichte werden im Freien serviert. Probieren Sie *pici* mit Knoblauchtomaten oder das Spanferkel. *Karte F4 • Via San Carlo 2–4 • 0578 748 606 • Di geschl. • €€*

8 Osteria Sette di Vino, Pienza

Die kleine Osteria bietet gemischte Platten mit *pecorino*, Salami und ein Salatdressing nach Familienrezept. *Karte F4 • Piazza di Spagna 1 • 0578 749 092 • €*

9 L'Angolo, Montalcino

Die kleine beliebte Trattoria im Zentrum serviert u. a. *pinci* in Wildschweinsauce und Kalb mit Waldspargel. *Karte E4 • Via Ricasoli 9 • 0577 848 017 • €€*

10 Fattoria Pulcino, Montepulciano

An langen Holztischen wird gut, einfach und reichhaltig gegessen. Das Weingut in Familienbesitz verkauft seine Weine und Erzeugnisse im eigenen Laden. *Karte F4 • Via S146 über Chianciano 37 (3 km südwestlich der Stadt) • 0578 758 711 • €*

Falls nicht anders angegeben, akzeptieren alle Restaurants Kreditkarten und bieten auch vegetarische Gerichte an.

Links **Essen im Freien, Elba** Mitte **Rinder, Monti dell'Uccellina** Rechts **Dächer, Elba**

Südküste & Maremma

WEITE EBENEN, SANFTE HÜGEL *und alte Städte wie Pitigliano und Sorano zeichnen die vom Fremdenverkehr noch relativ unentdeckte Region aus. Die überwucherten Täler bergen etruskische Gräber, Altäre und Hohlwege* (siehe S. 126). *Das Kernland des alten Etrurien war Stätte bedeutender Siedlungen und fruchtbare Kornkammer. Die Etrusker hatten die Sümpfe trockengelegt und in Ackerland verwandelt, ihre Kanäle verlandeten jedoch unter den Römern, sodass aus dem Gebiet wieder ein Malaria-Sumpf wurde. Die Bevölkerung schrumpfte und die antiken Städte verfielen. Die meisten toskanischen Herrscher vernachlässigten die Maremma. 1828 begann Großherzog Leopold I., das Land wieder trockenzulegen. Die Region bietet viele Etruskerstätten, Strände, den schönsten Nationalpark der Toskana und die Tyrrhenischen Inseln.*

TOP 10 Attraktionen

1. Pitigliano
2. Elba
3. Monti dell'Uccellina
4. Monte Argentario
5. Grosseto
6. Sovana
7. Populonia
8. Sorano
9. Saturnia
10. Giglio

Strand auf Elba

Nationalpark Maremma **www.parco-maremma.it**

Burganlage auf Felsen, Pitigliano

1 Pitigliano

Das etruskische Pitigliano scheint direkt aus dem felsigen Untergrund zu wachsen. Größte Attraktion der Stadt ist das mittelalterliche Ambiente. Der Palazzo Orsini aus dem 13. Jahrhundert – Giuliano da Sangallo erweiterte die ehemalige Burg – ist selbst ein Museum, beherbergt aber auch das Museo Civico Archeologico für etruskische Funde aus der Umgebung. Die Führungen in der Synagoge (Mittwoch, Freitag und Sonntag) widmen sich Pitiglianos jüdischem Erbe, das während der Deportationen durch die Nationalsozialisten fast völlig verschwand. *Karte F6 • Informationsbüro: Piazza Garibaldi 51 • 0564 617 111 • www.lamaremmafabene.it*

2 Elba

Der Name der Ferieninsel leitet sich ab vom griechischen Wort *Aithália*, das die Funken, die beim Eisenschmieden sprühten, beschreibt. In Portoferraio, wo die Fähren von Piombino anlegen, gibt es zwei Festungen mit Parks, Napoléons Villa dei Mulini (seine Villa San Martino südlich der Stadt ist interessanter) und ein archäologisches Museum. Porto Azzuro war die spanische Hauptstadt der Insel. In dem lebhaften Urlaubsort erinnert noch einiges an die alte Fischerstadt. Capoliveri auf dem Hügel ist für das Nachtleben und die mittelalterlichen Gassen bekannt. Das antike Marciana ist ein guter Ausgangspunkt für Ausflüge in den Westen der Insel *(siehe S. 69)*. *Karte C5 • Informationsbüro: Calata Italia 26 Portoferraio • 0565 914 671 • www.arcipelago.turismo.toscana.it*

Portoferraio, Elba

3 Monti dell'Uccellina

Das »Gebirge des kleinen Vogels« an der Küste ist das größte geschützte Parkland der Toskana. In den Kiefernwäldern leben Wildschweine, Rotwild und Stachelschweine, im nördlichen Marschland leben Vögel. Im Park gibt es außerdem unberührte Strände, eine Wildpferdherde und langhörnige Maremma-Rinder. Von Albarese aus fahren Busse in das Zentrum des Parks. *Karte E6 • Parkeingang in Albarese • 0564 407 098 • tägl. 7 Uhr–Dämmerung (Okt–14. Juni: ab 9 Uhr) • Eintritt • www.parco-maremma.it*

4 Monte Argentario

Die ruhige, wunderschöne Halbinsel hat eine beinahe kreisrunde Form. Monte Argentario ist über Deiche vom toskanischen Festland aus erreichbar *(siehe S. 69)*. *Karte E6 • Informationsbüro: Corso Umberto 55, Porto Santo Stefano • 0564 814 208 • www.lamaremmafabene.it*

Weitere Informationen über die Insel Elba **www.infoelba.net**

Links **Belebte Straße, Grosseto** Rechts **Populonia-Grab**

5 Grosseto

Grosseto ist nicht besonders attraktiv. Wer sich für etruskische Geschichte interessiert, sollte jedoch das Museo Civico Archeologico e d'Arte della Maremma besuchen. Hier sind Funde aus der Maremma und Kunstwerke aus Kirchen der Stadt untergebracht, u. a. *Das jüngste Gericht* (13. Jh.) von Guido da Siena und *Madonna der Kirschen* von Sassetta. In der Kirche San Francesco (13. Jh.) sind Freskenfragmente und ein Hochaltar-Kruzifix (1285), das Duccio zugeschrieben wird, zu sehen. *Karte E5 • Informationsbüro: Via Monterosa 206 • 0564 462 611 • www.lamaremmafabene.it*

6 Sovana

Der Ort war einst eine etruskische Stadt und ein römisches *Municipium*. Hier wurde um 1020 Hildebrand aus dem Geschlecht der Aldobrandeschi – der spätere Papst Gregor VII. – geboren. Auf dem Hauptplatz stehen der mittelalterliche Palazzo Pretorio und die Kirche Santa Maria mit Fresken aus dem 15. und einem seltenen Altar-Baldachin aus dem 9. Jahrhundert. Im Duomo am Stadtrand sind frühmittelalterliche Schnitzereien zu sehen. Auf den Hügeln und im Tal gibt es zahlreiche Gräber, Altäre und *vie cave (siehe Kasten)* der Etrusker. Das besterhaltene Grab ist die Tomba Ildebranda. *Karte F6*

Vie Cave

Warum die Etrusker die engen, bis zu 20 Meter tiefen Hohlwege im felsigen Boden der Maremma anlegten, ist nicht bekannt. Die oft kilometerlangen Korridore könnten der Verteidigung oder religiösen Zwecken (einige führten zu Gräbern oder Altären) gedient haben. Es könnte auch Vieh hindurchgetrieben worden sein.

7 Populonia

In Populonia wurde jahrhundertelang Eisenerz von der Insel Elba verhüttet. Unter den dabei entstandenen Schlackehalden entdeckte man eine etruskische Nekropole. Sechs Gräber sind zugänglich. Das Museo Gasparri zeigt viele Ausgrabungsfunde. *Karte C5 • Baratti • 0565 29 002 • Nekropole: März–Mai & Okt: Di–So 10–18 Uhr; Juli & Aug: tägl. 10–19 Uhr; Juni & Sep: Di–So 10–19 Uhr; Nov–Feb: Sa, So 10–16 Uhr • Eintritt*

Sovanas mittelalterlicher Platz

Etruskische Ausgrabungsstätten in der Toskana **www.parchivaldicornia.it**

Etruskergrab, Sovana

8 Sorano

Die alte etruskische Stadt scheint an den Felsen abzurutschen. Die restaurierte Festung der Aldobrandeschi (13. Jh., 1552 von den Orsini ausgebaut), ist heute teils Mittelalter-Museum, teils Hotel *(siehe S. 142)*. Die Festung Massa Leopoldino (18. Jh.) ist für Besucher zugänglich.

Karte F5 • Informationsbüro: Piazza Busati • 0564 633 099 • www.comune.sorano.gr.it

9 Saturnia

Die meisten Besucher kommen nicht wegen der Kleinstadt selbst oder der Sieneser Burg (15. Jh.) nach Saturnia, sondern wegen des mineralienreichen Wassers. Das schwefelhaltige Wasser, das leicht nach faulen Eiern riecht, speist ein elegantes Vier-Sterne-Spa, einen Hotelkomplex und die natürlichen Felsenbecken an den Cascate del Gorello *(siehe S. 68f)*. *Karte E6*

10 Giglio

Auf der hügeligen Insel vor Monte Argentario (Fähren ab Porto Santo Stefano) gibt es den mittelalterlichen Ort Castello über den Hafenanlagen, einen Strand am Hafen sowie einen Strand und Unterkünfte an der Bucht von Campese. Der hiesige Wein Ansonico ist vor allem Italienern bekannt, die hier die Sommerwochenenden verbringen. *Karte D6 • Informationsbüro: Via Provinciale 9 • 0564 809 400 • www.isoladelgiglio.it*

Ein Tag in der Maremma

Vormittag

Beginnen Sie den Tag in **Pitigliano** *(siehe S. 125)*, der eindrucksvollsten Stadt in der Maremma, und besuchen Sie im Palazzo das archäologische Museum. Fahren Sie danach gen Norden nach **Sorano**. Wenn Sie an einer Führung durch die Keller der Fortezza degli Orsini interessiert sind, sollten Sie vor 11 Uhr dort sein. Erkunden Sie dann die einsame Gegend um die Via delle Rovine. Fragen Sie in der Fortezza nach einem Lageplan, in dem Etruskergräber und *vie cave* verzeichnet sind. Achten Sie in Richtung Sovana auf Hinweisschilder zu den Ruinen *(tomba, ippogeo, via cava)* und erkunden Sie ein paar davon.

Danach können Sie in **Sovana** zu Mittag essen.

Nachmittag

Werfen Sie einen Blick in die Kirche Santa Maria und in den Duomo (11.–13. Jh.) mit sehenswerten Reliefs. Folgen Sie anschließend der Straße gen Westen durch San Martino sul Fiora (Etruskerstätten am Weg). Fahren Sie dann in Richtung Süden nach **Saturnia**. Lassen Sie das Spa außen vor und gehen Sie lieber zu den Cascate del Gorello. Dort können Sie im warmen Wasser der natürlichen Felsenbecken baden. Auf der Fahrt nach Süden erreichen Sie bei Manciano die Küstenstraße A12: Sie führt nach Süden zu den Etruskergräbern von Tarquínia und Cerveteri, oder in nördlicher Richtung nach **Monti dell'Uccellina** *(siehe S. 125)*, zu den Etrusker-Stränden sowie nach Piombino mit den Fähren nach **Elba** *(siehe S. 125)*.

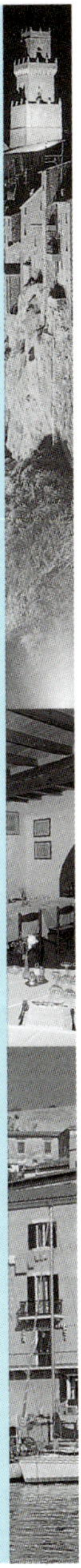

Links **Laden für Wassersportausrüstung** Mitte **Meerblick, Elba** Rechts **La Barca, Elba**

TOP 10 Sport & Aktivurlaub

1 Wandern, Parco Naturale della Maremma & Monti dell'Uccellina

Die »Strada degli Olivi« führt zum Strand, Weg 1 (7,2 km) zu den Ruinen der Abtei San Rabano, Weg 2 (6 km) vorbei an Mittelalter-Türmen zur felsigen Südküste, Weg 3 (9,6 km) zu prähistorischen Höhlen und Weg 4 (12 km) durch den ganzen Park. Die Wege 3 und 4 sind zeitweise geschlossen (Juni – Sep). *Karte E5 • Eintritt*

2 Etruskergräber, Sovana

In der Stadt und der Festung gibt es Karten mit der Lage der Gräber und *vie cave*. *Karte F6*

3 Heiße Quellen, Saturnia

Saturnia ist für das schwefelhaltige Wasser bekannt *(siehe S. 68f)*. *Karte E6*

4 Strände, Elba

Boote fahren von Portoferraio zu einsamen Stränden an der Nordostküste. An der Westküste gibt es felsige Untiefen (ideal zum Schnorcheln). Die Inselchen südlich von Fetovaia bieten Sandstrände. *Karte C5*

Wanderwegweiser

5 Tauchen & Schnorcheln, Elba

Das Tauchzentrum bietet Ausrüstung, Kurse für Anfänger und Fortgeschrittene sowie Tauchgänge bei Tag und Nacht. *Karte C5 • Elba Diving Center, Viale Aldo Moro Marciana Marina • 0565 904 256 • www.elbadiving.it*

6 Segeln & Windsurfen, Elba

Auf Elba kann man Surfbretter, Schlauchboote und Katamarane mieten und Kurse besuchen. *Karte C5 • Aloha • Spiaggia di Lido, Capoliveri • 0368 521 714*

7 Reiten an der Küste

An der Orbetello-Lagune starten Reitausflüge. Von Juni bis September werden Mondscheinritte angeboten. *Karte E6 • Il Barbazzale di Amalfitano, Via Aurelia 146, Orbetello Scalo • 0564 864 208*

8 Wandern, Elba

Auf den Wanderkarten des Informationsbüros sind Touren mit einer Dauer von 90 Minuten bis zu einem Tag verzeichnet. Bei der Monte-Capenne-Tour, vorbei am Sanctuario di San Cerbone, kann man für den Hin- oder Rückweg auch die Seilbahn nutzen. *Karte C5*

9 Tauchen, Monte Argentario

Die Gewässer um Monte Argentario und die Inseln Giglio und Giannutri sind ein beliebtes Tauchrevier. *Karte E6 • Pelagos Diving Center, Lungomare A. Doria 11–13, Porto Ercole • 0564 834 200 • www.pelagosdc.com*

10 Strände, etruskische Küste

An der »etruskischen Küste« südlich von Livorno liegen die kiefernbestandene, halb abgeschiedene Marina di Albarese und der Ferienort San Vincenzo. *Karte C4*

Preiskategorien

Preis für ein Drei-Gänge-Menü pro Person mit einer halben Flasche Wein, inkl. Steuern und Service.

€	unter 25 €
€€	25–35 €
€€€	35–55 €
€€€€	55–70 €
€€€€€	über 70 €

Links **Abendessen im Freien** Rechts **La Canocchia**

TOP 10 Restaurants

1 Gambero Rosso, San Vicenzo

Das elegante, blau-weiß eingerichtete Spitzenrestaurant ist auf Seafood spezialisiert *(siehe S. 72)*. *Karte C4 • Piazza della Vittoria 13 • 0565 701 021 • Nov–Dez geschl. • €€€€€*

2 Da Caino, Montemerano

Die angesehene Küche des rustikalen, aber eleganten Maremma-Restaurants bietet regionale Speisen mit Zutaten der Saison, Brot und Pasta aus eigener Herstellung und eine große Weinauswahl. *Karte E6 • Via Chiesa 4 • 0564 602 817 • Mi geschl. • €€€€€*

3 Emanuele, Elba

In der Strandhütte gibt es Elbas bestes Seafood, frische Gemüsegerichte und exzellente Desserts. Der kleine Hof führt zum Kiesstrand. *Karte C5 • Loc. Enfola, bei Portoferraio • 0565 939 003 • €€€*

4 Il Tufo Allegro, Pitigliano

Zu jedem der kreativen Gerichte aus regionalen Zutaten empfiehlt die Besitzerin den passenden Wein. *Karte F6 • Vicolo della Constituzione 5 • 0564 616 192 • Di & Mi mittags geschl. • €€*

5 Osteria del Noce, Elba

Vor dem sanft beleuchteten rustikalen Raum liegt eine schöne Terrasse mit Meerblick. Die Rezepte für die Gerichte stammen wie die Besitzer aus Ligurien. *Karte C5 • Via della Madonna 14, Marciana • 0565 901 284 • €€€*

6 Osteria del Buco, Castiglione della Pescaia

Die kleine Keller-Osteria serviert in dem Fischerdorf und Ferienort Maremma-Küche mit Fisch und Fleisch. Der gesellige Besitzer sorgt für gute Laune. *Karte D5 • Via del Recinto 11 • 0564 934 460 • €€*

7 La Barca, Elba

Das beste Restaurant in Portoferraio liegt oberhalb der Uferstraße und hat eine umwachsene Markise. Genießen Sie typische Elba-Gerichte wie *spaghetti alla bottarga* (mit getrocknetem Thunfischrogen). *Karte C5 • Via Guerrazzi 60–62, Portoferraio • 0565 918 036 • €€*

8 Ristorante dei Merli, Sovana

Das Restaurant der Familie Merli im Albergo Scilla am Hauptplatz serviert köstliche Maremma-Küche mit persönlichem Touch *(siehe S. 144)*. *Karte F6 • Via R. Siviero 1–3 • 0564 616 531 • €€*

9 La Canocchia, Elba

In dem einfachen Restaurant nahe am Meer kann man perfekt zubereitetes Seafood genießen. *Karte C5 • Via Palestro 2/4, Rio Marina • 0565 962 432 • €€*

10 La Taverna Etrusca, Sovana

Die Taverne bietet gute toskanische Küche. Das Gebäude mit Deckenbalken und Steinbogengängen stammt aus dem 13. Jahrhundert. *Karte F6 • Piazza del Pretorio 16 • 0564 616 183 • €€*

Falls nicht anders angegeben, akzeptieren alle Restaurants Kreditkarten und bieten auch vegetarische Gerichte an.

FORNO A VA
AMEDEO GI
FOCA
COME UN GRIDO

REISE-INFOS

Praktische Hinweise 132

Anreise 133

In der Toskana unterwegs 134

Themenferien 135

Shopping-Tipps 136

Die Toskana für wenig Geld 137

Restaurant-Tipps 138

Hotel-Tipps 139

Geld & Kommunikation 140

Sicherheit & Gesundheit 141

Hotels 142–149

Links **Informationsbüro** Mitte links **Besucher in Florenz** Mitte rechts **Internet-Café** Rechts **Polizisten**

TOP 10 Praktische Hinweise

1 Fremdenverkehrsamt

Das staatliche italienische Fremdenverkehrsamt ENIT (Ente Nazionale Italiano per il Turismo) bietet Grundinformationen für Italienurlauber. Detailliertere Informationen halten die Informationsbüros vor Ort bereit.

2 Informationsbüros

Die freundlichen Mitarbeiter der Informationsbüros vor Ort *(informazioni turistiche)*, oft mit »APT« oder »Pro Loco« gekennzeichnet, bieten Besuchern u. a. kostenlose Karten und Hotelverzeichnisse und informieren über Öffnungszeiten.

3 Einreise

Seit die Grenzkontrollen bei den »Schengen-Staaten« entfallen sind, müssen Bürger der EU und der Schweiz bei der Einreise keinen Ausweis mehr vorlegen. Ein gültiger Pass oder Personalausweis muss dennoch mitgeführt werden. Innerhalb von drei Tagen muss man sich bei der Polizei registrieren lassen – in der Regel erledigt dies das Hotel.

4 Zoll

Bei der Einreise dürfen Sie zehn Liter Spirituosen mit mehr als 22 Prozent Alkohol, 90 Liter Wein, 110 Liter Bier und 800 Zigaretten einführen. Jugendliche unter 17 Jahren dürfen weder Tabak noch Alkohol einführen.

5 Öffnungszeiten

Die meisten Läden öffnen um 8 oder 9 Uhr und schließen zwischen 18 und 20 Uhr. Die Mittagspause dauert von 12.30 oder 13 Uhr bis 15 oder 16 Uhr (auch in Museen und Kirchen). In größeren Städten sind die Läden meist durchgehend geöffnet *(orario continuato)*.

6 Strom

Die Netzspannung in Italien beträgt 230 Volt. Alle gängigen Flachstecker passen ohne Adapter.

7 TV & Zeitungen

Viele Hotels mit drei und mehr Sternen bieten Satelliten-TV. Kioske auf Bahnhöfen und zentralen Plätzen führen oft ausländische Publikationen.

8 Beste Reisezeit

Im Herbst, wenn Weintrauben (September) und Oliven (Oktober) geerntet werden und frisches Wildschwein und Trüffeln auf der Speisekarte stehen, ist die Toskana am schönsten. Auch im Frühjahr sind die Hotels gut besucht. Das Klima ist meist mild, im August kann es jedoch drückend sein, im Januar gelegentlich schneien.

9 Hauptsaison & Feiertage

Die Hauptsaison reicht von Ostern bis Oktober. Hotels in Florenz sind zur Osterzeit meist ausgebucht, die Strandorte sind im Juli und August überfüllt. Die Städte sind dagegen zwischen dem 15. und 31. August oft wie ausgestorben. Von Mitte September bis Mitte Oktober sowie Ende April bis Ende Mai kommen die meisten Besucher. 1. und 6. Januar, Ostern, 25. April, 1. Mai, 2. Juni, 15. August, 1. November sowie 8., 25. und 26. Dezember sind Feiertage.

10 Reisegepäck

Italiener legen Wert auf gute Kleidung. Nehmen Sie einen Anzug bzw. ein Kostüm mit. Ein paar Restaurants verlangen Jackett und Krawatte. In Kirchen sollten Sie Schultern und Knie bedecken.

Konsulate

Deutsches Honorarkonsulat
- *Corso dei Tintori 3, 50122 Florenz*
- *055 234 3543*

Österreichisches Honorarkonsulat
- *Lungarno A. Vespucci 58, 50123 Florenz*
- *055 265 4222*

Schweizer Konsulat
- *Piazzale Galileo 5, 50125 Florenz*
- *055 222 434*

Information

ENIT
- *www.enit.it*

Fremdenverkehrsverband der Toskana (APT)
- *Via Cavour 1, Florenz*
- *055 290 832* • *www.turismo.intoscana.it*

Links **Flughafen Amerigo Vespucci, Florenz** Mitte **Zug in Pisa** Rechts **Fähre, Livorno**

TOP 10 Anreise

1 Mit dem Flugzeug nach Florenz

Florenz kann man direkt u.a. von Frankfurt, München, Wien, Zürich und Genf aus anfliegen. Neben der italienischen Fluggesellschaft Alitalia fliegen Lufthansa, Swiss und Austrian Airlines mehrmals täglich nach Florenz. Außer Linienflügen werden auch Charterflüge eingesetzt. Vor allem im Sommer lohnt es sich, diese rechtzeitig zu buchen.

2 Mit dem Flugzeug nach Pisa

Das ganze Jahr über werden Direktflüge von fast allen deutschen Flughäfen nach Pisa angeboten. Von Frankfurt aus dauert der Flug ungefähr eineinhalb Stunden.

3 Mit dem Flugzeug via Rom

Falls Sie einen besonders preisgünstigen Flug in die italienische Hauptstadt ergattern, können Sie die schnelle, wenn auch teure Flugverbindung der Alitalia zwischen dem römischen Flughafen Fiumicino und Florenz nutzen.

4 Flughafen Pisa

Der Aeroporto Galileo Galilei ist der wichtigste Flughafen der Toskana. Ein regelmäßiger Zug- und Busverkehr verbindet den Flughafen mit dem Stadtzentrum. Die Fahrt dauert rund fünf Minuten. Für die einstündige Fahrt nach Florenz stehen Shuttle-Züge und -Busse bereit.

5 Flughafen Florenz

Der Aeroporto Firenze-Peretola (auch Aeroporto Amerigo Vespucci) ist klein. Shuttle-Busse *(Vola in Bus)* fahren alle 30 Minuten zum Hauptbahnhof von Florenz. Fahrkarten erhält man beim Fahrer.

6 Mit dem Zug

Florenz und Pisa sind die wichtigsten Zielbahnhöfe für Zugreisen in die Toskana. Zwischen dem Bahnhof Santa Maria Novella in Florenz und dem Flughafen Galileo Galilei bei Pisa besteht eine direkte Bus- und Bahnverbindung.

7 Bahnhof Santa Maria Novella, Florenz

An der Information gegenüber dem Bahnsteig *(binario)* 5 können Sie eine Unterkunft buchen. Am Ende von Bahnsteig 5 befindet sich die Zugauskunft, neben dem Bahnsteig 16 die Gepäckaufbewahrung. Eine Fußgängerunterführung am Ende von Bahnsteig 16 führt in das Stadtzentrum von Florenz.

8 Bahnhof Pisa

Pisa Centrale ist ziemlich groß. Die meisten gängigen Einrichtungen befinden sich entweder in der Bahnhofshalle oder an Bahnsteig 1. Das Informationsbüro liegt vor dem Bahnhof in der Nähe der Banca Nazionale del Lavoro. Vor dem Bahnhof halten auch die meisten Nahverkehrsbusse.

9 Bahnhof Siena

Der kleine Bahnhof vor den Stadtmauern ist zu Fuß etwa 20 Minuten vom Stadtzentrum entfernt. Die Busse Richtung Stadtmitte fahren gegenüber dem Bahnhof ab.

10 Mit dem Auto

Die *autostrada* A1 führt von Mailand über Bologna nach Florenz, die A12 von Genua nach Pisa, Grosseto und in die Maremma. Die Autobahnen in Italien sind mautpflichtig. Fahrer sollten neben Führerschein und Kfz-Papieren auch die grüne Versicherungskarte und das Europäische Unfallprotokoll (EUP) mitführen.

Fluglinien
www.alitalia.it
www.lufthansa.de
www.aua.com
www.swiss.com
www.airfrance.com
www.klm.nl

Internet-Buchung
www.airline-direct.de
www.airlines.de
www.flugboerse.de
www.flugbuchung.com
www.reisen.com
www.start.de

Flughafen Pisa
3 km südlich von Pisa
• 050 849 300
• www.pisa-airport.com

Flughafen Florenz
5 km nordöstlich von Florenz • 055 306 1300
• www.aeroporto.firenze.it

Links **Reisebus** Mitte links **Autovermietung** Mitte rechts **Mautschalter** Rechts **Taxi**

TOP 10 In der Toskana unterwegs

1 Mit dem Zug
Das Zugnetz der italienischen Staatsbahn FS *(Ferrovie dello Stato)* ist schnell und effizient, deckt aber nicht die ganze Toskana ab. In den Bahnhöfen gibt es gelbe Abfahrtspläne, weiße Ankunftspläne und Zeitungskioske, die Fahrpläne für ganz Italien verkaufen. Fahrkarten gibt es an Schaltern und Automaten. Wer sein Ticket nicht vor Fahrtantritt entwertet, riskiert ein Bußgeld von 50 €. Denken Sie daran, dass die Staatsbahn häufig bestreikt wird.

2 Mit dem Bus
Busse *(pullman)* sind in der Regel langsamer, jedoch nicht immer günstiger als Züge. Sie eignen sich für Fahrten in Städte ohne Bahnhof.

3 Mit dem Auto
Für Fahrten auf Nebenstrecken, in Bergstädte und Weingüter ist das Auto das beste Verkehrsmittel. Mietwagenfirmen in der Toskana sind selten billiger als ihre internationale Konkurrenz, bei der man Autos bereits im Heimatland günstig buchen kann.

4 Straßenkarten & Beschilderung
Die Straßenkarten des TCI (Touring Club Italiano) sind in ganz Italien erhältlich und sehr zu empfehlen. Auf den Wegweisern (grün für Autobahnen, blau für Staatsstraßen) stehen meist die Zielorte und nur selten die Straßennummern. Allerdings kann man sich auf die Schilderangaben nicht immer hundertprozentig verlassen. Erkundigen Sie sich vorab nach der erste größeren Ortschaft an Ihrer Route.

5 Verkehrsregeln
Sicherheitsgurte vorne und hinten sind Pflicht. Im Falle einer Panne ist ein Warndreieck erforderlich. In der Regel gelten folgende Tempolimits: innerorts 50 km/h, auf Landstraßen 90 km/h, auf Schnellstraßen 110 km/h, auf Autobahnen 130–150 km/h (bei Regen 110 km/h). Außerhalb geschlossener Ortschaften muss das Abblendlicht auch tagsüber eingeschaltet sein. Die Alkoholgrenze liegt bei 0,5 Promille. Telefonieren mit dem Handy am Steuer ist ohne Freisprechanlage verboten.

6 Maut & Tanken
Die A1 und die A11 (Florenz–Pisa) sind die einzigen Mautstraßen der Toskana. Die Spritpreise gleichen in etwa denen in Deutschland, Österreich und der Schweiz. Die meisten Tankstellen sind sonntags geschlossen. Selbstbedienungstankstellen akzeptieren Banknoten, häufig auch Kreditkarten.

7 Parken
Die meisten Hotels besitzen keine eigenen Parkplätze, verfügen aber über Stellplätze in Parkhäusern. Weiß markierte Parkplätze sind gratis, aber meist für Anwohner reserviert, blau markierte Parkplätze sind gebührenpflichtig. Auf gelb markierten Flächen ist das Parken verboten. Parkscheine müssen sichtbar hinter der Windschutzscheibe platziert werden.

8 Stadtbusse
Fahrkarten für Stadtbusse müssen vor der Fahrt bei Kiosken, Bars mit dem Zeichen des Busunternehmens, Tabakläden oder an den Endstationen erworben werden. Sie müssen im Bus entwertet werden und berechtigen in der Regel zum Umsteigen.

9 Taxis
Taxistände gibt es an Flughäfen und Bahnhöfen. Hotels und Restaurants ordern auf Wunsch Taxis. Gepäck sowie Fahrten nach 20 Uhr, am Sonntag und aus dem Stadtzentrum heraus kosten extra. Taxifahrer erwarten etwa zehn Prozent Trinkgeld.

10 Zu Fuß
In der Toskana kann man jede Altstadt zu Fuß in 20 bis 30 Minuten durchstreifen. Das häufige Kopfsteinpflaster erfordert feste, bequeme Schuhe.

Züge
www.ferroviedellostato.it
• 892 021

Mietwagen
www.avis.com
www.hertz.com
www.europcar.com
www.maggiore.it

Routenempfehlungen durch Florenz für behinderte Reisende
www.comune.fi.it/viverefirenze/itinerari.html

Links **Wegweiser** Mitte **Gruppenführung** Rechts **Radtour in der Chianti-Region**

Top 10 Themenferien

1 Pauschalreisen
Fluggesellschaften und Reiseveranstalter bieten günstige Pauschalreisen mit Anreise und Unterkunft an. Die Hotels gehören oft zu internationalen Ketten und stehen meist am Stadtrand. Wer näher an den Orts- und Stadtzentren unterkommen möchte, kann häufig auch in den dort ansässigen Hotels günstige Angebote nutzen.

2 Geführte Reisen
Teilnehmer einer geführten Reise haben den Vorteil, dass sie sich keine Sorgen um Sprachbarrieren und Transportprobleme machen müssen. Individuelle Wünsche werden allerdings nicht berücksichtigt und spontane Abstecher sind kaum möglich.

3 Studienreisen
Die Toskana ist eine beliebte Region für Studienreisen. Veranstalter haben Fahrten zu verschiedenen Themen im Programm, z. B. zu Kunst, Kultur oder Geschichte der Toskana *(siehe Kasten)*.

4 Radtouren
Die Toskana ist sowohl für den sportlichen als auch für den gemütlichen Radfahrer gleichermaßen geeignet. Der deutsche Veranstalter *Wikinger Reisen* organisiert Radreisen in die Toskana. Auch vor Ort kann man Tagestouren buchen und Fahrräder mieten. Nähere Auskünfte erhalten Sie in den Informationsbüros.

5 Kochkurse
In den Kursen toskanischer Chefköche können Sie lernen, wie man *ribollita*, gefüllte Pasta oder *bistecca* (Rindersteak) perfekt zubereitet. Die Schulen der bekannten Kochbuchautorin Lorenza de' Medici in Badia a Coltilbuono und des italienischen Fernsehkochs Giuliano Bugialli zählen zu den besten in der Chianti-Region.

6 Reiten
Auf dem Rücken eines Pferdes kann man die herrliche Landschaft auf besonders romantische Art erkunden. Anbieter wie Il Paretaio organisieren Reiterferien in der Toskana *(siehe Kasten)*.

7 Sprachkurse
Nirgendwo kann man die italienische Sprache besser lernen als in Italien selbst. Die besten Schulen der Toskana sind das ABC Centro di Lingua e Cultura Italiana in Florenz und das Centro Internazionale Dante Alighieri in Siena, wo man angeblich das beste Italienisch spricht. Örtliche Fremdenverkehrsbüros helfen bei der Suche nach Kursen und Lehrern.

8 Kunstkurse
Das Centro d'Arte Verrocchio in Casole d'Elsa bietet Kurse im Zeichnen, Malen und Bildhauen an. Im Lorenzo de' Medici Art Institute of Florence kann man Kurse in Aquarellmalerei, Restauration und Kunstgeschichte belegen.

9 Kurzführungen
Führungen in Kirchen und Museen sind manchmal kostenlos, manchmal muss man eine Gebühr entrichten. In vielen Städten können sich Besucher elektronische Stadtführer ausleihen. Auskünfte erteilen die Informationsbüros.

10 Private Führer
Die Informationsbüros verfügen über Listen mit lizenzierten Führern, die man stunden- oder tageweise buchen kann. Die Gebühren variieren.

Studienreisen
www.studiosus.de
www.schuelerfahrten.de
www.italien-kulturreisen.de

Radtouren
www.bikingtuscany.it
www.wikinger-reisen.de
www.ibikeitaly.com

Kochkurse
Lorenza de' Medici
• 0577 74 481
www.coltibuono.com

Giuliano Bugialli
www.bugialli.com

Reiten
www.pferdreiter.de
www.reiterreisen.com

Il Paretaio
• 055 805 9218
www.ilparetaio.it

Kunstkurse
Centro d'Arte Verrocchio
www.verrocchio.co.uk

Lorenzo de' Medici Art Institute of Florence
www.lorenzodemedici.it

Links **Ladenfront** Mitte links **Designer-Mode** Mitte rechts **Teller** Rechts **Lederwaren**

TOP 10 Shopping-Tipps

1 Öffnungszeiten
Die Läden sind in der Regel von 8 bis 20 Uhr geöffnet. Manche Ladeninhaber gönnen sich eine ausgedehnte Mittagspause *(siehe S. 132)*.

2 Bezahlung
Größere Läden akzeptieren meist alle gängigen Kreditkarten, kleinere bevorzugen Barzahlung. Manche großen Geschäfte nehmen auch Reiseschecks an, vor allem, wenn sie auf Euro ausgestellt sind. Laut Gesetz sind die Ladeninhaber und Marktverkäufer verpflichtet, ihren Kunden eine Quittung *(ricevuta fiscale)* auszustellen.

3 Handeln
Auf Märkten, seltener in Läden, haben Sie die Chance, durch geschicktes Verhandeln den Preis ein wenig zu drücken. Viele Markthändler stammen aus Ländern, in denen das Verhandeln eine Kunstform ist. Die Entrüstung bei der Forderung nach einem Preisnachlass ist meist nur vorgetäuscht. Egal, welchen Preis sie letztendlich aushandeln, der Verkäufer wird immer einen Gewinn verzeichnen können.

4 Mehrwertsteuer
In den ausgezeichneten Preisen sind 20 Prozent Mehrwertsteuer (IVA) enthalten. Nicht-EU-Bürger können ab einem Rechnungsbetrag von 155 Euro eine Rückerstattung beantragen.

5 Leder
Wenn Sie Lederwaren von hoher Qualität einkaufen möchten, dann sind sie in der Toskana und speziell in Florenz genau am richtigen Ort. Auf dem San-Lorenzo-Markt, in den Boutiquen von Ferragamo und Gucci sowie in der Lederschule der Kirche Santa Croce finden Sie mit Sicherheit Jacken, Taschen, Portemonnaies und Gürtel nach Ihrem Geschmack.

6 Mode
In der Toskana sind die Häuser Gucci, Pucci und Ferragamo zu Hause. Gucci und Prada betreiben Outlet-Shops *(siehe S. 96, S. 104)*. Auch die weniger bekannten edlen Modeboutiquen wie Madova (Handschuhe) und Sonia Fortuna (Kleidung) in Florenz sind einen Besuch wert. Top-Modeartikel sind hier allerdings auch nicht günstiger als anderswo auf der Welt.

7 Keramik
Toskanische Töpfer fertigen ausgesprochen dekorative Stücke an – von modernen Originalen über Kopien von Werken aus der Zeit der Renaissance bis hin zu Gebrauchsgeschirr. In Montepulciano, Siena und Cortona finden Sie u. a. traditionelle ländliche Muster, Porzellan von Richard Ginori und hervorragende Designs von Rampini *(siehe S. 96)*. Impruneta ist über die Grenzen hinaus für Terrakotta-Produkte bekannt.

8 Designobjekte
Italienisches Design wird in der ganzen Welt geschätzt. Zu den bekanntesten Beispielen zählen Sportwagen von Ferrari und Teekessel von Alessi. Einen Ferrari kann sich nicht jedermann leisten. Erschwinglicher sind z. B. Küchenutensilien, Haushaltswaren und Beleuchtungssysteme. Manche Produkte wurden von internationalen Top-Designern extra für italienische Hersteller entworfen.

9 Papier
Florenz ist für marmoriertes Papier berühmt. Bei der Herstellung wird Papier über die Oberfläche eines mit Ölfarben versetzten Wasserbads gezogen. Das Marmorpapier wird bogenweise als Geschenk- oder Briefpapier und in Form von Karnevalsmasken, Tieren oder Blumen in Schreibwarenläden verkauft. Dort gibt es auch in Leder gebundene Notizbücher, altmodische Füllfederhalter und Kalligrafie-Sets.

10 Wein
Die Toskana ist die Heimat einiger der besten Weine Italiens. Viele Weingüter verkaufen ihre Produkte im eigenen Laden, doch auch in nahezu jeder toskanischen Ortschaft gibt es gut sortierte Weinhandlungen. In diesen Läden werden meist weitere toskanische Spezialitäten wie Olivenöl, Käse und Gebäck angeboten.

Das Informationsbüro in Florenz verfügt über eine Liste mit Informationen zu allen Märkten der Stadt.

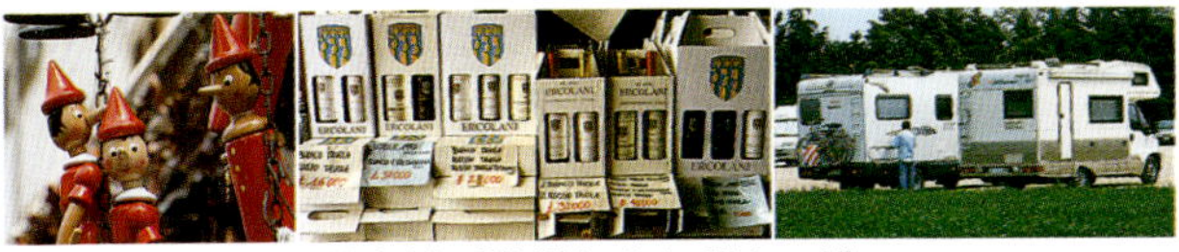

Links **Spielzeug auf einem Markt** Mitte **Edle Weine** Rechts **Wohnmobile**

TOP 10 Die Toskana für wenig Geld

1 Sightseeing gratis
Außer in der Collegiata in San Gimignano, dem Duomo in Pisa sowie in der Santa Maria Novella und der Santa Croce in Florenz ist der Eintritt in Kirchen frei. Die schönsten Kapellen verlangen dagegen eine Gebühr. Das tägliche Treiben auf einer Piazza ist stets sehenswert (die dortigen Cafés verlangen jedoch oft gesalzene Preise). In mittelalterlichen Gassen, Wein- und Olivenbergen kann man herrlich spazieren gehen.

2 Ermäßigungen
Sehenswürdigkeiten und Museen werden von verschiedenen Agenturen betrieben, die unterschiedliche Nachlässe gewähren. Die Altersgrenze für freien Eintritt kann bei sechs, zwölf, 14 oder 18 Jahren liegen. Auch Senioren ab 60 oder 65 Jahren und Studenten können vom Eintritt befreit sein. In staatlichen Museen ist der Besuch für Personen unter 18 und über 60 Jahren kostenlos. Viele Städte verkaufen Sammeltickets für mehrere Attraktionen.

3 Bahn-Nachlässe
Fahrgäste zwischen zwölf und 26 Jahren erhalten mit der Carta Verde zehn Prozent, Personen ab 60 Jahren mit der Carta Argento 15 Prozent Nachlass auf den Ticketpreis.

4 Auto-Leasing
Wer länger als 21 Tage ein Auto nutzen möchte, kann einen Kurzzeit-Leasingvertrag in Betracht ziehen. Dies ist oft günstiger als ein Mietwagen, außerdem erhält man nicht nur ein fabrikneues Auto, sondern auch eine Vollkaskoversicherung ohne Selbstbeteiligung.

5 Preiswert übernachten
Je näher ein Hotel am Zentrum liegt und je höher es eingestuft ist, desto teurer sind die Zimmer. Die günstigsten Hotels befinden sich meist am Stadtrand oder in wenig attraktiven Bahnhofsvierteln. Oft ist ein Ein- oder Zwei-Sterne-Hotel in Zentrumsnähe die bessere Wahl. Meiden Sie teure Getränke aus der Minibar und kostspielige Telefonate vom Hotelzimmer aus.

6 Preiswert essen
In Italien ist die Qualität des Essens nicht immer eine Sache des Preises oder der Restaurantkategorie. In einer günstigen Osteria kann man mitunter ebenso gut essen wie in einem feinen Ristorante. Eine Vorspeise kostet – trotz der kleineren Portion – oft genauso viel wie ein erster Gang. Hauswein ist günstiger als Flaschenwein, Leitungswasser *(acqua dal rubinetto)* ist meist gratis. *Tavole calde* und Bars bieten preisgünstige warme Mahlzeiten.

7 Picknick
Im Feinkostladen *(alimentari)*, beim Obsthändler *(fruttivendolo)*, in Bäckereien *(panetteria)*, Konditoreien *(pasticceria)* und Weinläden *(enoteca* oder *fiaschetteria)* erhalten Sie alles für ein köstliches Picknick.

8 Barzahlung
Barzahlung bringt in vielen Läden und kleinen Hotels Nachlässe. Manchmal spart man sich nur die Kreditkartengebühr, manchmal vermerken die Verkäufer die Zahlung nicht in den Büchern. Lassen Sie sich immer eine Quittung geben – laut Gesetz muss man in einem Umkreis von 400 Metern vom Laden eine Quittung vorzeigen können.

9 Nebensaison
In der Nebensaison von Mitte Oktober bis kurz vor Ostern senken Fluggesellschaften und Hotels die Preise. In den Wintermonaten stellen Spas und die Ferienorte an der Küste den Betrieb allerdings weitgehend ein.

10 Überlegt einkaufen
Einige Modeartikel sind in Italien nicht günstiger als anderswo auf der Welt. Dies gilt vor allem für Schuhe »Made in Italy«. In der Toskana haben Sie jedoch die Gelegenheit, sich bei einem traditionellen Schuhmacher relativ preisgünstige Schuhe anfertigen zu lassen. Die besten Preise für Kunsthandwerk erhalten Sie bei den Kunsthandwerkern selbst.

Preiswerte Hotels **siehe S. 145**

Links **Restaurant, Siena** Mitte links **An Tischen im Freien** Mitte rechts **Gedeck** Rechts **Kellner**

TOP 10 Restaurant-Tipps

1 Restauranttypen
Ein *ristorante* ist eher vornehm, elegant und teuer. Eine *trattoria* ist ein Familienbetrieb mit moderaten Preisen. Eine *osteria* ist eine Gaststätte, die einer *trattoria* oder einer Kneipe gleichzusetzen ist. Dort werden zum Wein kleine Snacks angeboten.

2 Mahlzeiten
Italienische Mahlzeiten, vor allem das Abendessen, dauern zwei bis vier Stunden. Als Abschluss trinkt man einen *espresso* (kleiner, starker Kaffee) oder auch einen Schnaps *(digestivo)*, etwa Grappa. Das Frühstück besteht meist nur aus einem *espresso* oder *cappuccino* (Kaffee mit Milchschaum) und einem süßen Croissant *(cornetto)*. In vielen Hotels gibt es ein Frühstücksbüfett, das wesentlich reichhaltiger ist.

3 Antipasto
Traditionelle Vorspeisen sind *crostini (siehe S. 64)*, *prosciutto* (Schinken) und Salami. Ebenfalls beliebt sind *panzanella*, ein Sommersalat mit eingeweichtem Brot, Tomaten, Zwiebeln, Basilikum und Olivenöl, und der Salat *caprese* mit Tomaten und frischem Mozzarella.

4 Primo
Der erste Gang besteht z. B. aus *pappardelle alle lepre* (mit Kaninchen) oder *al cinghiale (siehe S. 64)*, *pici* (handgerollte Spaghetti) oder *gnocchi* (kleine Klößchen aus Kartoffel- oder Spinat-Ricotta-Teig). Typische Suppen *(minestre)* sind *ribollita (siehe S. 64)*, *pappa al pomodoro* (aus Brot und Tomaten) und *zuppa di farro* (Getreidesuppe). *Risotto* wird meist mit Gemüsen der Saison zubereitet.

5 Secondo
Die Hauptspeise besteht aus Fleischgerichten wie *bistecca* oder *manzo* (Rind), *vitello* (Kalb), *agnello* bzw. *abbacchio* (Hammel bzw. Lamm), *pollo* (Huhn), *maiale* (Schwein), *cinghiale* (Wildschwein) *coniglio* (Kaninchen) und *anatra* (Ente). Das Fleisch wird meist gegrillt *(alla griglia)* oder gebraten *(arrosto)*. An Fischgerichten gibt es *branzino* (Wolfsbarsch), *acciughe* (Sardellen), *baccalà* (Stockfisch), *sogliola* (Seezunge), *orata* (Goldbrasse) und *rombo* (Scholle). Fisch wird gegrillt, gebraten oder *all' acqua pazza* (in Weißwein mit Tomaten oder Gemüse gedünstet) serviert.

6 Dolce
Die beliebteste Nachspeise sind einfache *cantuccini con vin santo (siehe S. 65)*. Auch Sahnedesserts wie *panna cotta* und *latte portugese*, Eiercremespeisen wie *crème caramel*, das berühmte *tiramisù* und *torta della nonna (siehe S. 65)* werden gern gegessen. Wer etwas Leichteres bevorzugt, sollte *macedonia* (Obstsalat) bestellen.

7 Wein & Wasser
Es gibt kaum eine italienische Mahlzeit ohne Wein *(vino rosso, vino bianco)*, der in 1-Liter- *(un litro)* oder ½-Liter-Karaffen *(mezzo litro)* als Hauswein *(vino della casa)* serviert wird. In der Toskana gibt es edle Weine wie Chianti, Brunello, Vino Nobile oder Vernaccia *(siehe S. 62f)*. Die Italiener trinken viel Mineralwasser zum Wein, manchmal mit Kohlensäure *(gassata, frizzante)*, meist jedoch ohne *(non-gassata, naturale)*.

8 Gedeck & Trinkgeld
Meist wird für *pane e coperto* (Brot und Gedeck) eine Gebühr verlangt. *»Servizio incluso«* auf der Speisekarte heißt: Der Service ist im Preis enthalten. Sonst sind 10–15 Prozent Trinkgeld üblich.

9 Etikette
Jackett- und Krawattenzwang sind unüblich. In gehobenen Restaurants müssen Sie reservieren. Der Service kann herzlich, aber auch zurückhaltend sein, er ist jedoch meist professionell.

10 Bars & Tavole Calde
Die meisten Bars servieren morgens *cappuccino* und *cornetto*, tagsüber *espresso* und abends *aperitivi*, dazu Sandwiches *(panini)*, Gebäck und Eis *(gelato)*. Eine *tavola calda* ist eine Cafébar mit einer Imbisstheke.

Toskanische Spezialitäten **siehe S. 64f**

Links **Hotelfassade** Mitte **Schild für Weinroute** Rechts **Blick von einem Balkon**

TOP 10 Hotel-Tipps

1 Hotels
Hotels in Italien haben einen (schlicht) bis fünf Sterne (luxuriös). Die Kategorien richten sich eher nach der Einrichtung als nach Charme oder Lage. Ab drei Sternen sind alle Zimmer mit Bad, TV und Telefon ausgestattet.

2 Agriturismo (Bauernhof)
Betriebene Höfe – meist Weingüter – bieten oft günstige Unterkünfte (bis zu 30 Betten) in ländlicher Umgebung. Manche sind luxuriös eingerichtet. Informationsbüros sowie Agriturist, Terra Nostra und Turismo Verde haben Listen der *Agriturismi*.

3 Villen-Vermietung
Wenn Sie an einer Villa interessiert sind, sollten Sie sich viele Fotos (auch aus den Fenstern) und den Grundriss des Anwesens besorgen. Fragen Sie, mit wie vielen Personen Sie die Villa oder das Anwesen teilen.

4 Villen-Vermittlung
Villen vermitteln u. a. die Agenturen Case in Italia, Cuendet, Sempre Italia, Toscana Tours und Versteckte Toskana *(siehe Kasten)*.

5 Privatzimmer
Privatzimmer reichen vom kleinen Schlafzimmer in einer Wohnung bis hin zur hübschen Unterkunft mit eigenem Eingang. Der Kontakt zur Familie variiert, aber es kann eine gute Möglichkeit sein, Einheimische kennenzulernen. In den Informationsbüros gibt es Listen mit privaten Vermietern.

6 Campingplätze
Die Toskana bietet viele Zeltplätze *(campeggi)*. Sie befinden sich in der Regel am Stadtrand, an der Küste und auf den Inseln. Italiener ziehen meist das Wohnmobil dem Zelt vor. Die Campingpreise ähneln denen in einem günstigen Hotel.

7 Jugendherbergen
In vielen größeren Städten gibt es preisgünstige Jugendherbergen. Hier übernachten viele Studenten aus der ganzen Welt. Die Schlafsäle sind nach Geschlechtern getrennt. In der Regel schließen die Herbergen gegen 24 Uhr. Die meisten offiziellen IYH Hostels liegen am Stadtrand.

8 Reservierung
Bekannte Hotels können über Monate ausgebucht sein. Florenz ist zu Ostern sowie im Mai und Juni oft überfüllt. Außerhalb dieser Zeit hat man kein Problem, eine Unterkunft zu finden.

9 Reservierungsservice
Informationsbüros und private Hotelvermittler helfen bei der Zimmersuche – zum Teil gegen eine geringe Gebühr. Hotelvermittler gibt es u. a. am Bahnhof in Florenz, im Informationsbüro von Pisa, an der Piazza San Domenico in Siena und in der Via San Giovanni in San Gimignano. Auch Internet-Agenturen bieten diesen Dienst an.

10 Preisvarianten
Zimmer ohne Bad und Aussicht sind oft preiswerter. Bei einem Aufenthalt ab drei Tagen kann man mit einer Ermäßigung rechnen. Ein Extrabett kostet 30–35 Prozent Aufpreis. Frühstück und Parkplatz können extra berechnet werden. Die Nutzung der Minibar und Telefonate vom Zimmer sind teuer.

Auf einen Blick

Agriturist
www.agriturist.it

Case in Italia
(09732) 918 80 (D)
• www.caseinitalia.com

Cuendet-Reiseagentur
(040) 500 490 73 (D)
• www.reiseagentur-klos.de

IYH Hostels
www.hostels.com

Sempre Italia
(02293) 902 590 (D)
• www.sempreitalia.com

Terra Nostra
www.terranostra.it

Toscana Tours
(06831) 466 76 (D)
• www.toscana-tours.de

Turismo Verde
www.turismoverde.it

Versteckte Toskana
02223 908 019 (D)
• www.versteckte toskana.com

➔ *Campingplätze in der Toskana*
www.camping.it/germany/toscana/vacanze

Links **Wechselstube** Mitte **Internet-Café** Rechts **Zeitungskiosk**

TOP 10 Geld & Kommunikation

1 Währung
Seit 2002 gilt in Italien der Euro. Alte Lira-Münzen und -Banknoten kann man bis zum 29. Februar 2012 bei der Banca d'Italia umtauschen.
www.bancaditalia.it

2 Geldautomaten
Am Geldautomaten *(bancomat)* können Sie mit der Maestro-/EC-Karte oder der Kreditkarte und PIN rund um die Uhr Geld abheben. Die Logos der akzeptierten Karten sind deutlich sichtbar.

3 Kreditkarten
Kreditkarten werden fast überall akzeptiert. Visa und MasterCard sind am weitesten verbreitet, gefolgt von American Express und Diners Club. In einigen Restaurants und Cafés kann man erst ab einem bestimmten Mindestbetrag mit der Kreditkarte bezahlen. Bei Verlust sollten Sie Ihre Kreditkarte sofort sperren lassen *(siehe Kasten)*.

4 Reiseschecks
Reiseschecks sind eine sichere Möglichkeit, größere Summen mitzunehmen. Bewahren Sie Quittung und Seriennummern immer getrennt von den Reiseschecks auf.

5 Geldwechsel
Wechselstuben haben länger geöffnet als Banken, bieten jedoch schlechtere Kurse. Auch in Hotels sind die Wechselkurse in der Regel ungünstig.

6 Telefon
Telefonkarten *(scheda telefonica)* für öffentliche Telefone gibt es in Tabakläden. Vor Gebrauch muss die markierte Ecke abgebrochen werden. Die Vorwahlnummern für Gespräche aus Italien sind: Deutschland 0049, Österreich 0043, Schweiz 0041. Den Dienst Deutschland Direkt für R-Gespräche in das deutsche Festnetz erreichen Sie unter der Nummer 800 172 490. Wenn Sie aus dem Ausland in Italien anrufen, wählen Sie 0039, dann die Ortsvorwahl mit der 0 am Anfang und anschließend die Teilnehmernummer.

7 Handy
Seit 2007 begrenzt die EU die Roaming-Gebühren in den Mitgliedsstaaten. 2010 beträgt der Minutenpreis für ein abgehendes Telefonat 0,39 € (2011: 0,35 €), ein ankommendes Gespräch kostet 0,15 € pro Minute (2011: 0,11 €), eine SMS kostet 0,11 €, Datenübertragungen pro MB 0,80 € (2011: 0,50 €). Stichtag ist jeweils der 1. Juli (alle Preise zzgl. Mehrwertsteuer).

8 Internet-Cafés
Es ist etwas schwierig, das Angebot an Internet-Cafés zu überblicken. Viele verschwinden bereits wieder kurz nachdem sie eröffnet haben. Erkundigen Sie sich im Informationsbüro. Manche Hotels statten Zimmer mit einem Internet-Anschluss aus.

9 Post
Standardbriefe und Postkarten können innerhalb Italiens als normale Post *(posta ordinaria)* oder als Expresspost *(posta prioritaria)* verschickt werden. Angesichts des häufig langsamen normalen Postdienstes empfiehlt sich *posta prioritaria*. Briefmarken *(francobolli)* und Aufkleber für *posta prioritaria* erhalten Sie im Postamt *(ufficio postale)* und in Tabakläden.

10 Postlagernde Sendungen
Postlagernde Sendungen benötigen die Angabe »c/o Fermo Posta, Ufficio Postale Principale« und den Namen der Stadt, in der man sie abholen will. Der Nachname des Empfängers sollte hervorgehoben sein. Post kann man gegen Gebühr und Vorlage des Ausweises abholen.

Kreditkartenverlust

Allgemeine Notrufnummer
- *0049 116 116*
- *www.116116.eu*

American Express
- *06 72 900 347*

Diners Club
- *800 864 064*

MasterCard
- *800 870 866*

Visa
- *800 819 014*

Maestro-/EC-Karte
- *0049 69 74 09 87*

Links **Briefkästen** Mitte links **Carabinieri** Mitte rechts **Ansichtskarten** Rechts **Apotheke**

TOP 10 Sicherheit & Gesundheit

1 Notfälle
Im Notfall erhalten Sie über die Nummer 113 oder die europäische Notrufnummer 112 Hilfe. Polizei, Feuerwehr und Krankenwagen können auch direkt angewählt werden *(siehe Kasten).*

2 Sicherheit
Italien ist ein sicheres Land. Außer Taschendieben gibt es wenig zu befürchten. Gewaltverbrechen sind selten. Wenn Frauen (besonders junge Ausländerinnen) eifrig beflirtet werden, so ist dies meist harmlos – dennoch sollten sich Frauen ein gesundes Misstrauen bewahren. Viele Italiener fahren aggressiv – seien Sie auf der Hut.

3 Taschendiebe
Größere Menschenansammlungen in Bussen, Bahnhöfen und an Sehenswürdigkeiten sind das bevorzugte Revier von Taschendieben. Tragen Sie Wertsachen versteckt am Körper oder bewahren Sie sie im Hotelsafe auf.

4 Bettler
Hüten Sie sich vor aufdringlichen Bettlern! Unter ihnen sind auch Kinder, die sich oft als geschickte Taschendiebe erweisen. Eine weit verbreitete List besteht darin, dass mehrere Kinder das Opfer umgeben und Schilder mit Wörtern hochhalten. Während Sie nach Kleingeld suchen, ist der Diebstahl vermutlich schon passiert.

5 Betrug
Betrügereien sind selten, dennoch fallen Urlauber ihnen hin und wieder zum Opfer. Manche Taxifahrer stellen das Taxameter auf »außerhalb der Stadt« ein oder geben zu wenig Wechselgeld heraus. In Restaurants kann Ihre Rechnung Positionen enthalten, die Sie nicht bestellt haben, oder Ihre Kreditkarte zweimal belastet werden.

6 Polizei
Die Stadtpolizei *(vigili urbani)* sieht man meist als Verkehrspolizisten, im Winter mit blauer, im Sommer mit weißer Uniform. Die *carabinieri* (Militärpolizisten) tragen schwarze Hosen mit roten Streifen. Sie sind für die verschiedensten Delikte zuständig, vom Diebstahl bis zur Geschwindigkeitsübertretung. Die *polizia* (Staatspolizei) trägt blaue Uniformen mit weißem Gürtel und Barett. Sie beschäftigt sich vor allem mit Schwerverbrechen. Jeder dieser Polizisten hilft Ihnen im Notfall. Das Polizeirevier heißt *questura.*

7 Krankenversicherung
Bürger der EU genießen mit der Europäischen Versicherungskarte (EHIC) bei zahnärztlicher und medizinischer Behandlung Krankenversicherungsschutz. Für manche Leistungen empfiehlt sich jedoch der Abschluss einer privaten Reisekrankenversicherung.

8 Krankenhäuser
Die Notaufnahme *(pronto soccorso)* eines Krankenhauses *(ospedale)* ist rund um die Uhr besetzt. In Florenz gibt es einen kostenlosen medizinischen Übersetzer-Service *(siehe Kasten).*

9 Apotheken
Eine Apotheke *(farmacia)* kann bei manchen kleineren Beschwerden helfen. Welche Apotheke Nachtdienst hat, ist an den Apotheken angeschrieben.

10 Wasser & Speisen
Das italienische Leitungswasser ist überall trinkbar außer in Zügen und dort, wo *»aqua non potabile«* steht. Machen Sie es wie die Italiener und trinken Sie Wasser aus der Flasche. Nahrungsmittel sind weitgehend sicher. Fisch und Seafood sollten Sie vorzugsweise gekocht verzehren.

Notrufnummern

Allgemeiner Notruf
• *113 oder 112*

Carabinieri
• *112*

Feuerwehr
• *115 oder 112*

Krankenwagen
• *118 oder 112*

Pannendienst
• *116 (kostenpflichtig)*

Medizinischer Übersetzer-Service
• *055 234 4567*

Italienische Polizei im Internet **www.poliziadistato.it**

Links **Blick auf Siena** Rechts **Villa San Michele, Fiesole**

TOP 10 Historische Hotels

1 Certosa di Maggiano, Siena

Das kleine luxuriöse Hotel in einem umgebauten Kloster (14. Jh.) präsentiert in den Gemeinschaftsbereichen schöne Antiquitäten. Die Zimmer sind schlicht, aber gut eingerichtet. Im Garten gibt es einen kleinen Pool. *Via Certosa 82 • Karte E4 • 0577 288 180 • www.certosadimaggiano.it • €€€€€*

2 Loggiato dei Serviti, Florenz

Das 1527 von Antonio Sangallo d. Ä. errichtete Gebäude bietet Zimmer im Stil der Hochrenaissance mit Himmelbetten. Die besten – wenn auch etwas lauteren – Zimmer liegen zu einer herrlichen Loggia mit Blick über den Platz. *Piazza Santissima Annunziata 3 • Karte P2 • 055 289 592 • www.loggiatodeiservitihotel.it • €€€€*

3 Della Fortezza, Sorano

1998 wurde in einem Flügel des Sorano-Schlosses (13. Jh.) dieses Hotel mit 16 Zimmern eingerichtet. Die Zimmer bieten Holzdecken, eine fantastische Aussicht und Möbel des 19. Jahrhunderts. In Sorano weht stets eine kühle Brise, weswegen die fehlende Klimaanlage nicht ins Gewicht fällt. Das Hotel ist im Januar und Februar nicht geöffnet. *Piazza Cairoli 5 • Karte F5 • 0564 632 010 • www.sovanahotel.it • €€€ • keine Klimaanlage*

4 Morandi alla Crocetta, Florenz

Das 1511 als Konvent gebaute Morandi gehört einer Irin. Einige Balken, Antiquitäten und Kunstwerke sind Reproduktionen, aber bei den Fresken handelt es sich um Originale aus dem 16. Jahrhundert. Es gibt nur zehn Zimmer. *Via Laura 50 • Karte P2 • 055 234 4747 • www.hotelmorandi.it • €€€€*

5 Villa Belvedere, Colle di Val d'Elsa

Dies war im 19. Jahrhundert die Residenz der lothringischen Großherzöge der Toskana. Die Zimmer, eine Mischung aus altem und neuem Dekor, bieten Blick auf den üppigen Park mit Pool und Tennisplatz. *Via Senese Belvedere, Loc. Belvedere • Karte E3/4 • 0577 920 966 • www.villabelvedere.com • €€€ • keine Klimaanlage*

6 Villa Pitiana, Florenz

In dem stark veränderten ehemaligen Kloster in einem Park am Stadtrand waren u. a. schon Galilei und Petrarca zu Gast. Es gibt einen Pool im Freien und ein gutes Restaurant. *Via Provinciale per Tosi 7 • Karte E3 • 055 860 259 • www.villapitiana.com • €€€€ • keine Klimaanlage*

7 L'Antico Pozzo, San Gimignano

Der Palazzo stammt größtenteils aus dem 15. Jahrhundert. Teile gehen auf Zeiten zurück, als hier Dante übernachtete und Inquisitionsprozesse stattfanden. In den großen Zimmern mit Eisenbetten herrscht ein antikes Flair. In den »Superior«-Zimmern sind Fresken (17. Jh.) zu sehen. *Via San Matteo 87 • Karte D3 • 0577 942 014 • www.anticopozzo.com • €€€*

8 Royal Victoria, Pisa

Pisas ältestes Hotel (1839 eröffnet) beherbergte Ruskin und Roosevelt. Ein paar Zimmer sind im Turm (10. Jh.) untergebracht. Einige Doppelzimmer zum Arno können zu Familiensuiten verbunden werden. *Lungarno Pacinotti 12 • Karte C3 • 050 940 111 • www.royalvictoria.it • €€€ • 40 von 48 Zimmern mit Bad • Garage*

9 Palazzo Ravizza, Siena

In dem Hotel (17. Jh.) in Familienbesitz sind in einigen Zimmern Fresken erhalten. Die Unterkünfte zum Garten sind ruhig. *Pian de Mantellini 34 • Karte E4 • 0577 280 462 • www.palazzoravizza.it • €€€€*

10 Albergo Pietrasanta, Pietrasanta

1997 eröffnete der Palazzo (17. Jh.) als Nobelhotel. Der Marmor für die Bäder stammt aus der Stadt zwischen Forte dei Marmi und Viareggio. *Via Garibaldi 35 • Karte C2 • 0584 793 726 • www.albergopietrasanta.com • €€€€€*

Wenn nicht anders angegeben, akzeptieren alle Hotels Kreditkarten und bieten Zimmer mit Bad und Klimaanlage.

Preiskategorien

Preis für ein Doppelzimmer pro Nacht mit Frühstück (falls inklusive), Steuern und Service.		
	€	unter 50 €
	€€	50–100 €
	€€€	100–150 €
	€€€€	150–200 €
	€€€€€	über 200 €

Links **Helvetia e Bristol, Florenz** Rechts **Häuser am Hafen, Portoferraio, Elba**

TOP 10 Luxushotels

1 Westin Excelsior, Florenz

Das Luxushotel am Arno ist die beste Adresse der Stadt. Die Zimmer sind opulent eingerichtet. Es gibt nur wenige Wünsche, die Hotel und Service nicht erfüllen. Fragen Sie nach einem Zimmer zum Arno. ✆ *Piazza Ognisanti 3 • Karte K3 • 055 27 151 • www.westin.com • €€€€€*

2 Villa San Michele, Fiesole

Michelangelo soll die Fassade des Klosters zwischen Florenz und Fiesole entworfen haben. Im Originalgebäude gibt es Doppelzimmer, in den Flügeln luxuriöse Suiten mit Blick auf Terrassengärten und Pool. ✆ *Via Doccia 4 • Karte E2 • 055 567 8200 • www.villasanmichele.com • €€€€€*

3 Helvetia e Bristol, Florenz

Es bietet weder alle Annehmlichkeiten des Excelsior noch die schöne Umgebung des San Michele, dennoch wirkt das Helvetia schicker. Außerdem liegt es zentraler als alle anderen Luxushotels von Florenz. ✆ *Via de Pescioni 2 • Karte M3 • 055 26 651 • www.royaldemeure.com • €€€€€*

4 Villa Scacciapensieri, Siena

Das Hotel befindet sich in einer hügeligen Parklandschaft vor Siena oberhalb der Stadtmauern. Die Villa aus dem 19. Jahrhundert bietet große Zimmer, darunter drei Luxussuiten. Die Mahlzeiten werden auf der Terrasse serviert. Es gibt einen Pool und Tennisplätze. ✆ *Via Scacciapensieri 10 • Karte E4 • 0577 41 441 • www.villascacciapensieri.it • €€€€*

5 Grand Hotel e La Pace, Montecatini

Für Kenner ist die prächtige Villa in einem großen bewaldeten Anwesen im Stadtzentrum die einzig wahre Unterkunft in Montecatini. Neben großen Zimmern bietet das Hotel ein Restaurant mit Fresken, einen Pool und einen Fitnessraum. ✆ *Via della Torretta 1 • Karte D2 • 0572 75 801 • www.grandhotellapace.it • €€€€€*

6 Il Pellicano, Monte Argentario

Die Luxusoase entstand 1964 auf einem wilden, malerischen Küstenstreifen. Die Anlage bietet zwischen Kiefern, Zypressen und Olivenbäumen gelegene Landhäuschen, eine Pianobar, einen Fitnessraum, ein Spa, Tennisplätze, einen Meerwasserpool und Wasserski. ✆ *Loc. Lo Sparcatello • Karte E6 • 0564 858 111 • www.pellicanohotel.com • €€€€€*

7 Il Chiostro di Pienza, Pienza

In dem ehemaligen Kloster (15. Jh.) im Stadtzentrum wurden die Mönchszellen in gut ausgestattete und modern eingerichtete große Zimmer verwandelt. Von hier blickt man auf die Hügel des Val d'Orcia. ✆ *Corso Rossellino 26 • Karte F4 • 0578 748 400 • www.relaisilchiostrodipienza.com • €€€€*

8 Gallia Palace, Punta Ala

Das beste Hotel im exklusivsten Strandurlaubsort der Toskana bietet große, geschmackvolle Zimmer, einen Privatstrand mit Booten und Kanus, einen Pool im Park, ein Spa, Zutritt zum Golfplatz nebenan und an Wochenenden ein Candle-Light-Dinner auf dem Rasen. ✆ *Punta Ala • Karte D5 • 0564 922 022 • www.galliapalace.it • €€€€€*

9 Villa Ottone, Elba

Dies ist die nobelste Unterkunft auf Elba, vor allem wenn Sie in der Originalvilla (19. Jh.) ein Zimmer ergattern. Das Hauptgebäude aus den 1970er Jahren bietet viele Terrassen mit Meerblick. Es gibt auch einen kleinen Pool, einen Tennisplatz und Wassersportausrüstung. ✆ *Loc. Ottone • Karte C5 • 0565 933 042 • www.villaottone.com • €€€€–€€€€€*

10 Locanda L'Elisa, Lucca

Die Villa (19. Jh.) südlich der Stadt hat zehn luxuriöse Suiten. In den üppigen Gärten befindet sich ein kleiner Pool. ✆ *Via Mora per Pisa 1952 • Karte C2 • 0583 379 737 • www.locandalelisa.it • €€€€€*

Weitere Luxushotels in der Toskana
www.escapio.com/luxushotels/toskana

Links **Zeichen für die Hotelkategorie** Rechts **Blick auf Montepulciano**

TOP 10 Komforthotels

1 Hotel San Michele, Cortona

Der schön restaurierte Renaissance-Palazzo aus dem 15. Jahrhundert im Herzen der Stadt hat fabelhafte Gästezimmer mit Deckenbalken und Antiquitäten. Aus vielen Zimmern kann man den Blick auf die Landschaft genießen. *Via Guelfa 15 • Karte F4 • 0575 604 348 • www.hotelsanmichele.net • €€€*

2 Pensione Pendini, Florenz

In der Pension hat sich in den letzten 120 Jahren – bis auf neue Betten und Möbel – wenig verändert. Die größeren Zimmer mit Blick auf die von Cafés gesäumte Piazza della Repubblica sind die besten. Die Brüder Abbolafaio begrüßen ihre Gäste warmherzig. Sie betreiben zwei weitere Hotels in der Stadt (eines beim Bahnhof, eines am Arno). *Via Strozzi 1 • Karte M3 • 055 211 170 • www.florenceitaly.net • €€€*

3 La Luna, Lucca

Das Hotel in Familienbesitz steht in einer Sackgasse abseits der belebten Shopping-Meile Luccas. Die Zimmer sind auf zwei Gebäude aufgeteilt. Die meisten Möbel sind modern. Die Zimmer im ersten Stock des älteren Baus weisen schöne Fresken aus dem 17. Jahrhundert auf. *Corte Compagni 12 • Karte C2 • 0583 493 634 • www.hotellaluna.com • €€*

4 Dei Capitani, Montalcino

Die ehemaligen Kasernen gehörten einst zum letzten Stützpunkt der Sieneser Truppen im Kampf gegen Florenz. Heute bieten die rustikalen Zimmer Ruhe, Komfort und einen schönen Blick über das Tal. Zur Straße hin gibt es Mini-Apartments, außerdem einen kleinen Pool auf der Terrasse. *La Lapini 6 • Karte E4 • 0577 847 227 • www.deicapitani.it • €€€*

5 Albergo Scilla, Sovana

Im Zentrum der malerischen Stadt bieten die acht mittelgroßen Zimmer eine Mischung aus Alt und Neu – geschnitzte Kopfenden an den Betten, Holzkommoden und nackte Wände treffen hier auf moderne Bäder und Glastische. *Via R. Siviero 1–3 • Karte F6 • 0564 616 531 • www.sovanahotel.it • €€*

6 Flora, Prato

Die Besitzer des zentral gelegenen Gasthofs leben im Obergeschoss, teilen aber ihre Dachterrasse mit den Gästen. Bei vegetarischen Mahlzeiten kann man den Blick auf das Castello und den Palazzo Comunale genießen. *Via Cairoli 31 • Karte D/E2 • 0574 33 521 • www.prathotels.it • €€–€€€*

7 Il Sole, Massa Marittima

Das einzige Hotel innerhalb der Stadtmauern ist rund 20 Jahre alt. Die Möbel im Libertà-Stil und die Perserteppiche in den Gängen versprühen in dem komfortablen Gasthof einen Hauch von Eleganz. *Corso della Libertà 43 • Karte D4/5 • 0566 901 971 • www.ilsolehotel.it • €€*

8 Albergo Duomo, Montepulciano

Der Familienbetrieb in der Nähe der Piazza Grande und der Kathedrale setzt in seinen modern eingerichteten Zimmern mit Holzkommoden und gusseisernen Betten rustikale Akzente. Im Sommer kann man im Hof frühstücken. *Via San Donato 14 • Karte F4 • 0578 757 473 • www.montepulcianohotels.it/duomo • €€ • keine Klimaanlage*

9 Patria, Pistoia

Das moderne Patria bietet viele Annehmlichkeiten und ist damit eines der wenigen guten Hotels in Pistoia. Die Lage zwischen Bahnhof und Duomo ist großartig. *Via F. Crispi 8 • Karte D2 • 0573 25 187 • www.patriahotel.com • €€*

10 Cavaliere Palace, Arezzo

Gute Hotels sind in Arezzo dünn gesät. Das zentral gelegene Cavaliere Palace wurde 1995 und 1999 überholt, seitdem sind die modernen, komfortablen Zimmer mit vielen Annehmlichkeiten versehen. Es gibt eine Frühstücksterrasse. *Via Madonna del Prato 83 • Karte F3 • 0575 26 836 • www.cavalierehotels.com • €€€*

Wenn nicht anders angegeben, akzeptieren alle Hotels Kreditkarten und bieten Zimmer mit Bad und Klimaanlage.

Blick auf die Insel Elba

Preiskategorien

Preis für ein Doppelzimmer pro Nacht mit Frühstück (falls inklusive), Steuern und Service.		
	€	unter 50 €
	€€	50–100 €
	€€€	100–150 €
	€€€€	150–200 €
	€€€€€	über 200 €

TOP 10 Preiswerte Hotels

1 Pensione Maria Luisa de' Medici, Florenz

Die riesigen Zimmer der wunderbar altmodischen Pension sind mit Möbeln aus den 1950er und 1960er Jahren eingerichtet. *Via del Corso 1 • Karte N3 • 055 280 048 • €€ • 2 von 9 Zimmern mit Bad • keine Klimaanlage • keine Kreditkarten*

2 Piccolo Hotel Puccini, Lucca

Paolo, der vielleicht freundlichste Hotelier der Stadt, hält sein kleines Gasthof-Juwel gut in Schuss. Bis auf zwei gehen alle hübschen Zimmer nach vorne hinaus. Wenn man sich etwas aus dem Fenster lehnt, kann man die romanische Fassade von San Michele sehen. *Via di Poggio 9 • Karte C2 • 0583 55 421 • www.hotelpuccini.com • €€*

3 Piccolo Hotel Etruria, Siena

Im Zentrum von Siena gibt es fast nur überteuerte oder hässliche Hotels. Das Etruria mit seinen makellosen Zimmern ist eine Ausnahme. Einziger Nachteil ist die Sperrstunde um 00.30 Uhr. Reservieren Sie rechtzeitig, da es nur 13 Zimmer gibt. *Via Donzelle 3 • Karte E4 • 0577 288 088 • www.hoteletruria.com • €€ • keine Klimaanlage*

4 Bellavista, Elba

Hier finden Gäste alles, was man von einem Inselhotel erwartet. Die Terrassen der meisten Zimmer ermöglichen den Blick über die Weinberge und Olivenhaine des Besitzers bis nach Sant'Andrea. Gäste können zum Strand oder zu einer abgelegenen Höhle wandern. Die einfachen, aber komfortablen Zimmer sind mit Kachelböden versehen. *Loc. Sant'Andrea • Karte C5 • 0565 908 015 • www.hotel-bellavista.it • €€ • keine Klimaanlage*

5 Bernini, Siena

Das kleine, beliebte Hotel befindet sich im Wohnhaus von Mauro und Nadia (Mauro unterhält seine Gäste gelegentlich mit dem Akkordeon). Die weiß getünchten Zimmer über dem Kloster St. Katharina sind ruhig, zwei bieten Blick auf den Duomo. *Via della Sapienza 15 • Karte E4 • 0577 289 047 • www.albergobernini.com • €€ • keine Kreditkarten • 2 Zimmer mit Klimaanlage • 4 von 9 Zimmern mit Bad*

6 Il Colombaio, Castellina in Chianti

In diesem umgestalteten Bauernhaus tragen das Panorama und die Antiquitäten zur ländlichen Atmosphäre bei. Das Hotel bietet neben den geräumigen Zimmern und gemütlichen Foyers auch einen kleinen Swimmingpool. *Via Chiantigiana 29 • Karte E3 • 0577 740 444 • www.albergoilcolombaio.it • €€€ • keine Klimaanlage*

7 Il Borghetto, Montepulciano

Der Familienbetrieb liegt in einer ruhigen Seitenstraße. Viele der gemütlichen Zimmer bieten Aussicht auf die Landschaft und antike Möbel. Eine zusätzliche Attraktion ist der durch das Anwesen verlaufende Teil der mittelalterlichen Stadtmauer. *Borgo Buio 7 • Karte F4 • 0578 757 535 • www.ilborghetto.it • €€€*

8 Hotel Abaco, Florenz

Das günstige Hotel-Juwel mit barocken Möbeln befindet sich in einem Gebäude (16. Jh.) zwischen Duomo und Bahnhof. Nicht alle acht Zimmer haben ein eigenes Bad. *Via dei Banchi 1 • Karte L3 • 055 230 1919 • www.hotelabaco.it • €€*

9 Etruria, Volterra

Das verwinkelte alte Hotel ist in einem Palazzo (18. Jh.) untergebracht. Es ist einfach, aber gepflegt und freundlich. Vom Dachgarten führt ein Tor zum hübschen öffentlichen Stadtpark. *Via Matteotti 32 • Karte D4 • 0588 87 377 • €€ • alle 21 Zimmer mit Bad • keine Klimaanlage*

10 Italia, Cortona

In der Nähe der Haupt-Piazza bietet das Italia moderne, komfortable Zimmer. Aus einigen blickt man auf die Dächer von Cortona. *Via Ghibellina 5/7 • Karte F4 • 0575 630 254 • www.planhotel.com • €€*

Die Toskana für wenig Geld **siehe S. 137**

Links **Villa Vignamaggio** Mitte **Agriturismo-Schild** Rechts **Verrazzano**

Top 10 Agriturismo

1 Villa Vignamaggio, Greve in Chianti

Die Villa, in der die echte Mona Lisa zur Welt kam *(siehe S. 61)*, und die umliegenden Häuschen bilden den luxuriösesten *agriturismo* der Toskana. In den Gärten wurden Teile des Films *Viel Lärm um nichts* gedreht. Es gibt Zimmer in kräftigen Farben, klimatisierte Apartments, Tennisplätze, zwei Pools, Whirlpools und Kochnischen. Mindestaufenthalt: zwei Nächte. ✆ *Villa Vignamaggio • Karte E3 • 055 854 661 • www.vignamaggio.it • €€€€–€€€€€*

2 Podere Terreno, Radda in Chianti

Der Einheimische Roberto und seine Frau Silvie sind die Gastgeber in dem alten bäuerlichen Kleinbetrieb mit sieben rustikalen Zimmern. Sie speisen mit Ihren Gästen an einem langen Tisch. ✆ *Strada per Volpaia • Karte E3 • 0577 738 312 • www.podereterreno.it • €€€€*

3 Grazia, Orbetello

Um die Villa aus dem 18. Jahrhundert stehen Apartments für zwei bis vier Personen. In der Nähe liegt ein Naturschutzgebiet. Auf Wunsch werden Ausritte organisiert. Zum Anwesen gehören ein Pool und Tennisplätze. Mindestaufenthalt: drei Nächte. ✆ *Loc. Provincaccia 110 • Karte E6 • 0564 881 182 • www.agriturismograzia.com • €€€ • keine Klimaanlage • keine Kreditkarten*

4 I Bonsi, Reggello

Eine Allee führt zu diesem prächtigen Landhaus mit sechs Apartments. Der frühere Konvent liegt in einem Park oberhalb des Arno. Mindestaufenthalt: drei Nächte. ✆ *Via I Bonsi 47, Località Sant'Agata • Karte E3 • 055 284 615 • www.agriturismoibonsi.it • €€€€€ • keine Klimaanlage*

5 Il Cicalino, Massa Marittima

Zu dem umgebauten Komplex auf einem Bauernhof mit Park gehören zwölf Doppelzimmer, neun Dreibettzimmer, ein Restaurant, ein Pool, ein Fußballplatz, ein Fitnessraum und ein Mountainbike-Verleih. Mindestaufenthalt: drei Nächte. ✆ *Loc. Cicalino • Karte D4/5 • 0566 902 031 • www.ilcicalino.it • €–€€€ • keine Klimaanlage*

6 Tenuta Castello il Corno, San Casciano

In den ehemaligen bäuerlichen Unterkünften um eine Weingutvilla befinden sich 14 Apartments für zwei bis sieben Gäste. Hier werden Kochkurse angeboten. Mindestaufenthalt: drei Nächte. ✆ *Malafrasca 64 • Karte E3 • 055 824 851 • www.tenutailcorno.com • €–€€€€ • Jan–Feb geschl. • keine Klimaanlage*

7 Fattoria Castello di Pratelli, Incisa

Eine Festung aus dem Frühmittelalter bewacht das Gut, auf dem Wein und Oliven angebaut werden. Es gibt acht geräumige Apartments, einen Pool und einen Mountainbike-Verleih. ✆ *Via di Pratelli 1A • Karte E3 • 055 833 5986 • www.castellodipratelli.it • €–€€ • Mitte Nov–Mitte Dez geschl. • keine Klimaanlage*

8 Fattoria Castello di Verrazzano, Greve in Chianti

Das Schloss (12. Jh.) und Weingut vermietet sechs Zimmer (ab drei Nächten) und zwei Apartments (ab einer Woche). Es gibt ein gutes Restaurant und Weinproben. ✆ *Loc. Greti • Karte E3 • 055 854 243 • www.verrazzano.com • €€€ • Jan–Feb geschl. • keine Klimaanlage*

9 Fattoria Maionchi, Lucca

Die Fattoria bietet vier Apartments mit Küche für vier bis sechs Personen und einen hübschen Garten. ✆ *Loc. Tofori • Karte C2 • 0583 978 194 • www.fattoriamaionchi.it • €€€*

10 Fattoria di Solaio, Radicóndoli

In der Renaissance-Villa stehen sechs Doppel- und drei Dreibettzimmer zur Verfügung (Apr–Sep auch größere Apartments). Mindestaufenthalt: drei Nächte (Zimmer), eine Woche (Apartments). ✆ *Loc. Solaio • Karte D4 • 0577 791 029 • www.fattoriasolaio.it • €€ • keine Klimaanlage • keine Kreditkarten*

Agriturismo im Internet **www.agriturismo.com**

Preiskategorien

Preis für ein Doppelzimmer pro Nacht mit Frühstück (falls inklusive), Steuern und Service.		
	€	unter 50 €
	€€	50–100 €
	€€€	100–150 €
	€€€€	150–200 €
	€€€€€	über 200 €

Villa La Massa

TOP 10 Landhotels

1 Locanda dell'Amorosa, Sinalunga
Der Name des »Gasthofs der Liebenden« geht auf die Ursprünge des Hotels (14. Jh.) zurück. Die große, apartmentähnliche Unterkunft hat einen rustikaleren Stil als die formellen Backsteinloggien um den Hof. ✆ *Loc. L'Amorosa, Sinalunga • Karte F4 • 0577 677 211 • www.amorosa.it • €€€€€*

2 Castello Ripa d'Orcia, San Quirico d'Orcia
Das Märchenhotel umfasst ein Schloss (13. Jh.) und dessen Nebengebäude in den grünen Hügeln eines Naturschutzgebietes. Entspannung steht an erster Stelle. Deshalb gibt es in den großen rustikalen Zimmern und Apartments weder TV noch Telefon. ✆ *Loc. Ripa d'Orcia • Karte F4 • 0577 897 376 • www.castelloripadorcia.com • €€–€€€*

3 Relais San Pietro, Castiglion Fiorentino
Das herrliche Bauernhaus aus dem 17. Jahrhundert liegt malerisch über einem Tal. Unterkünfte gibt es sowohl im Hauptgebäude als auch im umgebauten Pfarrhaus. Die Einrichtung ist typisch toskanisch. Im Sommer wird das Abendessen häufig auf der Terrasse serviert. ✆ *Loc. Polvano 3 • Karte F4 • 0575 650 100 • www.polvano.com • €€€€*

4 Castello di Gargonza, Monte San Savino
Die mittelalterliche Burg wurde in einen eindrucksvollen Gasthof verwandelt. Er liegt zwar sehr abgelegen, doch dafür gibt es einen Pool und ein gutes Restaurant. Apartments sind ebenfalls verfügbar. ✆ *Loc. Gargonza • Karte F4 • 0575 847 021 • www.gargonza.it • €€€*

5 Villa Rosa in Boscorotondo, Panzano
Die Villa in einem abgelegenen Chianti-Waldstück bietet große Zimmer mit Deckenbalken. Aus den vorderen Zimmern gelangt man auf zwei große Terrassen. Es gibt einen Pool, Waldwanderwege und hervorragende Abendmenüs auf der Sommerterrasse. ✆ *Via San Leolino 59 • Karte E3 • 055 852 577 • www.resortvillarosa.it • €€–€€€*

6 Castello di Spaltenna, Gaiole
Um den Kern einer Burg (12. Jh.) entstand der wohl luxuriöseste Gasthof des Chianti mit einem Raum für Weinproben, einem Freibad und vielen Antiquitäten. Die Eckzimmer mit Deckenbalken sind die besten. ✆ *Castello di Spaltenna • Karte E3 • 0577 749 483 • www.spaltenna.com • €€€€€*

7 Tenuta di Ricavo, Castellina
Das nach dem Zweiten Weltkrieg wieder aufgebaute Dorf bietet 23 rustikale Zimmer und Suiten, die im ganzen Ort verteilt sind. Die Gäste versammeln sich im Winter um ein Feuer und im Sommer am Pool. ✆ *Loc. Ricavo 4 • Karte E3 • 0577 740 221 • www.ricavo.com • €€€€€*

8 Villa La Massa, Candeli
Die Renaissance-Villa sieben Kilometer südlich von Florenz wurde 1953 zum Hotel. Churchill und Madonna gehörten schon zu den Gästen. Für den guten Ruf sorgen auch der Pool, die Tennisplätze und das Restaurant mit Arno-Blick. ✆ *Via della Massa 24 • Karte E3 • 055 62 611 • www.villalamassa.com • €€€€–€€€€€ • 15. Nov–März geschl.*

9 Villa La Principessa, bei Lucca
Am ehemaligen Hof des Herzogs von Lucca gibt es große komfortable Zimmer, einen Pool und einen Garten. ✆ *Loc Massa Pisana • Via Nuova per Pisa 1616 • Karte C2 • 0583 370 037 • www.hotelprincipessa.com • €€€€€*

10 La Fattoria, Chiusi
Das Bauernhaus an einem kleinen See außerhalb von Chiusi stammt aus den 1850er Jahren. Hier gibt es acht Zimmer im Landhausstil und ein großartiges Restaurant. ✆ *Via Lago di Chiusi • Karte F4/5 • 0578 21 407 • www.la-fattoria.it • €€€*

Wenn nicht anders angegeben, akzeptieren alle Hotels Kreditkarten und bieten Zimmer mit Bad und Klimaanlage.

Links **Blick über Fiesole** Rechts **Blick über Florenz**

TOP 10 Hotels mit Ausblick

1 Torre di Bellosguardo, Florenz

Die Aussicht von Fiesole ist berühmt, das Panorama vom Bellosguardo-Hügel über Oltrarno ist fast noch besser: Von den Gärten und dem Pool eines mittelalterlichen Hotels blickt man über die Skyline von Florenz. Im zentralen Turm gibt es eine Suite mit Ausblick in vier Richtungen.
Via Roti Michelozzi 2 • Karte E3 • 055 229 8145 • www.torrebellosguardo.com • €€€€€ • 3 Suiten mit Klimaanlage

2 Duomo, Siena

Der Palazzo stammt aus dem 12. Jahrhundert, die Zimmer (einige mittelgroß, einige klein) jedoch sind modern und komfortabel. Zwölf »Panorama«-Zimmer bieten Blick auf den Duomo. Ein kleines Doppelzimmer im obersten Stock hat Fenster auf drei Seiten.
Via Stalloreggi 38 • Karte E4 • 0577 289 088 • www.hotelduomo.it • €€€

3 Villa Kinzica, Pisa

Das Hotel selbst ist nichts Besonderes, doch wenn Sie ein Zimmer nach vorne oder auf der linken Seite bekommen, sehen Sie aus Ihrem Fenster den Schiefen Turm, der nur einen Steinwurf entfernt ist. Nur die Hälfte der Zimmer ist klimatisiert.
Piazza Arcivescovado 2 • Karte C3 • 050 560 419 • www.hotelvillakinzica.it • €€

4 Chiari Bigallo, Florenz

Das aufpolierte Drei-Sterne-Hotel ist seit Langem unter preisbewusst Reisenden für seine Aussicht auf die Duomo-Gruppe bekannt. Einziger Nachteil ist der Fußgängerlärm.
Via degli Adimari 2 • 055 216 086 • www.hoteldelanzi.it • €€€€

5 La Cisterna, San Gimignano

Das Hotel ist beliebt bei Filmemachern (es war Kulisse für *Tee mit Mussolini* und *Engel und Narren*). Die vorderen Zimmer öffnen sich auf eine Piazza mit den berühmten Türmen. Jene nach hinten bieten Aussicht auf Weinberge und Hügel.
Piazza della Cisterna • Karte D3 • 0577 940 328 • www.hotelcisterna.it • €€€ • Bar & Restaurant

6 Torre Guelfa, Florenz

Die meisten Zimmer in dem umgebauten Palazzo von 1280 bieten keine schöne Aussicht, doch von der erhöhten Terrassenbar bekommt man das Panorama von Florenz. *Borgo S.S. Apostoli 8 • Karte M4 • 055 239 6338 • www.hoteltorreguelfa.com • €€€€*

7 Il Giglio, Montalcino

Nur die acht Zimmer nach hinten bieten einen wunderbaren Blick über die Stadt: Auf der einen Seite Häuser, die sich an Felsen schmiegen, auf der anderen Seite ein steiler Abhang zum Hinterland.
Via Soccorso Saloni 5 • Karte E4 • 0577 846 577 • www.gigliohotel.com • €€

8 Montorio, Montepulciano

Das kleine Hotel auf einem Hügel bietet komfortable Mini-Apartments. Im Garten hat man eine herrliche Sicht auf den Tempio di San Biagio. Aus den Zimmern fällt der Blick auf das Hinterland. *Strada per Pienza 2 • Karte F4 • 0578 717 442 • www.montorio.com • Mitte Dez–Feb geschl. • €€€€*

9 Augustus Lido, Forte dei Marmi

Die herrliche Strandvilla ist über eine Fußgängerunterführung mit dem modernen Hotel Augustus verbunden. Dort gibt es einen Pool, ein Restaurant und einen Club mit Live-Musik.
Viale Morin 169 • Karte C2 • 0584 787 200 • www.versilia.toscana.it/augustus • Nov–März geschl. • €€€€€

10 Gran Duca, Livorno

In der einzigen wirklich schönen Unterkunft in Livorno bieten die besten Zimmer Aussicht auf Pietro Taccas *Monumento dei Quattro Mori* und den Hafen. Die Ausstattung ist gut, es gibt ein kleines Fitness-Center und ein Spa. *Piazza Giuseppe Micheli 16 • Karte C3 • 0586 891 024 • www.granduca.it • €€€*

Wenn nicht anders angegeben, akzeptieren alle Hotels Kreditkarten und bieten Zimmer mit Bad und Klimaanlage.

Preiskategorien

Preis für ein Doppelzimmer pro Nacht mit Frühstück (falls inklusive), Steuern und Service.		
	€	unter 50 €
	€€	50–100 €
	€€€	100–150 €
	€€€€	150–200 €
	€€€€€	über 200 €

Links **Montalcino** Rechts **Altstadt von Montepulciano**

TOP 10 Klöster & Jugendherbergen

1 Ostello Villa Camerata, Florenz

Die Villa (16. Jh.), 20 Minuten vom Zentrum entfernt (Bus 17B), bietet unschlagbar günstige Unterkünfte, darunter Schlafsäle und Familienzimmer für zwei bis drei Personen. Auf dem Waldgrundstück befindet sich ein Zeltplatz. *Viale Augusto Righi 2/4 • Karte E3 • 055 601 451 • www.ostellofirenze.it • € • keine Klimaanlage*

2 Ostello Archi Rossi, Florenz

In der sehr gut gelegenen Herberge gibt es ein Restaurant, eine Waschküche und Internet-Zugänge. Die Zimmer kann man nicht reservieren. *Via Faenza 94r • Karte M2 • 055 290 804 • www.hostelarchirossi.com • € • keine Klimaanlage • keine Kreditkarten • Kartentelefone*

3 Ostello Apuano, Marina di Massa

Die Herberge mit Strand und Fahrradverleih steht in einem großen Park an der Küste. Die Villa ist vom 16. März bis September geöffnet. Sperrstunde ist um 23.30 Uhr. *Viale delle Pinete, Partaccia 237 • Karte C2 • 0585 780 034 • ostelloapuano@hotmail.com • € • keine Klimaanlage • Juli & Aug: keine Familienzimmer • keine Kreditkarten*

4 Santuario San Caterina / Alma Domus, Siena

Die Nonnen von San Caterina führen den schlichten, aber komfortablen Gasthof. Aus vielen Zimmern blickt man über das Tal zum Duomo. Alle Zimmer sind mit Telefon (nur anrufbar) und Klimaanlage ausgestattet. In den Gemeinschaftsräumen gibt es Fernseher und Kartentelefone. *Via Camporeggio 37 • Karte E4 • 0577 44 177 • www.hotelalmadomus.it • €€ • keine Kreditkarten*

5 Villa I Cancelli, Florenz

Mit dem Auto erreicht man den Palazzo in den Hügeln vom Zentrum aus in 15 Minuten. 31 einfache Zimmer bieten einen schönen Ausblick. Die Villa schließt um 23 Uhr, die Schwestern lassen Sie aber auch später noch ein. *Via Incontri 21 • Karte E2 • 055 422 6001 • €€ • keine Klimaanlage • keine Kreditkarten*

6 Ostello San Marco, Cortona

Das Hostel in einem ehemaligen Konvent verfügt über 80 Betten in Zimmern für zwei, vier, sechs oder acht Personen. Es werden Ausflüge zu etruskischen Stätten organisiert. Um 24 Uhr ist Sperrstunde. *Via Maffei 57 • Karte F4 • 0575 601 765 • www.cortonahostel.com • € • keine Klimaanlage • keine Kreditkarten*

7 Ostello del Chianti, Tavernelle Val di Pesa

Hier kann man sich über Wein informieren und Weine probieren. Es gibt Familienzimmer, gegen Aufpreis auch Frühstück und Lunchpakete. Nebenan befindet sich eine SITA-Bushaltestelle. *Via Roma 137 • Karte E3 • 055 805 0265 • Nov–14. März geschl. • € • keine Klimaanlage • keine Kreditkarten*

8 Ostello San Frediano, Lucca

Die Schlafsäle und Familienzimmer, einige mit eigenem Bad, liegen außerhalb der Stadtmauern (Busse 3 59, 60 oder *navetta* 2). *Via della Cavallerizza 12 • Karte C2 • 0583 469 957 • www.ostellolucca.it • € • keine Klimaanlage • keine Kreditkarten*

9 Monastero di Camáldoli

Die Benediktiner weisen keinen Reisenden ab. Zufallsbesucher sind genauso willkommen wie Teilnehmer eines einwöchigen Workshops (Ostern bis Mitte Sep). *Loc. Camáldoli • Karte F2 • 0575 556 012 • www.camaldoli.it • € • keine Klimaanlage • keine Kreditkarten*

10 Monte Oliveto Maggiore

Das Hügelkloster mit herrlichen Fresken vermietet Einzel- und Doppelzimmer mit eigenem Bad (Ostern–Okt) und verkauft Honig, Kräuter und Wein. *Abbazia di Monte Oliveto Maggiore • Karte E4 • 0577 707 652 • www.monteolivetomaggiore.it • € • keine Klimaanlage • keine Kreditkarten*

Jugendherbergen in Italien **www.ostellionline.net**

Textregister

Fett gedruckte Seitenzahlen beziehen sich auf Haupteinträge.

A

Accademia (Florenz) 48, 79
Acqua al Due (Florenz) 83
ADAC 133
Agriturismo 139, 146
Ai Marsili (Siena) 91
Albergaccio (Castellina) 97
Albergo Duomo (Montepulciano) 144
Albergo Pietrasanta (Pietrasanta) 142
Albergo Scilla (Sovana) 144
Alberti, Leon Battista 53
Alexander III., Papst 32
Aliseda (Montepulciano) 122
Alla Vecchia Bettola (Florenz) 83
Allori, Alessandro 60
Allori, Christofano 17
Aloe & Wolf Gallery (Siena) 90
American Express 140
Ammannati, Bartolomeo 15, 79
Amorosa 105
Andrea del Sarto 11, 16, 17, 45, 48, 51, 60
Angelico, Fra 10, 24, 39, 50f, 78
  Annunciation 38, 53
Angolo, L' (Montalcino) 123
Anreise **133**
Antica Drogheria (Cortona) 104
Antica Drogheria Manganelli (Siena) 90
Antica Osteria da Divo (Siena) 89, 91
Antica Osteria L'Agania (Arezzo) 105
Antica Trattoria Papei (Siena) 91
Antico Caffè di Simo (Lucca) 110
Antico Pozzo, L' (San Gimignano) 142
Antinori 62
Antiquitätenmarkt (Arezzo) 104
Antonio Mattei (Prato) 96
Apotheken 141
Architektur 53
Aretino, Spinello 32
Arezzo 101, 103
  Festivals 66
  Kirchen 47
  Läden & Cafés 104
  Restaurants 73, 105
Arezzo, Margheritone d' 103
Argentario, L' 128
Ariosto, Ludovico 108
Arnolfo (Colle di Val d'Elsa) 117
Arnolfo di Cambio 13, 26, 53, 78, 103
Artimino, Restaurant 97
Arturo Pasquinucci (Pisa) 110
Asciano 120f
Aspertini, Amico 43
Attraktionen für Kinder **70f**
Augustus Lido (Forte dei Marmi) 148
Autos 133, 134, 137
Avignonesi (Montepulciano) 62, 122

B

Baccio d'Agnolo 114
Bachiacca 94
Baciocchi, Elisa 43, 60
Bäder **68f**
Badia a Coltibuono 35
Badia a Passignano 34
Baghino (Prato) 97
Bagno Vignoni 121
Bandinelli, Bartolommeo 79
Banfi 62
Baptisterium (Pisa) 22
Baptisterium (Siena) 28f, 89
Bar I Combattenti (San Gimignano) 116
Barberino Designer Outlet (Barberino di Mugello) 96
Barca, La (Elba) 129
Bargello (Florenz) 48, 79
Barock 49
Bars 138
  Florenz 82
  Siena 90
Bartolo di Fredi 18, 19, 119
Bartolomeo, Fra 16, 78
Beccafumi, Domenico 27, 31, 32, 33, 43, 46, 80, 87
  Treffen an der Porta Andrea 29
Bellavista (Elba) 145
Belli (Colle di Val d'Elsa) 116
Bellini, Giovanni 11, 51
Benedetto da Maiano 19
Bergstädte **56f**, **112–117**
Bernini (Siena) 145
Bernini, Gian Lorenzo 7, 27, 46, 87
Betrug 141
Bettler 141
Biagiotti & Figli (Pienza) 122
Bini (Siena) 26, 89
Boccaccio, Giovanni 115
Boccherini, Luigi 42
Bonsi, I (Reggello) 146
Borghetto, Il (Montepulciano) 145
Borgo San Lorenzo 94
Bottega del Cacio, La (Pienza) 122
Bottega del Rame (Montepulciano) 122
Botteghina, La (Florenz) 81
Botticelli, Sandro 10, 17, 48, 50, 55, 76, 77, 80
  Anbetung der Könige 11
  Geburt der Venus 8, 52
  Primavera 9
Botticini, Francesco di Giovanni 10
Bramante, Donato 25
Bravio delle Botti (Montepulciano) 67
Bregno, Andrea 27
Bronzino 11, 16, 43, 44, 45
Brunelleschi, Filippo 6, 12, 13, 44, 53, 77, 80
Brunello di Montalcino 63
Buca di San Francesco, La (Arezzo) 73, 105
Buca di Sant'Antonio, La (Lucca) 72, 111
Buonconvento 121
Buontalenti, Bernardo 45, 60, 94
Buscheto 23
Busse 134
Byzantinische Kunst 49

C

Cafés
  Florenz 82
  Nordöstliche Toskana 104
  Nordwestliche Toskana 110
  Siena 90
  Westliche Toskana: Bergstädte 116
  Umgebung von Florenz 96
Caffè Bigallo Enoteca (Florenz) 83
Caffè degli Artisti (Cortona) 104
Caffè dell'Ussero (Pisa) 110
Caffè Kosì (Montecatini Alto) 110
Caffè La Torre (Arezzo) 104
Caffè New York (Pistoia) 96
Calcio Storico (Florenz) 66
Camáldoli 103
Camping 139
Campo dei Miracoli (Pisa) 7, **22f**
Campo, Il (Siena) 7, **30f**, 87
Camposanto (Pisa) 23
Cane e Gatto (Siena) 91
Canguro, Il (Pisa) 22
Canocchia, La (Elba) 129
Canova, Antonio, *Venus* 16, 17

Cantinetta Antinori (Florenz) 83
Cantinetta del Verrazzano (Florenz) 82
Cantinetta di Rignana, La (Greve) 73, 97
Cantinetta di Spedaluzzo, La 97
Cantinone, Il (Florenz) 83
Cantuccio di Federigo, Il (San Miniato) 116
Cantuccio, Il (Montepulciano) 123
Capannina, La (Forte dei Marmi) 110
Cappello, Bianca 60
Caravaggio 8, 11, 17, 48, 51, 69, 77
Bacchus 9
Carli (Lucca) 110
Carlo Fagiani (Panzano) 96
Carmignano 63
Carnevale (Viareggio) 67
Carrara 108
Casa Buonarroti (Florenz) 80
Casa dei Tessuti (Florenz) 81
Casa di Dante (Florenz) 80, 83
Casa di Santa Caterina (Siena) 88f
Cäsar, Julius 43
Cascate del Gorello 68
Castagno, Andrea del 80
Castelfiorentino 115
Castellina in Chianti 35
Restaurants 97
Castello di Ama 36
Castello di Brolio 34, 36, 62
Castello di Gargonza (Monte San Savino) 147
Castello di Spaltenna (Gaiole) 147
Castello di Verrazzano 36
Castello di Volpaia 36
Castello Ripa d'Orcia (San Quirico d'Orcia) 147
Castelvecchio (Siena) 91
Castiglion Fiorentino 103
Castilgione della Pescaia, Restaurants 129
Cavaliere Palace (Arezzo) 144
Cellini, Benvenuto 48, 55, 79
Cenacolo di Sant'Apollonia (Florenz) 80
Ceramiche Artistiche Santa Caterina (Siena) 90
Ceramiche Rampini (Radda) 96
Certaldo 115
Certosa del Galluzzo 94
Certosa di Calci (Pisa) 25
Certosa di Maggiano (Siena) 142
Chianciano Terme 69
Chianti 7, **34–37**, 93
Karte 35, 37
Weingüter 36f, 62, 63
Chianti Classico 37, 63
Chianti Rufina 63
Chiari Bigallo (Florenz) 148
Chini, Galileo 94
Chiostro di Pienza, Il (Pienza) 143
Chiusa, La (Montefollonico) 123
Chiusi 40, 120, 121
Restaurants 123
Cibrèo (Florenz) 72, 83
Cicalino, Il (Massa Marittima) 146
Cimabue 9, 10, 46, 77
Cisterna, La (San Gimignano) 148
Civitale, Matteo 42, 46
Clemens VII., Papst 54
Cocciaiao, Il (Cortona) 104
Colle di Val d'Elsa 114
Läden 116
Restaurants 117
Colle, Raffaellino del 101
Collegiata (San Gimignano) 18, 46
Colombaio, Il (Castellina in Chianti) 145
Combattenti, I (San Gimignano) 18
Compagnia dei Vinattieri (Siena) 90
Contrade (Siena) 31
Coppo di Marcovaldo 89
Correggio 11, 43
Cortecci (Siena) 90
Cortona 7, **38–40**, 56, 101
Läden & Cafés 104
Museen 49
Restaurants 105
Cortona, Pietro da 14, 15, 17, 38
Cranach, Lucas 11
Crassus 43
Credi, Lorenzo di 10, 24, 48

D

Da Badò (Volterra) 117
Da Bruno (Pisa) 111
Da Caino (Montemerano) 129
Da Delfina (Artimino) 97
Da Galileo (Livorno) 111
Da Leo (Lucca) 111
Daddi, Bernardo 45, 93
Daitini, Francesco 93
Dante 24, 76, 80, 113, 114
Dei Capitani (Montalcino) 144
Della Fortezza (Sorano) 142
Designobjekte, Shopping 136
Deutschland Direkt 140
Diners Club 140
Domenico di Bartolo 28
Donatello 12, 24, 27, 38, 44, 45, 46, 50, 55, 77, 79, 87
David 48
Habakuk 13
Madonna mit Kind 28
Dorandò (San Gimignano) 72, 117
Duccio di Buoninsegna 9, 10, 27, 33, 87, 121, 126
Maestà 28, 53
Duomo (Cortona) 39
Duomo (Hotel, Siena) 148
Duomo (Lucca) 42, 46
Duomo (Massa Marittima) 47
Duomo (Pienza) 47
Duomo (Pisa) 22f, 46, 53
Duomo (Pistoia) 47
Duomo (Prato) 47
Duomo (Siena) 7, **26f**, 46, 87, 89
Duomo-Gruppe (Florenz) 6, **12f**, 53, 77, 79
Duprè, Giovanni 33
Dürer, Albrecht 11

E

EC-Karte 140
Einreise 132
Elba 69, 125
Restaurants 129
Sport & Aktivurlaub 128
Emanuele (Elba) 129
Emilio Pucci (Florenz) 81
Empoli 114f
Enoteca Alessi (Florenz) 81
Enoteca Italiana (Siena) 88
Enoteca la Botte e il Frantoio (San Gimignano) 116
Enoteca La Fortezza (Montalcino) 122
Enoteca Le Logge (Massa Marittima) 116
Enoteca Vanni (Lucca) 110
Ermäßigungen 137
Etikette 138
Etruria (Volterra) 145
Etrusker 40f
Etruskische Küste 128

F

Falconiere, Il (Cortona) 105
Familien, Tipps 71
Fantiscritti-Marmorbrüche 109
Fappani (Viareggio) 110
Fattori, Giovanni 107
Toskanische Maremma 15
Fattoria Castello di Prato (Incisa) 146
Fattoria Castello di Verrazzano (Greve in Chianti) 146
Fattoria di Solaio (Radicondoli) 146
Fattoria Maionchi (Lucca) 146
Fattoria Pulcino (Montepulciano) 123
Fattoria, La (Chiusi) 123, 147

Federighi 31
Feiertage 132
Ferragamo (Florenz) 81
Feste & Festivals **66f**
Fiddler's Elbow (Florenz) 82
Fiesole 57, 93
Restaurants 72
Fiorentino (Sansepolcro) 105
Flora (Prato) 144
Florenz **76–83**
Architektur 53
Cafés & Bars 82
Dies & Das 80
Duomo-Gruppe 6, 12f, 53, 77, 79
Etrusker-Stätten 40
Festivals 66f
Geschichte 94
Karte 76
Kinder 71
Kirchen 44f
Museen 48, 49
Palazzo Pitti 14–17, 55, 77
Restaurants 72, 73, 83
Shopping 81
Tagesausflüge 92–95
Uffizien 8–11, 55, 77
Flüge 133
Fontana, La (Prato) 97
Fonte Gaia (Siena) 31
Fonterutoli 36, 63
Forisportam (Lucca) 110
Fornarina, La 14
Forte dei Marmi 68, 109
Cafés 110
Franziskus, Heiliger 102
Fratellini, I (Florenz) 12, 79, 82
Fremdenverkehrsamt 132
Friedrich II., Kaiser 93, 115

G

Gaddi, Agnolo 45
Gaddi, Taddeo 77, 78, 94, 103
Galileo 44, 46, 49, 55, 76, 77
Galleria dell'Accademia (Florenz) 77
Galleria Palatina (Florenz) 16f
Gallerie Agostiniane (Volterra) 116
Gallia Palace (Punta Ala) 143
Gambero Rosso (San Vicenzo) 72, 129
Garfagnana 108
Gatta, Bartolomeo della 103
Geführte Reisen 135
Gelato, Il (Arezzo) 104
Geld 137, **140**
Gentile da Fabriano 10
Gentileschi, Artemisia 11, 17
Gesundheit **141**
Ghiberti, Lorenzo 6, 45
Nordtüren 13
Paradiestüren 12, 52
Ghiné e Cambri (Livorno) 111
Ghirlandaio, Davide 34
Ghirlandaio, Domenico 10, 12, 18, 24, 34, 44, 45, 46, 78, 80, 113
Ghirlandaio, Ridolfo di 34
Giambologna 15, 22, 45, 48, 51, 79, 114
Giardino dei Tarocchi 71
Giardino di Boboli 14, 67, 76, 77
Giglio, Il (Montalcino) 148
Gilli (Florenz) 82
Gioco del Ponte (Pisa) 67
Giordano, Luca 15, 43
Giorgione 11, 16, 17, 51
Die drei Lebensalter des Mannes 15
Giostra del Saracino (Arezzo) 66
Giostra, La (Florenz) 83
Giotto 6, 8, 12, 13, 23, 44, 50, 77, 80, 94
Maestà 9, 53
Giovanni di Stefano 27
Giubbe Rosse (Florenz) 82
Giusto di Andrea 115
Gotik 49
Gozzoli, Benozzo 18, 19, 24, 80, 115
Gräber 70
Etruskergräber 38, 39, 128
Gran Duca (Livorno) 148
Grand Hotel e La Pace (Montecatini) 143
Grazia (Orbetello) 146
Gregor VII., Papst 126
Greve in Chianti 34
Läden & Cafés 96
Restaurants 73, 97
Grosseto 40, 126
Grotta, La (Cortona) 105
Gualberto, Giovanni 29
Gucci 81
Guercino 16, 43
Guido da Como 108
Guido da Siena 126

H

Handy 140
Hauptsaison 132
Hawkwood, John 13
Helvetia e Bristol (Florenz) 143
Highlights **6f**
Hohlwege 126
Holbein, Hans 11
Hotel Abaco (Florenz) 145
Hotel San Michele (Cortona) 144
Hotels 137, **142–149**
Hotel-Tipps **139**

I

Impruneta 95
In der Toskana unterwegs **134**
Informationsbüros 132
Internet-Cafés 140
Ipogeo di Montecalvario 35
Isola del Giglio 127
Italia (Cortona) 145

J

Jugendherbergen 139, 149
Julius II., Papst 48
Juvarra, Filippo 61

K

Karl der Große, Kaiser 46
Katharina von Siena, Heilige 87, 88, 89, 121
Keramik 136
Kinder **70f**
Kirchen **44f**, **46f**
Klassizismus 49
Klöster 120, 149
Kochkurse 135
Kommunikation **140**
Konsulate 132
Krankenhäuser 141
Krankenversicherung 141
Kreditkarten 136, 140
Kunst 49
Kurse 135
Museen 48f
Sieneser Kunst 33
Stile 49
Toskanische Künstler **50f**
Toskanische Meisterwerke **52f**
Kuppeln 70

L

Lapo di Cambio 103
Latini, Il (Florenz) 72, 83
Lawrence, D. H. 112
Leccio Regello 96
Leder 136
Lederschule von Santa Croce (Florenz) 81
Legatoria Koiné (Montepulciano) 122
Leo X., Papst 54
Leonardo da Vinci 10, 48, 50, 51, 77, 95
Verkündigung 8, 52

Leopold I., Großherzog 124
Libertà 49
L'Incontro (Volterra) 116
Lippi, Filippino 10, 18, 44, 45, 94
Lippi, Filippo 17, 42, 44, 47, 93
Madonna mit Kind 15
Madonna und Kind mit Engeln 10
Liszt, Franz 23
Livorno 107
Restaurants 111
Locanda dell'Amorosa (Amorosa) 105
Locanda dell'Amorosa (Sinalunga) 147
Locanda L'Elisa (Lucca) 143
Locanda nel Loggiato (Cortona) 105
Loggia della Mercanzia (Siena) 31
Loggiato dei Serviti (Florenz) 142
Lorenzetti, Ambrogio 30, 31, 32, 33, 57, 113, 114, 121
Allegorie des guten und schlechten Regiments 53, 87
Lorenzetti, Pietro 33, 38, 87, 89, 101, 119
Geburt der Maria 28
Lorenzini, Carlo »Collodi« 70
Lorenzo Monaco 10
Louis Ciocchetti (Siena) 90
Luca Mannori (Prato) 96
Lucca 7, **42f**, 107
Kirchen 46
Läden & Cafés 110
Restaurants 72, 111
Stadtmauer 70
Tagesausflug 109
Luciano Porciatti (Radda) 96
Lucignano 102, 105
Ludoteca Centrale (Florenz) 71
Luna, La (Lucca) 144

M

Macchiaiolo 49
Macelleria Aligi Barelli (Arezzo) 104
Macelleria Falorni (Greve) 96
Machiavelli, Niccolò 44
Maestro-/EC-Karte 140
Maggio Musicale (Florenz) 67
Maledetti Toscani (Montepulciano) 122
Manet, Edouard 9
Manierismus 49
Mantegna, Andrea 11
Marchesi de' Frescobaldi 63
Marcillat, Guillaume de 101
Maremma
siehe Südküste & Maremma
Mariengürtel (Prato) 66
Martini, Francesco di Giorgio 33, 39
Martini, Simone 10, 24, 33, 50, 87, 119
Guidoriccio da Foligno 30, 32
Maestà 33, 87
Masaccio 10, 24, 44, 45, 50
Trinità 52
Mascagni, Pietro 107
Masolino 45, 114f
Massa Marittima 57, 112, 113
Cafés 116
Kirchen 47
Restaurants 117
MasterCard 140
Mathilda, Marquesa 43
Matteo di Giovanni 27, 87, 89, 121
Maut 134
Medici, Alessandro 54f
Medici, Anna Maria 55
Medici, Cosimo I. de' 55, 61, 78, 94, 107
Medici, Cosimo II. de' 55, 76
Medici, Cosimo il Vecchio de' 54, 55, 61, 78
Medici, Ferdinando I. de' 55, 60, 61, 78
Medici, Francesco I. de' 11, 55, 60, 78
Medici, Gian Gastone de' 55
Medici, Giovanni de' Bicci 54
Medici, Lorenzo der Prächtige 13, 54, 55, 60, 76, 121
Medici, Piero de' 8
Medici-Herrscher 6, 8, 14, 44, **54f**
Mehrwertsteuer 136
Melone del Sodo (Cortona) 38, 39
Memmi, Lippo 18
Memmo di Filuppucci 18
Michelangelo 6, 7, 11, 12, 15, 17, 27, 44, 45, 46, 48, 49, 51, 55, 76, 79, 80, 87, 100, 108
David 3, 52, 77
Heilige Familie 8
Pietà 12, 13
Michelozzo 13, 45, 47, 56, 61, 78, 94, 95, 119
Mietwagen 134
Mino da Fiesole 93, 114
Modeläden 136
Modigliani, Amadeo 107
Monaco, Guido 101
Monastero di Camáldoli 149
Monsanto 36, 62
Monsummano Terme 68
Montalcino 57, 119, 121
Festivals 67
Handwerksläden 122
Restaurants 123
Weingüter 62, 63
Weinläden 122
Monte Argentario 69, 125
Monte Oliveto Maggiore 120, 149
Monte San Savino 101
Montecatini Alto, Café 110
Montecatini Terme 68, 108f
Montefeltro, Federico di 9
Montefioralle 3, 35
Montefollonico, Restaurant 123
Montemerano, Restaurant 129
Montepulciano 56, 119, 121
Architektur 53
Festivals 67
Restaurants 123
Wein- & Handwerksläden 122
Weingüter 62f
Monterchi 102
Monteriggioni 113, 115
Montevarchi 104
Monti dell'Uccellina 125, 128
Montorio (Montepulciano) 148
Mora, La (Ponte e Moriano) 111
Morandi alla Crocetta (Florenz) 142
Morellino di Scansano 63
Museen **48f**
Museo Archeologico (San Gimignano) 19
Museo Archeologico (Florenz) 40
Museo Archeologico (Siena) 29
Museo (Chiusi) 40
Museo Civico (San Gimignano) 18
Museo Civico (Sansepolcro) 48
Museo Civico (Siena) 32f, 48
Museo d'Arte Sacra (San Gimignano) 19
Museo dei Storia della Scienza (Florenz) 49
Museo della San Frediano (Lucca) 43
Museo della Tortura (San Gimignano) 19
Museo dell'Accademia Etrusca (Cortona) 38, 40, 49
Museo delle Sinopie (Pisa) 23
Museo dell'Opera del Duomo (Florenz) 79
Museo dell'Opera del Duomo (Pisa) 23
Museo Diocesano (Cortona) 38
Museo Etrusco Guarnacci (Volterra) 48
Museo Etrusco (Volterra) 40
Museo (Grosseto) 40
Museo Metropolitana (Siena) 28, 89

Museo Nazionale di Palazzo Mansi (Lucca) 43
Museo Nazionale Villa Guinigi (Lucca) 43
Museo San Matteo (Pisa) 24
Museo Stibbert 71, 80

N

Nannini (Siena) 90
Napoléon I., Kaiser 16, 17, 43, 69, 125
Navi Antiche di Pisa, Le 24
Nikodemus, Heiliger 42
Nordöstliche Toskana **100–105**
  Karte 100
  Läden & Cafés 104
  Restaurants 105
Nordwestliche Toskana **106–111**
  Karte 106
  Läden & Cafés 110
  Restaurants 111
Notfälle 141
Nuovo Mondo (Prato) 96

O

Öffnungszeiten 132
Oltre il Giardino (Panzano) 97
Oper 55
Opificio delle Pietre Dure 55
Orcagna 45, 48, 79
Orsanmichele (Florenz) 45
Osovaldo Baroncelli (Prato) 97
Ostello Apuano (Marina di Massa) 149
Ostello Archi Rossi (Florenz) 149
Ostello del Chianti (Tavernelle Val di Pesa) 149
Ostello San Frediano (Lucca) 149
Ostello San Marco (Cortona) 149
Ostello Villa Camerata (Florenz) 149
Osteria da Tronca (Massa Marittima) 117
Osteria dei Cavalieri (Pisa) 111
Osteria del Buco (Castilgione della Pescaia) 129
Osteria del Ficomezzo (Siena) 91
Osteria del Noce (Elba) 129
Osteria delle Catene (San Gimignano) 117
Osteria La Chiacchera (Siena) 91
Osteria Le Logge (Siena) 91
Osteria Sette di Vino (Pienza) 123

P

Palazzo Medici-Riccardi (Florenz) 80
Palazzo Piccolomini (Siena) 31
Palazzo Pitti (Florenz) 6, **14–17**, 48, 55, 77
Palazzo Pubblico (Siena) 7, **30**, 31, 87
Palazzo Ravizza (Siena) 142
Palazzo Sansedoni (Siena) 31
Palazzo Vecchio (Florenz) 53, 78
Palio (Siena) 66
Panzano in Chianti 35, 96
  Restaurants 97
Papier 136
Papiro, Il (Siena) 90
Parco Naturale della Maremma 128
Parken 134
Parmigianino, *Madonna mit dem langen Hals* 9
Passignano, Il 34
Patria (Pistoia) 144
Paulinus 43
Pellicano, Il (Monte Argentario) 143
Pensione Maria Luisa de' Medici (Florenz) 145
Pensione Pendini (Florenz) 144
Peri, Jacopo 55
Perugino 10, 16, 45, 48, 51
Peruzzi, Baldassare 27
Petrarca 101
Piazza Anfiteatro (Lucca) 43
Piazza dei Cavalieri (Pisa) 24
Piazza del Duomo (Siena) 28f
Piazza della Cisterna (San Gimignano) 19
Piazza della Signoria (Florenz) 78f
Piazza Pio II (Pienza) 53
Piazza Vettovaglie, Markt (Pisa) 24
Piazzale Michelangelo (Florenz) 80
Piccolo Hotel Etruria (Siena) 145
Piccolo Hotel Puccini (Lucca) 145
Picknick 137
Pienza 57, 119, 121
  Architektur 53
  Kirchen 47
  Läden 122
  Restaurants 123
Piero della Francesca 10, 47, 48, 50, 100, 101
  Auferstehung 48, 49, 53
  Federico da Montefeltro mit seiner Gattin Battista Sforza 9
  Madonna del Parto 102
Pieve di San Leolino 35
Pinacoteca Nazionale (Siena) 49, 87
Pineider (Florenz) 81
Pinocchio Park (Collodi) 70
Pinturicchio 18, 26, 27, 38, 46, 51, 87
Pirana, Il (Prato) 97
Pisa 22–25, 107
  Architektur 53
  Campo dei Miracoli 22f
  Festivals 67
  Kirchen 46
  Läden & Cafés 110
  Restaurants 73, 111
  Tagesausflüge 109
Pisano, Andrea 12, 13
Pisano, Giovanni 23, 24, 26, 27, 46, 87, 93
Pisano, Nicola 22, 26, 27
Pisano, Nino 24, 25
Pistoia 93
  Kirchen 47
  Läden & Cafés 96
  Restaurants 97
Pitigliano 57, 125, 127
  Restaurants 129
Pitti Gola e Cantina (Florenz) 14, 82
Pitti Mosaici (Florenz) 81
Pius II., Papst 26, 47, 57, 119
Pizzaiuolo, Il (Florenz) 83
Podere Terreno (Radda in Chianti) 146
Poggio Antico 62
Polizei 141
Poliziano 62f
Pollaiuolo, Antonio 10, 13
Pollaiuolo, Piero di 10, 16, 19
Pomarancio, Il 89
Pompejus 43
Ponte e Moriano, Restaurant 111
Ponte Vecchio (Florenz) 78, 79
Pontormo 11, 17, 43, 45, 51, 60, 94
Pontrémoli 109
Poppi 103
Populonia 40, 126
Post 140
Prada 104
Praktische Hinweise **132**
Prato 93
  Festivals 66
  Kirchen 47
  Läden & Cafés 96
  Restaurants 97
Preiswert reisen 137
Preludio (Cortona) 105
Puccini, Giacomo 42, 108
Pulcino (Montepulciano) 122
Punta Ala 69
Purtunzin d'Ninan, 'L (Carrara) 111

Q

Quercia, Jacopo della 27, 31, 32, 46
  Grabmal der Ilaria 33, 43

R

Radda in Chianti 34, 96
Radtouren 135
Raphael 8, 10, 11, 16, 17, 48
  La Velata 14
Red Garter (Florenz) 82
Reisegepäck 132
Reiseschecks 140
Reisezeit 132
Reiten 128, 135
Relais San Pietro (Castiglion Fiorentino) 147
Reliquien 29
Rembrandt 11, 77
Renaissance 49
Reni, Guido 16
Restaurants **72f**, 137, 138
  Florenz 83
  Nordöstliche Toskana 105
  Nordwestliche Toskana 111
  Siena 91
  Südküste & Maremma 129
  Südliche Toskana 123
  Umgebung von Florenz 97
  Westliche Toskana: Bergstädte 117
Restaurant-Tipps **138**
Ricasoli, Bettino 34
Riccio, Il 89
Rinuccini, Ottavio 55
Ristorante dei Merli (Sovana) 129
Ristorante del Poggio Antico (Montalcino) 123
Ristorante Fiorentino (Sansepolcro) 73
Ristorante Zaira (Chiusi) 123
Rivoire (Florenz) 82
obbia, Andrea della 42, 47, 80
obbia, Giovanni della 93
obbia, Luca della 13, 77, 95
occa delle Macie 36
occa (San Gimignano) 19
okoko 49
omano (Viareggio) 111
oselle 40
ossellino, Bernardo 47, 57, 114f
ossi (Viareggio) 110
ossini, Gioacchino 44
osso Fiorentino 11, 16, 44, 45, 113
oyal Victoria (Pisa) 142
ubens, Peter Paul 11, 17, 48, 51
  Folgen des Krieges 14
ugapiana (Cortona) 39

gra del Tordo (Montalcino) 67
line di Volterra, Restaurant 117
Saltarelli, Simone 25
San Domenico (Cortona) 39
San Domenico (Siena) 87
San Francesco (Arezzo) 47
San Francesco (San Gimignano) 19
San Galgano 114
San Gimignano 6, **18f**, 56, 113, 115
  Architektur 53
  Kinder 70
  Kirchen 46
  Läden & Cafés 116
  Restaurants 72, 117
San Lorenzo (Florenz) 44
San-Lorenzo-Markt (Florenz) 81
San Marco (Florenz) 55, 78
San Michele in Foro (Lucca) 42
San Miniato 115
  Cafés 116
San Miniato al Monte (Florenz) 45
San Nicola (Pisa) 25
San Paolo a Ripa d'Arno (Pisa) 25
San Quirico d'Orcia 120
San Vicenzo, Restaurants 129
Sangallo, Antonio da d. Ä. 101, 119
Sangallo, Giuliano da 60, 94, 125
Sano di Pietro 31, 119, 121
Sansepolcro 101
  Museen 48
  Restaurants 73, 105
Sansovino, Andrea 101
Sant'Agostino (San Gimignano) 19
Sant'Antimo 46, 53, 119
Santa Caterina (Pisa) 25
Santa Croce (Florenz) 44, 77, 79
Santa Maria dei Servi (Siena) 89
Santa Maria della Carmine (Florenz) 45
Santa Maria della Scala (Siena) 28, 29, 88, 89
Santa Maria della Spina (Pisa) 24, 53
Santa Maria delle Grazie al Calcinaio (Cortona) 39
Santa Maria Forisportam (Lucca) 43
Santa Maria Novella (Florenz) 44, 53
Santa Trinita (Florenz) 45
Santi di Tito 101
Santissima Annunziata (Florenz) 45
Santo Bevitore (Florenz) 82
Santo Spirito (Florenz) 44, 53
Santuario San Caterina/ Alma Domus (Siena) 149
Sassetta 33, 126
Sassicaia di Bolgheri 63
Saturnia 68, 127, 128
Saturnia Spa 69, 70
Savonarola, Girolamo 51, 78, 120
Schiefer Turm (Pisa) 22, 25
Schnorcheln 128
Scoppio del Carro (Florenz) 67
Segeln 128
Segna di Buonaventura 121
Segna, Francesco di 89
Segna, Niccolò di 89
Severini, Gino 38, 49
Sforza, Battista 9
Shelley, Percy Bysshe 24, 25
Shopping
  Florenz 81
  Nordöstliche Toskana 104
  Nordwestliche Toskana 110
  Siena 90
  Südliche Toskana 122
  Umgebung von Florenz 96
  Westliche Toskana: Bergstädte 116
Shopping-Tipps **136**
Sicherheit **141**
Siena 56, **86–91**
  Campo & Palazzo Pubblico 30f
  Duomo 26f
  Festivals 66
  Karte 86
  Kirchen 46
  Läden, Cafés & Weinbars 90
  Museen 48, 49
  Museo Civico 32f
  Piazza del Duomo 28f
  Restaurants 91
Siena Ricama (Siena) 90
Signorelli, Francesco 38
Signorelli, Luca 8, 10, 17, 38, 39, 48, 100, 101, 113, 120
Società Cooperativa Artieri Alabastro (Volterra) 116
Sodoma, Giovanni 32, 33, 43, 87, 120
Sole, Il (Massa Marittima) 144
Solita Zuppa, La (Chiusi) 123
Sorano 127
Sotto San Francesco (Arezzo) 104
Souvenir Bernardini (Montalcino) 122
Sovana 40, 126, 127, 128
  Restaurants 129
Spartaco Montagnani (Volterra) 116
Spedale degli Innocenti (Florenz) 80
Spedaluzzo, Restaurant 97
Spezialitäten **64f**
Sport & Aktivurlaub, Südküste & Maremma 128
Sprachführer **159f**
Sprachkurse 135

Stadtmauer (Lucca) 42
Storno, Lo (Pistoia) 97
Strände **68f**
Straßenkarten 134
Strom 132
Studienreisen 135
Südküste & Maremma **124–129**
Karte 124
Restaurants 129
Sport & Aktivurlaub 128
Südliche Toskana **118–123**
Besondere Läden 122
Karte 118
Restaurants 123
Süßspeisen 65

T

Tacca, Pietro 107, 114
Taddeo di Bartolo 18, 29, 32, 113, 119
Talenti, Francesco 13
Tanken 134
Taschendiebe 141
Tastevin, Le (Arezzo) 105
Tauchen 128
Taverna del Capitano, La (Siena) 91
Taverna del Vecchio Borgo (Massa Marittima) 117
Taverna Etrusca, La (Sovana) 129
tavole calde 138
Taxis 134
Telefon 140
Tempio di San Biagio (Montepulciano) 53
Tenuta Castello il Corno (San Casciano) 146
Tenuta di Capezzana 63
Tenuta di Ricavo (Castellina) 147
Tenuta di San Rossore (Pisa) 25
Terrazze, Le (San Gimignano) 117
Tessuti a Mano (Siena) 90
The Mall 96
Themenferien **135**
Tignanello 63
Tintoretto 11, 17, 42, 51
Tizian 8, 11, 14, 16f, 48, 51, 77
Maria Magdalena 14, 16
Venus von Urbino 9
Tomba di Pitagora (Cortona) 39
Torre del Mangia (Siena) 30
Torre di Bellosguardo (Florenz) 148
Torre Grossa (San Gimignano) 18
Torre Guelfa (Florenz) 148
Torre Guinigi (Lucca) 43
Toskana für wenig Geld, Die **137**
Totò (Lucignano) 105
Touren 135
Trattoria del Sacco Fiorentino (Volterra) 117
Trattoria dell'Abbondanza (Pistoia) 97
Trattoria Latte di Luna (Pienza) 123
Trattoria le Cave di Maiano (Fiesole) 72
Trattoria Sant' Omobono (Pisa) 73
Tre Christi (Siena) 91
Triani, Francesco 25
Trinkgeld 138
Trinkwasser 141
Tufo Allegro, Il (Pitigliano) 129
Türme 70
TV 132

U

Uccello, Paolo 10, 44
Fresko von Giovanni Acuto 12, 13
Schlacht von San Romano 9
Uffizien (Florenz) 6, **8–11**, 48, 55, 77, 79
Umgebung von Florenz **92–99**
Läden & Cafés 96
Restaurants 97
Uno A Erre 104

V

Valdambrino, Francesco di 119, 121
Van Dyck, Sir Anthony 17
Vanni, Andrea 87
Vanni, Francesco 89
Vasari, Giorgio 8, 24, 78, 101
Vecchietta 29, 31, 119
Vecchio Mulino, Il (Saline di Volterra) 117
Venanzio (Colonnata) 111
Vernaccia di San Gimignano 63
Veronese 11, 17
Verrocchio, Andrea del 10, 13, 16, 44, 45, 47, 52
Vespucci, Amerigo 8
Vespucci, Simonetta 8
Via Banchi di Sopra (Siena) 88
Viareggio 68, 107
Festivals 67
Läden & Cafés 110
Restaurants 111
Vicchiomaggio 36
vie cave 126
Vignola, Giocamo Barozzi da 119
Villa Belvedere (Colle di Val d'Elsa) 142
Villa della Petraia 60
Villa Demidoff 60, 94
Villa di Artimino »La Ferdinanda« 61
Villa di Cafaggiolo 61
Villa di Castello 61
Villa Garzoni 61
Villa I Cancelli (Florenz) 149
Villa Kinzica (Pisa) 148
Villa La Massa (Candeli) 147
Villa La Principessa (Lucca) 147
Villa Mansi 61
Villa Ottone (Elba) 143
Villa Pitiana (Florenz) 142
Villa Poggio a Caiano 60, 94
Villa Reale di Marlia 60
Villa Rosa in Boscorotondo (Panzano) 147
Villa San Michele (Fiesole) 143
Villa Scacciapensieri (Siena) 143
Villa Vignamaggio 36, 37, 61, 146
Villen & Gärten **60f**, 139
Vin Santo 63
Vinci 95
Vino Nobile di Montepulciano 63
Visa (Kreditkarte) 140
Visatarenni 36
Vittorio Emanuele II., König 32, 60
Vivoli (Florenz) 79
Volpe e l'Uva, Il (Florenz) 82
Volterra 40, 56, 113, 115
Läden & Cafés 116
Museen 48
Restaurants 117
Volterrano 60

W

Währung 140
Wandern 128
Wein
Chianti 36f
Restaurants 138
Shopping 136
Südliche Toskana 122
Toskanische Weine 63
Weingüter 62f
Weingüter **62f**
Weingüter, Chianti 36f
Westin Excelsior (Florenz) 143
Westliche Toskana: Bergstädte **112–117**
Karte 112
Läden & Cafés 116
Restaurants 117
Windsurfen 128
Wohnmobile 139
Wunder 29

Z

Zeitungen 132
Zoll 132
Züge 133, 134

Danksagung & Bildnachweis

Autor
Reid Bramblett lebt außerhalb von Philadelphia, USA. Neben diversen Büchern schrieb er für Frommer's und die Reihe *For Dummies* bereits Reiseführer über Italien, Europa und New York.

BEI BLUE ISLAND PUBLISHING, HIGHBURY, LONDON:

Editorial Director Rosalyn Thiro

Art Director Stephen Bere

Redaktion Michael Ellis, Charlotte Rundall

Design Tony Foo, Ian Midson

Bildrecherche Ellen Root

Recherche-Assistenz Amia Allende, Emma Wilson

Korrektur Stewart J. Wild

extregister Hilary Bird

aktenüberprüfung Matt Finley

rgänzende Texte
lexandra Lawrence

otografien Linda Whitwam

rgänzende Fotografien
hilip Enticknap, Kim Gamble, Steve orton, John Heseltine, Kim Sayer, ive Streeter

ustrationen Richard Draper, hris Orr & Associates

artografie Encompass Graphics

EI DORLING KINDERSLEY, ONDON:

rector of Publishing Gillian Allan

nior Publishing Manager
uise Bostock Lang

Publishing Manager Kate Poole

Senior Editor Marcus Hardy

Senior Art Editor Marisa Renzullo

Kartografie Casper Morris

DTP Jason Little

Produktion Sarah Dodd, Marie Ingledew

Redaktionsassistenz
Michelle Crane, Conrad van Dyk, Sam Merrell, Rebecca Milner, Rada Radojicic, Ellie Smith

Bildnachweis

o=oben; om=oben Mitte; or=oben rechts; mlo=Mitte links oben; mo=Mitte oben; mro=Mitte rechts oben; ml=Mitte links; m=Mitte; mr=Mitte rechts; mlu=Mitte links unten; mu=Mitte unten; mru=Mitte rechts unten; ul=unten links; um=unten Mitte; ur=unten rechts; d=Detail.

Wir haben uns bemüht, alle Urheber zu ermitteln und entschuldigen uns für eventuelle, unbeabsichtigte Auslassungen. Gerne werden wir entsprechende Angaben in künftige Auflagen aufnehmen.

DORLING KINDERSLEY bedankt sich bei den folgenden Institutionen für die Unterstützung und die Erlaubnis, zu fotografieren:

AFE, Rom: Roberto del Mazza 102u; AKG, London: Rabatti-Domingie (Fotograf), Palazzo Pitti, Florenz, Tizians *Maria Magdalena* 16ur.

BRIDGEMAN ART LIBRARY, London: Baptisterium, Florenz, Lorenzo Ghibertis *Paradiestüren* 12–13; Bargello, Florenz, Donatellos *David* (ca. 1440) 48u, Giambolognas *Merkur* (1589)

51r; Biblioteca Reale, Turin, *Porträt eines bärtigen Mannes*, vielleicht ein Selbstporträt von Leonardo da Vinci (ca. 1513) 50m; Uffizien, Florenz, Sandro Botticellis *Anbetung der Könige* 11o, *Geburt der Venus* 8ul(d), 52u, *Primavera* (ca. 1478) 9o; Michelangelos *Heilige Familie* 6or, 8ur; Fra Filippo Lippis *Madonna und Kind mit Engeln* (ca. 1455) 10u; Raffaels *Madonna mit dem Stieglitz* 10or, *Porträts von Leo X., Kardinal Luigi de'Rossi und Giulo de Medici* (1518) 54u, *Selbstporträt* 50or(d); Tizians *Venus von Urbino* 9u; Giorgio Vasaris *Lorenzo der Prächtige* 54m; Leonardo da Vincis *Verkündigung* (1472–1475; Restaurierung) 8or(d), 10ol(d); Museo Civico, Prato, Bernardo Daddis *Legende der Gürtelspende* 29u, 93o(d); Museo dell'Opera del Duomo, Florenz, Michelangelos *Pietà* (1553) 13u; Museo Diocesano, Cortona, Fra Angelicos *Verkündigung* 38–39; Museo di Firenze Com'era, Florenz, Giusto Utens' *Villa Poggio a Caiano* (1599) 60u; Museo di San Marco dell'Angelico, Florenz, Fra Angelicos *Verkündigung* (ca.1438–1445) 53ol; Palazzo Pitti, Florenz, Fotografie der Fassade von Filippo Brunelleschi 14o, 16or, 48or, 49r(d); Antonio Canovas *Venus* (1810; Seitenansicht) 17; Raffaels *Madonna del Granduca* 16ul; Fotografie der Sala di Marte (Saal des Mars, 17. Jh.) 6ul,14–15, 16ol; Fotografie des Salone di Giovanni da San Giovanni 77o; Pinacoteca, Sansepolcro, Piero della Francescas *Auferstehung* (ca. 1463) 49ol; San Michele, Carmignano, Prato, Jacopo Pontormos *Die Heimsuchung* 51u; Santa Croce, Florenz, Giotto di Bondones *Tod des hl. Franziskus* 50ul(d); Villa Demidoff, Pratolino, Giambolognas *Appennino* (1580) 60m.

CAFFÈ LA TORRE: 104om, 104ul; LA CANTINETTA DI RIGNANA: 72ol; JOE CORNISH: 39u, 98–99.

HOTEL HELVETIA & BRISTOL: 143ol.

MARKA, Milano: R. Abbate 66or, 67; G. Andreini 66m; P. Guerrini 66u; M. Motta 141or; F. Tovoli 66ol.

RETROGRAPH ARCHIVE, London: 108or; RISTORANTE LA MORA: 111ol; RISTORANTE OLTRE IL GIARDINO: 97ol.

SCALA GROUP, Florenz: Medici-Kapelle, Florenz, Michelangelos *Tomba di Giuliano duca di Nemours* 45m; Camposanto, Pisa, *Hyppogryph* 23o; Uffizien, Florenz, Spinarios *Junge, der einen Dorn aus seinem Fuß zieht* 11u; Museo Archeologico, Grosseto, Cratere di Pescia Romana 41o; Musei Civici, San Gimignano, Pinturicchios *Madonna mit den Heiligen Gregor und Benedikt* 18u; Museo Nazionale di San Matteo, Simone Martinis *Jungfrau mit Kind und Heiligen* 24m; Palazzo Pubblico, Siena, Simone Martinis *Guioriccio da Fogliano all'assedio di Monte Massi* 30u(d), 32o(d), *Maestà* 33u; Tomba del Colle, Chiusi, *Scene con danzatori e suonatori* 40o.

UMSCHLAG:
Vorderseite: ALAMY IMAGES: Hon F. Lau Hauptbild; DK IMAGES: Linda Whitwam um, Kim Sayer ul.
Buchrücken:
DK IMAGES: John Heseltine.
Rückseite: DK IMAGES: Philip Enticknap ol, John Heseltine om, Kim Sayer or.

Weitere Informationen unter:
www.dkimages.com

Sprachführer

Notfälle

Hilfe!	**Aiuto!**
Stopp!	**Fermate!**
Rufen Sie ...	**Chiama ...**
einen Arzt!	**un medico!**
einen Krankenwagen!	**un' ambulanza!**
die Polizei!	**la polizia!**
die Feuerwehr!	**i pompieri!**

Grundwortschatz

Ja/Nein	**Si/No**
Bitte	**Per favore**
Danke	**Grazie**
Entschuldigung	**Mi scusi**
Guten Tag	**Buon giorno**
Auf Wiedersehen	**Arrivederci**
Guten Abend	**Buona sera**
Was?	**Quale?**
Wann?	**Quando?**
Warum?	**Perchè?**
Wo?	**Dove?**

Nützliche Redewendungen

Wie geht es Ihnen?	**Come sta?**
Sehr gut, danke.	**Molto bene, grazie.**
ch freue mich, Sie kennenzulernen.	**Piacere di conoscerla.**
ı Ordnung.	**Va bene.**
Vo ist/sind ...?	**Dov'è/ Dove sono ...?**
Vie komme ich nach ...?	**Come faccio per arrivare a ...?**
prechen Sie Deutsch?	**Parla tedesco?**
prechen Sie Englisch?	**Parla inglese?**
ı verstehe nicht.	**Non capisco.**
tut mir Leid.	**Mi dispiace.**

hopping

e viel kostet das?	**Quant'è, per favore?**
möchte ...	**Vorrei ...**
ben Sie ...?	**Avete ...?**
zeptieren Sie Kreditkarten?	**Accettate carte di credito?**
ann öffnen/ schließen Sie?	**A che ora apre/ chiude?**
s hier	**questo**
s dort	**quello**
ıer	**caro**
ig	**a buon prezzo**
idergröße	**la taglia**
ıuhgröße	**il numero**
iß	**bianco**
warz	**nero**
	rosso
gelb	**giallo**
grün	**verde**
blau	**blu**

Läden

Apotheke	**la farmacia**
Bäckerei	**il forno/il panificio**
Bank	**la banca**
Buchladen	**la libreria**
Eisdiele	**la gelateria**
Feinkostladen	**la salumeria**
Friseur	**il parrucchiere**
Kaufhaus	**il grande magazzino**
Konditorei	**la pasticceria**
Lebensmittelladen	**alimentari**
Markt	**il mercato**
Postamt	**l'ufficio postale**
Reisebüro	**l'agenzia di viaggi**
Supermarkt	**il supermercato**
Tabakladen	**il tabaccaio**
Zeitungskiosk	**l'edicola**

Sightseeing

Bahnhof	**la stazione**
Basilika	**la basilica**
Bushaltestelle	**la fermata dell'autobus**
Garten	**il giardino**
Kirche	**la chiesa**
Kunstgalerie	**la pinacoteca**
Museum	**il museo**
Fremdenverkehrsbüro	**l'ufficio di turismo**
Wegen Ferien geschlossen	**chiuso per le ferie**

Im Hotel

Haben Sie Zimmer frei?	**Avete camere libere?**
Doppelzimmer mit Doppelbett	**una camera doppia con letto matrimoniale**
Doppelzimmer mit zwei Betten	**una camera con due letti**
Einzelzimmer	**una camera singola**
Zimmer mit Bad/Dusche	**una camera con bagno/doccia**
Ich habe reserviert.	**Ho fatto una prenotazione.**

Im Restaurant

Haben Sie einen Tisch für ...?	**Avete una tavola per ... ?**
Ich möchte einen Tisch reservieren.	**Vorrei riservare una tavola.**
Frühstück	**colazione**
Mittagessen	**pranzo**
Abendessen	**cena**
Die Rechnung, bitte.	**Il conto, per favore.**

Kellner/in	**cameriere/cameriera**
Tagesmenü (zum fixen Preis)	**il menù a prezzo fisso**
Tagesgericht	**piatto del giorno**
Vorspeise	**antipasto**
Erster Gang	**il primo**
Hauptgericht	**il secondo**
Beilagen	**i contorni**
Dessert	**il dolce**
Gedeck	**il coperto**
Weinkarte	**la lista dei vini**
Glas	**il bicchiere**
Flasche	**la bottiglia**
Messer	**il coltello**
Gabel	**la forchetta**
Löffel	**il cucchiaio**

Auf der Speisekarte

l'acqua minerale gassata/naturale	Mineralwasser mit/ohne Kohlensäure
agnello	Lamm
aglio	Knoblauch
al forno	gebacken
alla griglia	gegrillt
arrosto	gebraten
la birra	Bier
la bistecca	Steak
il burro	Butter
il caffè	Kaffee
la carne	Fleisch
carne di maiale	Schweinefleisch
la cipolla	Zwiebel
i fagioli	Bohnen
il formaggio	Käse
le fragole	Erdbeeren
il fritto misto	Grillteller
la frutta	Obst
frutti di mare	Meeresfrüchte
i funghi	Pilze
i gamberi	Krebse
il gelato	Eiscreme
l'insalata	Salat
il latte	Milch
lesso	gekocht
il manzo	Rindfleisch
l'olio	Öl
il pane	Brot
le patate	Kartoffeln
le patatine fritte	Pommes frites
il pepe	Pfeffer
il pesce	Fisch
il pollo	Huhn
il pomodoro	Tomate
il prosciutto cotto/crudo	Schinken gekocht/ geräuchert
il riso	Reis
il sale	Salz
la salsiccia	Wurst
succo d'arancia/ di limone	Orangen-/ Zitronensaft
il tè	Tee
la torta	Kuchen/Torte
l'uovo	Ei
vino bianco	Weißwein
vino rosso	Rotwein
il vitello	Kalbfleisch
le vongole	Muscheln
lo zucchero	Zucker
la zuppa	Suppe

Zahlen

1	**uno**
2	**due**
3	**tre**
4	**quattro**
5	**cinque**
6	**sei**
7	**sette**
8	**otto**
9	**nove**
10	**dieci**
11	**undici**
12	**dodici**
13	**tredici**
14	**quattordici**
15	**quindici**
16	**sedici**
17	**diciassette**
18	**diciotto**
19	**diciannove**
20	**venti**
30	**trenta**
40	**quaranta**
50	**cinquanta**
60	**sessanta**
70	**settanta**
80	**ottanta**
90	**novanta**
100	**cento**
1000	**mille**
2000	**duemila**
1 000 000	**un milione**

Zeit

eine Minute	**un minuto**
eine Stunde	**un'ora**
ein Tag	**un giorno**
Montag	**lunedì**
Dienstag	**martedì**
Mittwoch	**mercoledì**
Donnerstag	**giovedì**
Freitag	**venerdì**
Samstag	**sabato**
Sonntag	**domenica**